나의 위대한

생태텃밭

나의 위대한 생태텃밭

ⓒ 들녘 2018

초판 1쇄	2018년 7월 31일	
초판 6쇄	2024년 1월 3일	

지은이	샐리 진 커닝햄
옮긴이	김석기

출판책임	박성규	펴낸이	이정원
편집주간	선우미정	펴낸곳	도서출판 들녘
기획이사	이지윤	등록일자	1987년 12월 12일
편집	이동하·이수연·김혜민	등록번호	10-156
디자인	하민우·고유단	주소	경기도 파주시 회동길 198
마케팅	전병우	전화	031-955-7374 (대표)
경영지원	김은주·나수정		031-955-7381 (편집)
제작관리	구법모	팩스	031-955-7393
물류관리	엄철용	이메일	dulnyouk@dulnyouk.co.kr

ISBN	979-11-5925-356-0 (14080)
	978-89-7527-160-1 (세트)

나의 위대한 생태텃밭

함께 심으면 잘 자라는 식물들
불러들이면 일손 돕는 동물들

샐리 진 커닝햄 지음

김석기 옮김

모든 문을 열어준 나의 어머니 진 세이버트와
미래를 향해 열린 창이 되어주는 나의 딸
앨리스에게 사랑과 감사를 전하며

조화로운 공생, 생태텃밭

한국에서 농사를 중심으로 한 대안 운동이 시작돼 확산된 지 어느새 20여 년이 지났다. 이러한 운동이 펼쳐지는 공간인 대도시 및 중소도시 농지를 가리키는 용어가 몇 가지 있다. 먼저 '주말농장'이다. 이는 말 그대로 주말을 이용해 농사를 짓는 곳이란 뜻이다. 1990년대 중후반, 도시민들 일상에 농사라는 행위가 싹트면서 수도권 주변부의 농지를 분양하는 농장이 생겼다. 이들이 내세운 단어가 바로 주말농장이다. 2020년이 눈앞인 지금도 여전히 과도한 노동시간에 시달리는 한국 사회의 현실을 고려하면 아마도 유일하게 시간을 낼 수 있는 주말에 농사를 짓는다는 취지에서 만들어진 단어일 것이다.

다음은 지금도 널리 쓰이는 용어인 '텃밭'이다. 주말농장이 퍼지면서 자연스럽게 꼭 주말이 아니어도 평일에 농장에 찾아와 농사의 재미를 즐기는 사람들이 생겼다. 이들이 농사짓는 곳은 더 이상 '주말'농장이 아니었다. 그래서 보다 적합한 용어를 찾아낸 것이 바로 텃밭이다. 이 단어로 도시민이 농사를 짓는 행위와 공간에 대한 개념이 더욱 확장되었다. 이후 도시농업이란 용어로 재정의되면서 농사는 도시가 야기한 여러 문제점을 극복하기 위한 새로운 대안 운동으로 인정

받았으며 이에 동참하는 움직임이 더욱 확산됐다. 들녘출판사의 귀농 총서 목록 가운데 하나인 『주말농사 텃밭 가꾸기』란 책 제목이 당시의 생각과 분위기를 반영한다고 생각한다.

책을 번역하면서 서구 사회의 가든(Garden)이란 단어를 한국어로 어떻게 옮길지가 큰 고민거리였다. 한국인에게 가든이라 하면 사전적 의미인 정원이란 뜻보다는 도시 교외의 한적한 데 자리한 음식점이 먼저 떠오른다. 그렇다고 정원이라는 단어를 그대로 쓰자니 농사라는 행위보다는 수목과 화초 등으로 보기 좋게 가꾸는 공간이라는 의미만 강조되는 것 같았다. 그렇다면 현재 가장 널리 쓰여 익숙한 '텃밭'이라 번역하는 게 가장 무난하겠다. 하지만 이 책에서 이야기하는 가든은 작물을 심고 가꾸어 수확하는 공간이자 여러 식물들을 조합하여 시너지 효과를 얻거나 마치 정원을 가꾸듯 아름다움도 즐기는 장소다. 이런 부분까지 다 담지는 못하는 것 같아 만족스럽지 않았다.

이 책의 저자 샐리 진 커닝햄은 텃밭에 매우 다양한 식물을 재배한다. 단순히 작물만 심는 게 아니라 꽃과 허브 종류는 물론이고 심지어 산울타리로 나무까지 심어서 관리한다. 이 모든 것은 하나의 목표 즉 텃밭과 그 주변에 건강하고 균형 잡힌 생태계를 조성해 농약과 비료 같은 화학물질 없이도 작물을 재배하고 수확하여 맛있게 먹기 위해서다. 또한 텃밭에 다양한 식물들을 심어 여러 곤충(익충은 물론 해충까지)과 새, 토양의 생물 및 미생물들이 행복하게 살아갈 수 있는 공간을 조성해 아름다운 경관까지 감상한다. 저자는 이러한 활동으로 얻는 부산물을 즐길 뿐이다.

저자의 농법이 갑자기 하늘에서 뚝 떨어진 새로운 것은 아니다. 책 곳곳에서도 이야기하듯 이미 과거부터 존재하던 방법을 재확인했을 뿐이다. 한정된 공간에 여러 가지 작물을 사이짓기하고 섞어짓기하는 방법은 전통 농업에도 발달해 있다. 특정 작물들을 함께 심었을 때 농사가 잘된다는 이야기는 동서의 옛 농사 책에 자주 등장한다. 일제 강점기 일본인 농학자들은 한 농경지에서 2년 동안 세 번 농사를 짓는 조선의 2년3작식 농법을 평가하면서 이는 조선의 농민들이 수천 년 동안 조선의 자연환경에서 농사지으면서 개발한 농법으로 과거 유럽의 삼포식 농법에 견줄 수 있을 정도로 뛰어나다고 이야기하기도 했다.

이 책이 재미있고 의미가 있는 건 저자가 과거의 방식에만 머물며 답습하지 않는다는 점 때문이다. 그는 자신만의 노하우를 만들기 위하여 여러 고전과 참고자료 등을 바탕으로 텃밭에 끊임없이 직접 실험하며 새로운 작물과 식물의 조합을 찾는다. 그렇게 알아낸 결과를 일목요연하게 정리했다. 이러한 실험 정신이 근대 이후 서구 사회를 발전시킨 원동력이라는 평가는 잘 알려진 사실이다. 저자가 활용하는 돌려짓기, 사이짓기, 섞어짓기 등의 농법은 물론 퇴비 제조와 산울타리 조성 등은 모두 생태적인 원리에 기반한다. 그런 맥락에서 이는 생태학의 원리를 농사에 적용하는 농생태학(Agroecology)의 개념과 닿아 있다. 따라서 여기서 말하는 가든을 단순히 농작물만 생산하는 곳이 아닌, 건강한 생태계를 조성하여 가꾸어간다는 측면에서 '생태텃밭'이라 부르는 것이 이해하기에도 쉽고 좋을 것 같다.

10년이 넘게 텃밭 농사를 지으면서 나도 이러한 시도를 해보지 않은 건 아니다. 하지만 지금 되돌아보면 습관처럼 해마다 농사짓던 방식을 되풀이한 건 아닌지 반성하게 된다. 저자와 비교하니 나는 기껏해야 작물과 작물 사이의 궁합만 살폈을 뿐이다. 하지만 아무런 성과가 없었던 건 아니다. 조나 기장처럼 척박한 땅에서도 위를 향해 잘 자라는 작물과 거름이 많이 필요 없고 땅으로 덩굴을 뻗는 고구마의 조합은 예상했던 것보다 훨씬 괜찮다는 사실도 알았고, 마늘밭에 상추를 섞어짓기하는 할머니들의 농법을 따라 하니 과연 서로 잘 자란다는 사실도 알 수 있었다. 또 배추 곁에 우연히 떨어진 동부 씨앗이 자라서 나중에 진딧물을 모조리 끌어당기는 덫식물이 된다는 사실을 발견한 것도 재미난 성과였다. 지금도 내가 모르는 수많은 방법들이 곳곳에서 행해질 것이다. 그 내용들이 잘 정리되어 여러 사람에게 공유되지 못할 뿐이다.

앞으로 이 책의 내용을 바탕으로 농사에 관심이 있으며 재미난 농사를 추구하는 사람들이 더 큰 즐거움을 느끼고, 그 소문이 나면서 재미나게 농사짓는 사람들이 더욱더 늘어나기를 바란다. 그리고 자신이 발견했거나 개발한 방식을 더 많은 사람과 나눌 수 있기를 바란다. 그렇게 소통할 수 있는 농사 모임이나 공동체 같은 집단이 생겨나기를 바란다. 이를 통해 이른바 '농(農) 문화'라는 것이 한국 사회에 흥성흥성하여 논밭에서 작물만이 아니라 다른 여러 식물들도 그리고 곤충을 비롯한 조류와 토양생물 및 미생물 등도 공생할 수 있게 되기를 바란다. 서로 다름을 인정하고 누구나 함께 어울려 살 수 있는 사회인을 키우는 행위와 공간으로 농사와 텃밭이 주목을 받고 그 가치를 인정받을 수 있기를 바란다.

올해는 동네에 조그맣게 텃밭을 빌렸다. 몇 년 동안 육아로 인한 경력 단절로 텃밭에 가는 일이 어색해졌지만, 옥금 씨, 효린 양과 함께 연풍이를 데리고 부지런히 밭에 가서 재미나게 지내려 한다.

로데일 출판, 이곳에서 유기농 텃밭이 시작되다!

여기 로데일 출판에서, 우리는 퇴비 만들기를 배우며 건강한 흙과 함께 건강한 삶을 살기로 결심한 할아버지(J. I. Rodale) 때부터 50년 이상 유기농업으로 텃밭을 가꾸어왔다. 1940년에 할아버지는 자신의 이론들을 시험하고자 로데일 유기농 농장을 시작했고, 현재 비영리 로데일 연구소 실험 농장(Rodale Institute Experimental Farm)은 여전히 유기농업 연구의 선구자로 남아 있다. 할아버지는 자신이 발견한 것들을 전국의 텃밭 농부들과 공유하고자 1942년에 〈유기농 텃밭 가꾸기*Organic Gardening*〉라는 잡지를 창간했다. 할아버지의 아들이자 나의 아버지 로버트 로데일이 1990년까지 이 잡지의 발행인을 맡았고, 지금은 로데일의 4세대가 잡지와 함께 자라고 있다. 그동안 우리는 수백만 독자에게 자연의 기술을 활용하여 어떻게 풍성한 수확물을 거두고, 아름다운 꽃을 재배하는지 보여주었다.

　이 책에서 여러분은 최신 유기농법과 최고의 조언을 얻을 것이다. 알다시피 저자와 편집자 모두 텃밭 가꾸기에 열정이 넘치기 때문이다. 텃밭은 우리의 삶과 경관을 아름답고 기쁨이 넘치게 만드는 공간인 동시에 아이들과 반려동물 및 새와 나비에게도 안전한 장소여야 한다. 텃밭은 우리에게 신선하고 맛있는 채소와 기분 좋은 허브 및 매력적인 꽃들을 안겨줄 것이다. 일할 때는 물론이고 그저 바라만 봐도 흐뭇해질 것이다.

안전하고 성공적으로 텃밭을 가꿀 수 있는 비밀을 공유하고자 이 책을 출간한다. 로데일 연구소 실험 농장에 방문하여 언제나 열려 있는 우리의 텃밭을 둘러보길 권한다. 그리고 이 책을 활용해 최고의 텃밭을 가꾸기를 바란다.

행복한 텃밭 가꾸기!

마리아 로데일

목차

1장   이상한 나라에 오신 걸 환영합니다

2장   동반식물 심기부터 돌려짓기까지

3장   텃밭 준비하기

감사의 말

다음의 사람들과 단체에게 무한한 감사의 말씀을 드립니다.

나의 남편 브렌단. 내가 가꾸는 정글에서 일하고 일요일 저녁밥을 멋지게 차려주며, 거름을 뒤집는 등 여러모로 지원해주었습니다.

편집자 펀 브래들리. 이 책은 그녀가 없었다면 결코 출간되지 못했을 겁니다. 그녀의 재치와 지지, 방향 제시 덕분에 나는 중간에 그만두지 않고 최고의 결과를 얻을 수 있었습니다.

디안 커닝햄 씨. 예리한 눈과 사진으로 나의 텃밭을 돋보이게 해주었습니다.

이리 카운티(Erie County) 마스터 가드너스와 나의 텃밭 친구들. 이들의 열광은 나에게 영감을 주고 또한 이들은 아이디어와 텃밭, 식물에 대한 열정을 내게 무료로 나누어 줍니다. 특히 이 책과 나의 텃밭에 기여해준 메리 지암바, 스킵 머레이, 존 혼백, 페그 기얼멕, 시모어 선샤인, 랙신 맥코이 씨에게 감사드립니다.

'파종일'에 나타난 내 텃밭의 조력자들 중 바브 베이커, 젠 펄츠, 버니 기얼멕 씨와 나의 동생 마지. 그리고 특히 텃밭을 만들고 흙을 갈아준 크레이그 보걸 씨.

날마다 배우고 가르칠 기회를 준 코넬대학 협동지도과정. (협동지도과정은 교육의 가치를 인정하고 자금을 지원해주었습니다!)

마음에서 우러나는 격려를 보내주고 나날이 도와주며, 사려 깊게 배려해준 크리스 메츠 씨.

자신들의 비밀을 알려주신 할아버지와 할머니. 특히 나의 할아버지 하퍼는 내 영혼을 텃밭 농부로 이끌었고, 할머니 메이나드는 도구들을 벼려주었습니다.

식물뿐만 아니라 다른 생명체들도 소중히 여기는 모든 텃밭의 농부들. 만약 우리가 곤충과 개구리, 새와 뱀들을 돌본다면 모두에게 즐거움이 가득하고 아주 멋진 텃밭을 만들 수 있답니다.

나는 텃밭에서 세 가지를 수확한다. 첫 번째는 채소다. 봄에는 상추와 완두콩을, 여름에는 브로콜리와 토마토, 감자, 콩 종류 및 옥수수를, 가을에는 당근과 방울양배추, 호박을 얻는다. 내 풍요로운 텃밭에는 백일홍과 코스모스부터 딜과 바질에 이르는 많은 꽃과 허브도 있다(그들 중 일부는 '텃밭의 위대한 조력자들'이다).

텃밭에서 거둘 수 있는 두 번째 수확은 아름답고 이로운 것을 창출하는 데서 오는 만족감과 마음의 평화다. 나의 생태텃밭 체계는 지구의 작은 조각으로서 그곳의 서식자들을 건강하고 번성케 한다. 동반식물과 여타 자연의 기술들이 해충 문제를 줄여주기 때문에 난 텃밭에 한 번도 화학물질을 쓰지 않았다. 내 딸이 텃밭에서 토마토를 바로 따 먹을 수 있다는 것만으로도 행복하다.

세 번째 수확은 내가 다른 텃밭 농부에게 가르쳐줄 수 있는 기술과 비밀 들이다. 나는 이 책에 여러 해 동안 텃밭을 가꾼 경험에서 우러난 풍성한 수확을 모아놓았다. 나의 목표는 독자들이 동반식물 심기와 여러 유기농 기술을 활용해 자신의 텃밭에서 안전하고 손쉽게 채소를 재배하도록 돕는 것이다. 나의 생태텃밭 체계를 배워두면 해마다 일은 점점 줄지만 수확은 더욱 풍성해질 것이다.

무엇을 발견할 수 있을까

첫 장에서는 생태텃밭을 만들기 위하여 동반식물 심기와 집약적 농법, 유기 토양 만들기, 천연 방충 기술을 어떻게 활용하는지에 대해 알아본다. 그러나 그건 시작일 뿐이다. 이외에도 이 책에는 다음과 같은 흥미로운 내용들이 실려 있다.

- 5장 '좋은 녀석들 데려오기'에서는 익충과 그들을 유인해줄 식물에 대한 상세한 정보를 얻을 수 있다.
- 6장 '호박밭에는 여러해살이 식물, 옆에는 딸기나무'에서 채소 텃밭에 여러해살이 꽃과 허브 들을 어떻게 조합하는지 배울 수 있다.
- 7장 '생태텃밭 가꾸는 재미'를 펼치면 재밌고 기발한 생태텃밭의 설계 방법에 대해 볼 수 있다.
- 8장 '생태텃밭 가꾸기의 네 가지 기초'를 읽으면 자질구레한 물 주기와 김매기를 줄이고 흙을 개선하기 위한 덮개와 덮개작물을 활용하는 방법을 알 수 있다.
- 9장 '시기별 돌봄'에는 계절에 따라 텃밭에서 해야 할 일들이 나와 있다.
- 10장 '나의 최고 작물과 생태텃밭의 비밀'을 펼치면 아스파라거스부터 튤립까지 작물을 재배하는 구체적인 기술과 비결이 나온다.

올바른 질문하기

텃밭 강사이자 지도과정 교육자로서 난 텃밭 농부들에게 늘 질문을 받는다. 내가 듣는 가장 흔한 질문은 "토마토(강낭콩, 장미, 라일락 등)

에 벌레가 생겼어요. 농약을 쳐야 하나요?"이다. 나는 이렇게 답한다. "농약을 치느냐 마느냐가 문제가 아닙니다. 어떤 종류의 벌레인지를 물어야죠." 대개의 곤충은 식물에 해를 끼치지 않기 때문에 이는 매우 중요한 질문이다. 믿거나 말거나, 텃밭에 있는 대부분의 곤충은 텃밭의 위대한 조력자다!

이 책을 통해 '해충을 먹어치우며 살아가는 좋은 벌레' 친구들에 관하여 많이 배울 것이다. 사실 익충에 매료된 게 동반식물 심기와 나의 생태텃밭 체계를 발전시킬 수 있었던 원동력 가운데 하나였다.

텃밭을 가꾸며 얻은 교훈 하나는 자연과 함께 일해야 밭을 잘 가꿀 수 있다는 점이다. 자연의 원칙과 맞서 싸우면 작물의 생산성을 유지하고자 화학물질에 의존하게 된다. 그러나 자연과 협력하면 아름다운 텃밭과 풍성한 수확, 이에 동반한 여러 가지 재미를 느낄 수 있다.

그러니 『나의 위대한 생태텃밭』을 기쁘게 즐기시라. 그것이 바로 여러분을 나의 텃밭에 초대할 수 있는 기회이자 텃밭의 신선한 채소들을 위한 완충작물을 재배하고 흙을 개선하며 익충을 유인하는 등 실용적인 비법을 안내하는 방법이다. 원하는 내용을 바로 찾아보거나 1장부터 시작해 놀랍고도 이상한 나라의 텃밭으로 입장해도 좋다. 나는 독자 여러분을 텃밭의 멋진 조력자들 가운데 한 일원으로서 환영한다!

1장

이상한 나라에 오신 걸
환영합니다

나의 텃밭은 이상한 나라다. 정신 나간 모자 장수나 3월의 토끼는 없지만, 나에게 그곳은 마법 같은 곳이다. 나는 자연과 협력하며 농약이나 비료 같은 화학물질을 쓰지 않고 채소와 허브, 꽃 들을 재배한다. 나의 텃밭에서는 수많은 동식물을 발견할 수 있다. 그들은 각자 내가 생태텃밭 농법이라고 부르는 특별한 체계에서 먹이와 집을 얻고, 직업을 갖는다. 내가 설계한 체계는 전통적인 동반식물 농법에서 출발해 그 이상으로 발전했다.

이번 장에서는 나의 텃밭을 둘러보고, 모든 조력자들이 어떻게 텃밭이 번영하도록 유지하는지 살펴볼 것이다. 그리고 다음 장에서는 여러분도 이상한 나라의 텃밭을 가꿀 수 있도록 '텃밭의 조력자들'을 선발하는 일을 하게 될 것이다.

나의 놀라운
이상한 나라의 텃밭

나는 텃밭 가꾸기를 사랑한다. 지난해 눈을 뚫고 나온 작은 완두와 어린 메밀의 연둣빛 잎과 햇빛에 따뜻해진 토마토의 맛을 사랑한다. 나는 아침 6시 반에 전날 흙이 묻은 작업복을 걸치고 텃밭에 나가 배고플 때까지 일하는 걸 사랑한다.

텃밭 가꾸기는 나를 둘러싼 모든 생명을 위한 안전하고 건강한 활동이라 확신하고 싶은 내 삶의 중요한 일부다. 나는 나의 집과 이상한 나라의 농장을 몇몇 소중한 사람 및 동물들과 공유한다. 나의 딸 앨리스와 나의 어머니 진, 나의 남편 브렌단 및 말 두 마리(베키와 필로)와 개 두 마리(모비와 진저), 고양이 여섯 마리(버디, 아울, 머핀, 테디, 심바, 토스)다. 새와 두꺼비, 여러 유용한 곤충과 다양한 종류의 야생동물 들이 텃밭에 찾아오는 걸 환영한다. 나는 식물의 성장을 돕는 지렁이와 여러 미생물 같은 흙 속의 생명들도 돌본다.

늘 유기적으로

나에게 안전한 텃밭 가꾸기란 유기농을 뜻한다. 나는 살충제나 제초제를 쓰지 않는다. 텃밭을 유기적으로 가꾸고자 결심했을 때부터 화학물질을 쓰지 않고도 농사를 잘 짓고 싶어서 해충 문제를 피할 수 있는 방법들을 공부했다. 내 공부와 실험의 결과인 농법 체계가 화학물질 없이 친환경적인 방식으로 풍성한 채소와 꽃을 재배하게 해주었다. 나는 그걸 생태텃밭 농법(*companion gardening*)이라 부른다.

여러분이 추측하듯 나의 체계는 동반식물 심기라는 예전 방식에서 출발했다. 동반식물 심기란 특정 식물을 함께 재배하면 서로에게 이롭다는 사실과 전통을 혼합한 원예 방식이다. 동반식물을 조합하는 이유는 꽤 실용적이다. 예를 들어 덩굴콩을 옥수수와 함께 심으면 버팀대가 따로 필요 없다. 바질 같이 향이 나는 허브를 심으면 채소를 먹으러 찾아오는 해충을 혼란스럽게 하거나 쫓아낼 수 있다. 이외의 동반식물 조합은 설명하기가 좀 어렵다. 한 식물이 다른 식물의 성장을 촉진한다는 막연한 발상에 기초를 두고 있기 때문이다. 예를 들어 파스닙(설탕당근)은 완두 옆에 심으면 더 잘 자랄 수 있다. 그러나 생태텃밭 농법은 무작위적인 동반 심기를 훨씬 능가한다. 나는 함께하면 더 잘 자라는 믿을 만한 식물의 조합을 발견

✿ 채소 그 이상
나의 채소 텃밭에는 이로운 곤충과 동물을 유인하는 여러 꽃과 허브가 있다. 나는 넓은 간격으로 작물을 심고, 흙을 보호하고자 여러 덮개를 활용하며 고랑에는 낡은 널빤지를 깐다.

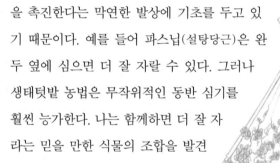

하고, 텃밭에서 해충을 잡아먹는 곤충을 유인하는 기술을 개발했다. 그 결과물이 바로 해충 방제를 거의 하지 않아도 되는 아름답고 특이한 유형의 채소 텃밭이다. 여러분이 나의 텃밭을 둘러본다면 내가 말하는 바가 무엇인지 알게 될 것이다.

잘 어우러진 풍경

나의 텃밭에 가까이 오면 곧바로 그곳이 얼마나 화려하고 풍성한지 보일 것이다. 채소 텃밭이긴 하지만 작물들 사이로 여러 꽃들이 있다. 그러나 이들은 깔끔하게 줄지어 있지 않고 마구잡이로 놓인 것처럼 보인다. 어떤 사람은 그걸 보고 혼란스러워하고, 무질서하다고 하거나 심지어 엉망진창이라고까지 한다! 예전에 남편과 부동산 중개업자인 그의 직장 동료가 나눈 대화를 우연히 들은 적이 있어 그 이야기를 하려고 한다. 그들은 둘 다 깨끗한 풍경을 보여주려고 조성된 매우 깔끔한 교외 주택에 익숙하다. 대화는 이렇게 흘러갔다.

남편   이곳은 아내의 채소 텃밭입니다. 엉망진창인 듯 보이지만 ….

중개업자   저기 꽃들 좀 보세요. 오, 저건 미역취죠? 잡초 제거에 별로 신경을 안 쓰시는군요.

남편   잡초처럼 보이긴 해도 저건 야생화예요. 목적이 있기 때문에 자라게 두죠. 보세요, 여러 식물을 섞어짓기하는 체계입니다. 모두 자라는 이유가 있답니다.

중개업자   무슨 얘긴지 알겠어요. 그래요, 아무튼 부인이 많은 것들을 한데 기르는군요.

나도 내가 세계에서 가장 깔끔한 농부가 아니라는 건 인정하지만, 남편은 옳은 말을 한 것이다. 내 텃밭의 모든 식물은 나름대로 타당한 이유가 있다. 여러분이 그걸 이해한다면 내 텃밭은 엉망진창인 곳에서 놀라운 곳으로 변할 것이다.

○ 넓은 간격을 보라

여러분은 내 텃밭에서 길고 곧게 한 줄로 늘어선 작물은 보기 힘들 것이다. 한 줄로 작물을 심으면 사람들이 텃밭 어디든 밟을 수 있게 되어 흙이 다져진다. 좋은 흙은 얻기 어렵기 때문에(특히 나처럼 진흙인 땅에서 시작한다면) 나는 흙을 보호하는 데 주의를 기울인다. 나는 넓은 간격(보통 약 90cm)으로 혹은 두둑을 만들어 작물을 심고, 두둑 사이에는 확실하게 통로를 만들어둔다. 통로에는 헌 널빤지를 깐다. 보통 두둑은 통로보다 약간 더 높게 만든다. 나는 흙을 갈아엎지 않아도 된다. 유기물을 많이 넣어 흙을 부드럽게 만들기 때문이다.

30cm짜리 통로를 두고 길게 한 줄로 심은 채소에 익숙한 사람들에게는 간격이 넓은 내 텃밭이 혼잡해 보일 수 있다. 나는 식물이 번성할 수 있도록 충분히 떨어뜨려놓지만, 그렇다고 공간을 낭비하거나 맨흙을 남겨둘 정도로 떨어뜨려 심지는 않는다. 두둑 하나에 상추나 샐러드용 채소를 섞어짓기하는 약 90×180cm 크기의 꽉 찬 땅이 있다. 그 옆에는 강낭콩과 감자가 정글처럼 함께 자란다. 다른 두둑에서는 지그재그 모양으로 군데군데 심어놓은 브로콜리를 볼 수 있다. 식물들 사이사이의 흙은 풀을 베어내 덮어두면 채소 잎이 그 위로 살짝 겹치면서 흙에 그늘을 드리운다.

기억하세요.
맨흙을 그대로 놔두면
언제든 풀이 자랍니다.

○ 채소 사이에 핀 꽃들

브로콜리 잎 사이로 백일홍이 쑥 나와 있는가? 그렇다. 그것이 바로 '잘 어우러진' 풍경이다.

　나는 채소 텃밭 곳곳에 꽃을 심는다. 왜냐고? 예쁘기 때문이다. 그 것만으로도 어디든 꽃을 심어야 할 충분한 이유가 된다. 그러나 꽃은 물론 허브까지도 채소 사이사이에 흩뿌려 심어야 하는 더 중요한 이 유가 있다.

　내가 꽃과 허브를 텃밭에 심는 주요한 이유는 '생물다양성'을 창 출하기 위해서다. 복잡해 보이는 용어지만 설명하기는 쉽다. 생물다 양성이란 간단히 말해 다양한 종류의 식물과 동물이 한 지역에 사는 걸 뜻한다. 자연에서는 생물다양성이 정상적인 상태다. 숲과 들에서 는 온갖 식물들이 모두 뒤섞여 함께 자란다. 이렇게 뒤섞여 자라는 식 물에게 주어지는 중요한 이득 가운데 하나는 해충들 이 먹기 좋아하는 식물을 찾아내기가 어렵다는 점이다. 그렇다면 채소 텃밭에 있는 작물을 숨기고 해충을 혼동시킬 가장 논리적인 방 법은 무엇이겠는가? 바로 식물을 뒤섞는 것 이다!

　꽃과 허브를 심어서 얻는 또 다른 혜택은, 익충을 유인해 그들의 개체수를 유지한다는 점이다. 익충은 해충을 포함한 다른 벌레들을 사냥해 잡아먹기 때문에 텃밭에 머물러주길 바 라는 곤충들이다. 익충에는 '이로운 딱정벌레', 파리, 벌 등이 있다. 그들이 내 텃밭에서 보여 주는 해충 통제력은 정말이지 놀라울 정도다!

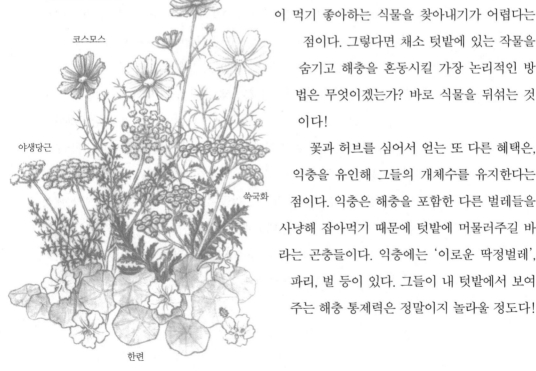

❶ 꽃을 피우는 조력자들
쑥국화와 야생당근, 코스모 스, 한련은 내가 좋아하는 네 가지 조력자 식물이다. 그들은 예쁘며 기르기 쉽고, 익충 무리를 유인한다.

코스모스

야생당근

쑥국화

한련

민들레를 저주할 수도 있겠지만 좋은 점도 있다. 민들레는 곧게 뿌리를 뻗어 일반적으로 작물이 뚫고 들어가지 못하는 속흙(겉흙 아래)까지 내려간다. 민들레의 뿌리는 속흙에서 중요한 양분을 흡수하여 자신의 것으로 만든다. 그래서 민들레를 뽑거나 베어내(꽃이 피기 전에!) 퇴비 더미에 넣거나 겉흙에 양분을 주는 데 활용한다. 얻기 힘든 양분을 텃밭에 돌려줄 수 있다.

○ 풀과 야생화

풀*은 대부분의 텃밭 농부들이 절대 원치 않는 존재다. 그러나 풀의 정의는 바뀌거나 적어도 몇 가지의 예외를 두어야 한다. 몇몇 사례를 보더라도 풀과 야생화는 작물보다 익충과 새들을 유인하는 데 더 유용하기 때문이다. 그래서 나의 텃밭에서는 많은 미역취와 야생 데이지, 야생 당근, 기생초, 끈끈이쑥부쟁이를 볼 수 있다.

　풀은 흙의 덮개로 쓰이고 그 물리성을 개선하는 역할도 한다. 건강하고 유기적인 흙을 만들려면 주기적으로 유기물(부식된 식물이나 동물성 물질)을 더해야 한다. 나는 김을 맬 때 풀을(씨앗 맺기 전에) 뽑거나 베어낸다. 그러고 나서 그걸 덮개로 활용해 작물 사이를 덮고, 마르면 흙 속으로 넣는다.

특별한 곤충들

나의 텃밭을 둘러보는 일은 정말이지 쉬엄쉬엄 천천히 나아가는 과정이다. 갑자기 내가 여러분에게 "오, 보세요!"라고 외쳐도 전혀 무슨 상황인지 알 수가 없을 것이다. 그다음 일어날 일은, 여러분이 놀랄 만한

+ 농사라는 목적에 적합하지 않은 식물은 보통 잡초라고 하지만 이 책에서는 일부러 '풀'이라고 옮겼다. 어쩔 수 없이 제거해야 할 대상이지만 나름의 쓸모가 있기 때문이다. ―옮긴이

일을 하고 있는 작은 벌레를 돋보기로 확대해서 보여주는 것이다.

이 좋은 녀석들은 텃밭의 소중한 친구이자 내가 해충을 통제하는 데 시간을 낭비하지 않게 해주는 큰 일꾼이다. 쑥국화와 옥수수에 무당벌레와 그 유충이 있다면 진딧물이 말썽을 일으키지 못할 거라는 걸 알 수 있다. 주둥이노린재가 미역취 곁에 많이 있고 기생벌이 딜 주변을 날고 있다면 콩바구미가 문제를 일으키지 않겠다는 걸 알 수 있다. 이러한 익충들은 나의 텃밭이 조화롭고 건강한 작은 우주라는 걸 알려준다. 이들 벌레와 기생벌이 해충을 잡아주는 덕에 올해도 채소를 풍성히 수확하겠다는 걸 몸소 알게 된다.

예상대로 우린 몇몇 해충도 발견할 것이다. 작물 주변의 수북한 짚 덮개 때문에 상추 아래쪽에 민달팽이가 몇 마리 기어 다닌다. 덮개로 보호하지 않은 브로콜리에는 작은 흰나비가 찾아와 결국 배추벌레가 나타나게 될 것이다. 다른 한편에서는 배추벌레의 다양한 천적들이 내가 찾아내기도 전에 벌레를 먹어치울 것이다.

○ 웅성거리는 소리를 들어라

나의 텃밭은 좀 시끄러울 수 있다. 벌과 파리들이 꾸준히 웅웅 윙윙 소리를 낸다. 걱정 마시라! 끔찍한 말파리를 이야기하는 게 아니다.

여기서 파리는 꽃등에 같은 포식성 파리를 말하는 것이다. 꽃등에는 벌처럼 생겼지만 우리를 물거나 쏘지 않는다. 그 애벌레는 진딧물을 잡아먹는다. 그래서 파리들은 나의 텃밭에서 환영을 받는 존재다. 물론 봄철의 흑파리나 여름철의 말파리와 대모등에붙이는 제외하고 말이다.

나의 텃밭에는 기생벌들도 있다. 그들도 역시 우리를 쏘지 않는다. 말총벌처럼 기생성 벌로서 크기가 작고 우리에게 해를 끼치지 않는다. 토마토 박가시벌레 같은 해충에 내려앉아 알을 낳고, 애벌레로 깨어나면 해충을 먹이로 삼기 때문에 나와 토마토에게는 좋은 소식이다.

여러분들 중 대다수가 벌을 두려워한다는 걸 알지만, 그들 역시 귀중한 역할을 수행한다. 벌(과 파리들)은 식물이 수분하도록 돕기 때문에 이들이 없으면 오이나 멜론, 호박 같은 작물을 수확하지 못한다.

벌을 유인하는 데 좋은 식물 두 가지는 보리지(borage)와 메밀이다. 보리지는 먹을 수 있는 사랑스러운 허브로서, 벌도 보리지의 눈부신 파란 꽃을 좋아한다. 한번 심으면 계속 씨를 받을 수 있어 원하지 않아도 쉽게 퍼진다. 나의 텃밭은 여름이 되면 푸르스름한 상태가 되는데, 보리지가 퍼지도록 그냥 놔두기 때문이다.

메밀 같은 경우 메밀가루를 내려고 심은 게 아니다. 메밀은 내 텃밭의 덮개작물이다. 메밀은 특히 흙을 잘 뒤덮기 때문에 작물을 재배하지 않을 때 심어서 활용한다. 메밀은 풀을 억제하고, 나중에 두둑에 갈아엎어 넣으면 흙에 유기물 함량을 높여준다. 메밀꽃은 덤으로 벌과 익충을 유인한다.

○ 해충과 싸우는 곤충을 위한 여러해살이 식물

곤충들을 찬양한 뒤에는 여러분에게 아스파라거스 옆에 있는 여러해살이 식물의 작은 텃밭을 보여줄 것이다. 그곳 중앙부에는 큰금계국과 서양톱풀, 보리지, 야생당근, 과꽃 및 난쟁이 해바라기 같은 한해살이 풀로 둘러싸인 새 물통이 있다. 여느 여러해살이풀의 텃밭처럼 결코 쇠락하지 않는다. 해마다 난 여기에 무언가를 추가하고 옮기기도 하지만, 여러해살이라는 말처럼 계속 한곳에 머물게 한다.

나는 채소 텃밭 중앙에 여러해살이풀들이 무리를 짓게 만들었다. 한자리에 계속 머무는 식물은 익충뿐만 아니라 텃밭에 서식하는 두꺼비와 쉬러 온 새들에게도 최고의 은신처이기 때문이다. 텃밭을 찾아오는 손님들을 위해 풀이나 시든 꽃을 깔끔하게 정리하면 안 된다는 걸 깨달았다. 그게 누군가를 방해하는 일이기 때문이다. 언젠가 나

뱀을 위한 장소

텃밭 두둑에서 돌이 나오면 그걸 가져다가 돌무더기를 쌓는다. 돌무더기는 두꺼비와 도마뱀뿐 아니라 악명 높은 뱀 같은 해충 포식자들에게도 좋은 서식처가 되곤 한다. 뱀은 소름끼치는 존재지만, 대개의 경우 독이 없다. 그들은 교활하지 않고 우리에게 관심이 전혀 없다(내가 뉴욕 서부에 살았을 때 뱀은 대부분 위험하지 않았다. 확실히 텃밭 주변에서 볼 수 있는 건 아니다). 나는 어렸을 때 운이 좋게도 뱀이 우리 주변에 살고 있는 게 아주 좋은 거라고 배웠다. 할아버지는 뱀의 뒷머리를 어떻게 잡아야 하는지 직접 나에게 보이며 가르쳐줬다. 메마르고 차가운 감촉을 지닌 뱀이 무척 흥미로웠다. 나는 딸에게도 뱀에 관하여 가르쳐주었다.

농촌에서는 건물 주변의 설치류를 통제하는 데 뱀이 필요하다. 뱀은 텃밭에서도 매우 소중한데, 이들은 곤충뿐만 아니라 설치류도 잡아먹는다. 뱀은 돌무더기와 장작더미, 덤불, 때로는 검정비닐이나 판자에 있는 서식처를 좋아하기 때문에 일부러 텃밭 주변에 뱀이 좋아할 만한 장소를 설치해둔다.

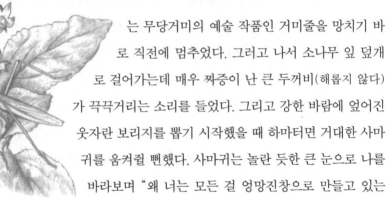

는 무당거미의 예술 작품인 거미줄을 망치기 바로 직전에 멈추었다. 그러고 나서 소나무 잎 덮개로 걸어가는데 매우 짜증이 난 큰 두꺼비(해롭지 않다)가 끅끅거리는 소리를 들었다. 그리고 강한 바람에 엎어진 웃자란 보리지를 뽑기 시작했을 때 하마터면 거대한 사마귀를 움켜쥘 뻔했다. 사마귀는 놀란 듯한 큰 눈으로 나를 바라보며 "왜 너는 모든 걸 엉망진창으로 만들고 있는 거야?"라고 묻는 것 같았다. 나는 그러지 않았다고!

✿ **풀을 뽑을 때 조심하라.** 보리지와 다른 허브 및 야생화 들은 자연히 씨가 뿌려져 잡초처럼 보이니 뽑기 전에 확인하라! 이들은 사마귀 같은 유용한 생물의 서식처일 수도 있다.

○ **벌레를 위한 새 물통**

새 물통은 새를 위한 것일까? 글쎄, 일부만 맞는 얘기다. 대부분의 텃밭 농부는 새를 관찰하기 좋아한다. 새도 해충을 통제하는 데 도움이 되기 때문에 내 텃밭에도 초대된다. 그들은 새 물통을 좋아하는데, 난 운이 좋게도 농장 근처에 큰 연못이 있다.

그런데 내 텃밭의 새 물통에는 또 다른 목적이 있다. 모든 익충을 지원하고 유인하는 것이다. 무당벌레 같은 유용한 곤충군을 유지하려면 물이 필요하다. 날아다니는 곤충은 사람 허리 정도 높이에 물이 있어야 하기 때문에 새 물통은 그들에게 안성맞춤이다. 기어 다니는 곤충들은 흙 높이 정도에 물이 필요하기 때문에, 이를 위해 내 텃밭 곳곳에는 파이 접시와 개밥그릇, 구유, 재떨이 등이 놓여 있다. 이러한 얕은 용기들에는 모두 모래나 자갈, 조약돌을 깔아서 곤충들이 빠져 죽지 않고 물을 마시게끔 해두었다. '벌레 물통'은 나비도 유인한다. 나비는 해충을 잡아먹지는 않지만 텃밭에 아름다운 빛깔을 더한다.

이 물 웅덩이로 이득을 보는 또 다른 생물이 있다. 개구리와 두꺼비, 도마뱀은 이 작은 못에 방문한 뒤 그 근처에 거주하게 된다. 고양이들도 '두더지를 순찰'하며 물그릇에서 물 한 모금을 먹곤 한다. 어쨌거나 이곳은 모두를 위한 장소다.

식물과 여러 이웃의 조화

고양이와 개, 말, 사람들은 내 삶의 일부이자 텃밭의 구성원이다. 이들을 텃밭에 초대하기도 하지만 그러지 않을 때도 있다! 텃밭 농부들은 대부분 가족의 요구 사항에 맞춰 식물들을 조정해야 한다. 예를 들어 어린아이가 있다면 아주까리나 디기탈리스 같은 특정한 독성 식물은 피해야 할 것이다. 텃밭 위를 뛰어다닐지도 모를 활동적인 이웃 아이가 있다면, 작물이 망가지는 걸 막고자 틀밭을 만들어야 할 것이다.

○ 두더지를 순찰하는 고양이

건강하고 중성화된 집고양이는 짝을 찾아 돌아다니지 않기 때문에 두더지와 설치류를 통제하는 데 유일하고도 최고의 수단이라고 확신한다. 나의 고양이들 중 두 마리만이 집 밖에 나갈 수 있는 특권을 누리는데, 그들은 사냥꾼 역할을 정말 충실히 수행한다. 우리에게 칭찬을

받고자 고양이들은 두더지와 쥐를 사냥해 자랑스럽게 문 앞에 놓아두곤 한다. 우리 고양이들이 새는 절대 사냥하지 않는다는 것도 기쁘다. 두더지는 매우 불쾌한 맛이 난다고 들었는데, 그래서인지 전시할 목적으로만 사냥한다.

○ 말도 마찬가지
나의 말들도 이상한 나라의 텃밭에서 맡은 역할이 있다. 난 말들의 목초지 바로 옆에 있는 텃밭으로 걸어갈 때마다 나를 맞이하는 그들의 친절한 콧김을 정말로 좋아한다. 그 콧김은 '안녕' 이상의 뜻을 담고 있다. 거기에는 "민들레 잎과 개밀은 좀 어때?"라는 뜻도 담겨 있다. 말 애호가들은 조심하라. 어떤 풀에는 독성이 있기 때문에 말에게 줄 때 정확하게 알고 주어야지 아무 풀이나 막 주면 안 된다.

이렇듯 나의 말들은 좋은 동료이자 훌륭한 초식주의자다. 그러나 무엇보다 중요한 건 그들의 똥이 퇴비로 만들거나 아니면 그냥 묵혀서 뿌리면 되는, 완전히 환상적인 거름이란 점이다.

○ 개 다루기
우리는 개를 매우 예뻐하지만 그들이 텃

밭에서 말썽을 일으킬 수 있다는 것도 안다. 원기 왕성한 한 살짜리 래브라도 리트리버는 연약한 어린 모종을 심어놓은 밭에서 공을 쫓아 다니거나 장난감을 땅에 묻으려는 충동(늘 여러해살이 식물 밑에 파묻길 좋아함)을 느껴 큰 혼란을 야기할 수 있다. 그러나 난 개들이 해를 끼치지 않게 하는 방법을 찾았다. 개들은 나이를 먹을수록 식물들 사이로 뛰어다니지 않는다는 걸 알게 됐다. 또한 그들이 텃밭에 난 통로의 널빤지나 덮개에 얌전히 있는 모습을 보고 놀랐다. 여러분이 원하는 바를 사랑하는 개에게 보여주면("모비, 거기 말똥에서 나와!"처럼) 그들은 이에 협조하는 성향이 있다. 개가 텃밭 주변을 돌아다니면 좋은 점도 있다. 개 냄새는 여러분의 식물들을 짓밟거나 먹어치우는 사슴과 여타 야생동물을 쫓아내는 데 효과적이다.

○ 사람들 훈련하기

여러분의 텃밭에서 사람들은 또 다른 골칫거리다. 그들은 확실히 훈련하기가 더 힘들고, 울타리를 칠 수도 없으며 게다가 부드럽고 상냥한 목소리까지 요구한다. 농사를 모르는 사람들은 왜 상추 두둑 위를 걸어 다니면 안 되는지조차 모른다. 그들은 방금 구입한 모종이 무엇인지도 모른다. 더욱 난감한 건 때때로 그들이 여러분을 도우려 한다는 것이다!

텃밭을 가꾸는 방법을 배우고 거기에서 기쁨을 찾으려는 사람들(특히 아이들)이 당신의 흙을 밟아 다지지 않게, 프렌치 타라곤을 뽑지 않게끔 하면서 그들을 격려하려면 참을성이 많이 필요하다. 그러나 간단한 계획과 기발함만 있다면 인간 손님들을 기꺼이 환영할 수 있고, 그들 주변에 철사로 된 토마토 지주를 둘러야 하나 고민하지 않아도 된다. 여기, 평화를 유지하는 데 도움이 될 만한 조언들이 있다.

○ 사이좋은 조력자들
내 딸 앨리스는 자기가 좋아
하는 딸기를 성가신 곤충들
이 먹지 못하게 돕는 곤충과
동물들을 존중하는 법을 배
웠다.

🌿 식물에 이름표를 붙인다. 특히 줄지어 심지 않았거나 수풀이 우
거진 식물에.

🌿 '나를 밟지 마세요' 같은 작은 푯말을 만들어 텃밭 두둑에 박아
둔다.

🌿 텃밭을 가로질러 다니는 사람들이 오가기 충분한 너비의 통로를
만든다.

🌿 두둑을 통로보다 높이거나 사람들이 들어가지 못하도록 두둑을
무언가로 에워싼다.

🌿 마지막으로 파종과 수확 시기가 사람들에게 도움을 받기 좋다.
식물은 다른 걸로 대체할 수 있지만 사람들은 그렇게 할 수 없
다는 걸 기억하라.

끊임없이 변하는 모습

내년이면 나의 텃밭은 꽤 달라져 있을 것이다. 덩굴콩이 옥수숫대를 타고 올라가던 두둑에서는 토마토와 바질이 토끼풀과 함께 자라게 될 것이다. 감자밭은 상추와 당근, 딜에게 자리를 양보할 것이다. 나는 해마다 동반식물들을 다른 두둑에 바꿔 심는다(돌려짓기 농법과 언뜻 비슷해 보일 것이다). 이 방법은 병해충을 줄이고 흙을 잘 활용하는 데 도움이 된다.

변화는
나의 생태텃밭 체계에서 중요한
부분이지요.

나는 또한 재미를 위해 해마다 조금씩 변화를 준다. 지난해 발견했던 놀랍도록 파란 감자 같은 새로운 품종을 심어볼 것이다. 그리고 아스파라거스 두둑에는 접시꽃처럼 새로운 동반식물도 시험 삼아 심어볼 것이다.

내년엔 올해보다 상황이 훨씬 더 좋아질 것이다. 텃밭을 가꾸며 언제나 새로운 걸 배우기 때문이다. 난 해충을 통제하는 강력한 동반식물인 금잔화와 코스모스를 활용하여 문제를 해결해왔다. 그리고 새로운 두둑을 고안해 예년보다 일찍 완두콩과 시금치, 상추를 재배할 것이다.

여러분의 텃밭도 생태텃밭 농법을 시험해본다면 멋진 공간이 될 것이다. 나의 체계가 어떻게 작동하는지, 이러한 발상을 여러분의 텃밭에 어떻게 적용해야 할지 궁리하며 읽어보길 바란다.

2장

동반식물 심기부터
돌려짓기까지

동반식물 심기는 텃밭 농부의 마음을 사로잡는다. 식물이 작물을 더 잘 자라도록 돕는 '친구'라는 발상은 우리를 매료한다. 유기농 텃밭 농부로서 해충을 쫓을 수 있는 간단하고 자연적인 방식을 시도하고자 한다. 또한 옛 텃밭 농부들에게 무언가를 배우는 데서 오는 만족감도 있다. 동반식물 심기는 확실히 역사적인 뿌리가 있다. 나는 이 방법이 내 텃밭을 좋게 만든다는 걸 알지만, 그게 내 체계의 전부는 아니다. 나는 건강하고 풍성한 유기농 채소 텃밭을 만들고자 곤충과 새, 지렁이, 심지어 균류와 박테리아에도 의지한다. 그렇기 때문에 동반식물 심기는 큰 그림의 일부일 뿐이다. 익충 유인하기, 건강한 흙 만들기, 집약적 파종 같은 기술들이 서로 얽혀 있다. 생태텃밭 농법 체계에 필수적인 요소들이다.

동반식물 농법
시작하기

처음엔 의사의 권유에 따라 동반식물 심기에 관해 공부하기 시작했다. 나는 임신 중에 자리보전을 하고 누웠다. 농사철이었는데 말이다! 농사를 지을 수 없다면 공부라도 해야겠다고 결심했다.

읽을거리는 넘쳐났다. 채소에 다른 채소와 꽃, 허브 등을 함께 심는 방법을 권장하는 책을 발견했다. 과실나무에 동반식물 심기를 제안하는 것도 있었다. 난 동반식물 심기에 관한 모든 내용을 가능하면 모조리 기억하려 노력했지만, 때로는 나를 혼란스럽게 만드는 내용도, 비과학적인 내용도 있었다. 너무 축약했거나 불가능해 보이는 내용도 있었다. 예를 들어 어떤 자료에서는 강낭콩이 오이와 함께 잘 자란다고 한다. 그런데 다른 자료에서는 강낭콩을 감자와 함께 심으라고 권하면서 감자는 오이와 심지 말라고 하는 식이다. 대체 농부에게 어떻게 하라는 말인가? 나는 여러 가지 출처를 근거로 하고, 연구가 뒷받침된 내용을 찾기 위해 수백 가지의 권장 사항들을 분류했다. 동반식물 심기와 관련한 몇몇 제안들은 그 안에 많은 의미를 담고 있었다. 넓적다리잎벌레가 오이를 찾기 어렵게 만들기 위해 오이와 브로콜리를 함께 심으라는 것처럼 말이다.

어떤 이야기들은 동화 같기도 했다. 예를 들어 분홍색 피튜니아가

호박노린재와 16점무당벌레를 쫓아낸다고 추정하는 것처럼(아마도 그들이 분홍색을 싫어하는 게 아닐까!) 그리고 상추와 호박을 함께 심어야 토끼를 잠재워 작물을 건드리지 못하게 할 수 있다는 것처럼. 난 토끼를 쫓아내려면 차라리 돈을 들여 울타리를 치거나 개들에게 자주 텃밭을 둘러보도록 시키는 게 낫다고 생각한다.

임신 말기에 나는 동반식물 심기가 중요한 이유를 몇 가지 정리하고, 수백 가지나 되는 동반식물 심기 조합을 목록으로 만들어야겠다고 생각했다. 그 조합들을 시험하고 최선의 방법을 고르려고 몇 번이나 농사를 지으며 실험을 거듭했다. 나의 선택들을 실험하고 정제하면서 체계를 개선했다.

❁ 텃밭의 위대한 조력자들
바질과 토마토는 나도 텃밭에 자주 활용하는 전통적인 동반식물 짝꿍이다. 그들은 비슷한 흙과 기후 조건이 필요하며 요리를 해도 잘 어울린다.

답을 찾아서

동반식물 심기를 공부하기로 결심한 뒤 나는 텃밭에 도움을 요청했다. 당시 유기농으로 텃밭을 가꾸려다 비참한 실패를 맛보는 중이었다. 브로콜리 잎에는 끔찍한 구멍이 나고, 감자들은 하나같이 작고 연약한 데다 풀들은 한여름 밤의 악몽 같았다. 나는 심지어 유기농 텃밭 가꾸는 법을 가르치고 있었는데, 내가 하던 일이나 가르치던 내용은 괜찮았다. 그러나 나는 유기농을 처음 시작하거나 유기농으로 '전환하려는' 농부들이 흔히 하는 실수를 저지르고 말았다. 나는 화학비료 같은 합성농자재를 골분 같은 유기농자재로 대체했지만, 텃밭을 가꾸는 농법은 예전과 같은 방법을 고수했던 것이다. 아무튼 나는 농약을 쓰지 않고, 퇴비를 활용하고, 채소를 줄지어 심으면 자연이(내가 잘해주었다는 걸 알고) 해충을 막아주리라 기대했다. 그래서 콜로라도감자 잎벌레가 떼를 지어 나타나고, 옥수수 자루마다 담배밤나방 애벌레가 사는 게, 브로콜리를 요리할 때면 냄비에 작은 녹색 벌레가 떠다니는 게 무척 당황스러웠다!

문제는 내가 매우 자연스럽지 않은 방식으로 텃밭을 가꾼다는 데 있었다. 평평한 직사각형의 밭에 식물들 사이사이의 맨흙을 드러낸 채 작물을 길게 줄지어 심었다. 이렇게 텃밭을 가꾸려면 해충을 죽이는 살충제와 풀을 쓸어버리는 제초제에 의존해야 한다. 그러나 나의 경우엔 내가 대체한 몇 가지 유기농 제품이나 비결들(살충용 비누, 풀

동반식물 심기:
위대한 전통

동반식물 심기는 텃밭을 가꾸는 전통 농법 중 하나다. 고대 로마의 역사가도 이에 관해 기록한 적이 있다. 아마 '세 자매(Three Sisters)'라는 아메리카 원주민의 텃밭 가꾸는 방법에 대해 들어보았을 것이다. 옥수수와 강낭콩, 호박을 함께 심는 것이다. 그렇게 유서 깊은 전통 방식은 확실히 효과가 있다. 그러나 어떤 이는 "그런 방식은 어리석은 미신이야"라며 일축하기도 한다. 하지만 난 그런 어리석은 미신이 꽤나 현명한 방식이라고 이야기한다. 민간전승이 곧 허구라는 뜻은 아니기 때문이다!

그럼 동반식물 심기는 어떻게 텃밭이 더 좋아지게끔 도울까? 동반식물 심기는 몇 가지 장점이 있다.

- **동반식물 작물들끼리 서로 '도움을 준다.'**
  예를 들어 옥수수를 상추 옆에 심으면 그늘을 드리워 뜨거운 여름 햇살을 가려준다.
- **동반식물들은 양분을 효율적으로 활용한다.**
  늦여름에 양분을 많이 필요로 하는 양배추를 심고, 동시에 같은 두둑에 마늘을 심으면 수확량이 꽤 괜찮다(양배추는 가을에 수확하고, 마늘은 이듬해 여름까지 계속 자란다).
- **동반식물들은 해충 문제를 예방하는 데 도움이 된다.**
  일부 동반식물들 특히 양파처럼 향이 나는 식물은 해충을 쫓아낸다. 난 당근뿌리파리(Psila rosae Fabricius)나 알풍뎅이를 막기 위한 조력자로 쪽파와 양파를 활용하곤 한다. 다른 동반식물은 작물에서 해충을 꾀어낼 수 있다. 예를 들어 양배추와 브로콜리 및 동류의 작물에서 벼룩잎벌레를 꾀어내기 위해 갓을 심어도 된다.
- **동반식물들은 익충을 유인한다.**
  예를 들어 내 텃밭에는 항상 쑥국화가 자리하고 있다. 이들이 진딧물과 다른 해충을 잡아먹는 무당벌레를 끌어오기 때문이다.

을 죽이기 위한 검정비닐, 자가 해충 구제법)이 문제를 해결해주지 못했다. 난 전체 체계를 재고해야 했다. 나에겐 여러 인공적인 수단들의 도움 없이 스스로를 돌볼 수 있는 텃밭이 필요했다.

○ 자연의 '텃밭'에서 배우기

임신 때문에 강제로 휴식을 취한 나는 텃밭에서 동반식물 심기를 실험하기 시작했다. 난 사실상 해충 문제가 거의 없는 아름다운 텃밭을 만들고자 잘 어울리는 식물들을 조합하는 일에 푹 빠져버렸다. 하지만 동반식물 심기가 좋은 생각이긴 했지만, 그것만으로는 충분치 않다는 걸 곧 깨달았다. 또한 내 텃밭 흙에 다양성과 비옥함을 더하고, 채소 텃밭 안팎으로 다양한 환경을 조성해야 했다. 나는 텃밭 옆에 있는 연못과 숲에서 일어나는 일에 세심한 주의를 기울이며 자연의 사례들을 공부하기 시작했다.

내가 숲에서 목격한 일들을 상상해보았으면 한다. 낙엽과 솔송나무 잎이 떨어져 흙 표면을 덮고 있었다. 내가 허리를 굽혀 낙엽 밑을 손가락으로 후비자 촉촉한 흙 표면에 지렁이들이 파놓은 굴이 보였다. 떨어진 나뭇가지 아래에서는 지네와 쥐며느리들이 죽은 식물을 부식질이라 부르는 비옥한 유기물로 바꾸는 분해 작업을 하고 있었다. 비옥한 부식질에서는 양치류가 자라고, 양지 바른 곳에서는 블랙베리가 군락을 이루고 있었다. 둘은 모두 상록수 아래 산성토양에서 번성하는 식물이다. 나는 소리도 들었다. 산딸기와 씨앗, 벌레를 먹으려고 숲을 뒤지는 곤충들의 윙윙거리는 소리, 다람쥐가 재잘거리는 소리, 새들이 지저귀는 소리를 들었다.

자, 어떤 정원사가 만약에 이런 벌레들을 없애려고 살충제를 뿌린다면 숲에서 어떤 일이 벌어질지 생각해보자. 그가 솔송나무 잎을 긁어모으고 석회를 조금 뿌린 다음 장미나 토마토를 심는다면 어떻게

농약을 살포하지 마라!

텃밭을 가꾸기 시작했을 당시, 나는 화학 살충제와 제초제를 사용할지 말지를 결정하는 데 고민할 게 없었다. 나는 상품 설명서를 읽었을 뿐이다! 거기에 새와 물고기, 수질, 인간의 건강에 미칠 잠재적 해로움에 관한 경고와 주의사항이 적혀 있었기 때문에 나는 화학제품이 사용할 만한 가치가 없다는 걸 알았다. 나는 잡초를 포함한 모든 해충에 대처할 거다, 다른 방식으로.

피레드린, 로테논, 님 같은 유기농자재의 식물성 살충제는 어떨까? 유기농 농민을 위한 여러 공식적인 유기농 인증 제도에서는 이러한 살충제를 사용하도록 허용한다. 그러나 이 물질들은 여전히 환경이나 인체에 위험한 측면이 있다. 예를 들어 로테논의 상품 설명을 훑어보면 물고기에게 위험하다고 쓰여 있다. 우리가 로테논을 살포한 뒤에 비가 내리면 어떤 일이 일어날까? 식물에서 씻겨 나간 로테논이 하수로나 강, 또는 연못으로 흘러갈 것이다. 인간과 동물에게 상대적으로 안전한 님과 피레드린도 몇몇 익충을 죽이거나 그들에게 해를 끼칠 수 있다.

난 해충을 잡아먹는 포식성 곤충과 기타 생물로 가득한, 참으로 다양한 체계를 텃밭에 마련하고자 열심히 노력한다. 내가 절대 하지 말아야 할 일은 정밀한 자연의 균형을 깨뜨릴 수 있는 제품을 사용하는 것이다. 그러니까 내가 하고 싶은 말은, 농약을 살포하지 말라는 것이다!

될까? 여러분은 이미 답을 알 것이다. 생명 연결고리가 끊어지면서 자연의 체계가 무너지게 된다.

현대 인류의 텃밭 가꾸기 방식이 자연의 체계를 망가뜨린다면 우린 동굴로 돌아가거나 항상 끔찍한 죄책감을 느끼며 돌아다녀야 하는가? 물론 그렇지는 않다! 우리 모두를 수용할 수 있는 동굴도 없을뿐더러 죄책감이 상황을 개선하지도 못한다. 우리가 할 수 있는 일은 숲이 성공적으로 자립할 수 있는 체계를 지닌 자연 과정의 이점을 텃밭이 누릴 수 있도록 환경을 마련하는 것이다. 우리는 화학물질로 텃밭과 자연 경관을 좋은 상태로 관리하지 않음으로써 차이를 만들 수 있다. 그리고 시작하기 가장 좋은 방법은 당신의 마당과 텃밭에 더욱 다양한 환경을 조성하는 일이다.

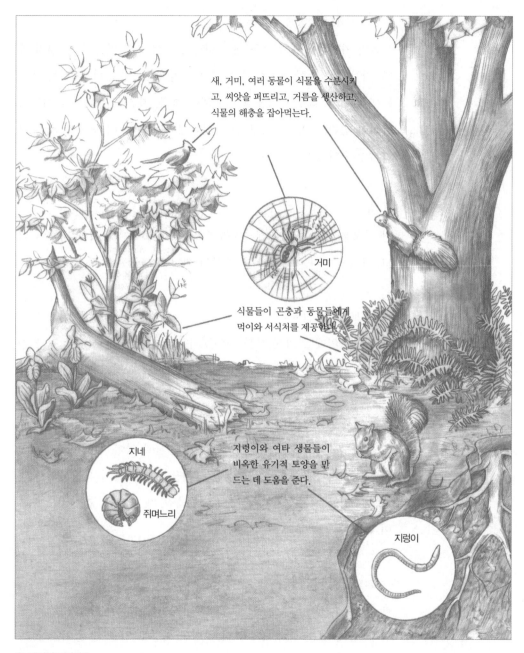

새, 거미, 여러 동물이 식물을 수분시키
고, 씨앗을 퍼뜨리고, 거름을 생산하고,
식물의 해충을 잡아먹는다.

거미

식물들이 곤충과 동물들에게
먹이와 서식처를 제공한다.

지네

쥐며느리

지렁이와 여타 생물들이
비옥한 유기적 토양을 만
드는 데 도움을 준다.

지렁이

◐ 자연의 조력자들

자연의 숲은 동식물 조력자로 가득하다. 그들은 모두 체계를 번성케 하는 자연 순환의 일부를 담당한다. 유기농 텃밭에서 우리는 이러한
자연 순환의 일부를 재창조하고자 노력해야 한다.

식물들이 숲이나 초원에서
얼마나 함께 잘 자라는지
공부해보면 최초의 조력자
농부는 대자연이라는 사실을
알게 될 겁니다.

자연과 함께 텃밭 가꾸기

우리가 자연림이나 초원을 채소 텃밭에 구현할 수 있을까? 그렇지 않다. 작물을 산출할 계획이라면 그러길 원하지도 않는다. 어쨌든 우리는 텃밭에서 재배할 작물을 선택해야 한다. 자연을 흉내는 내더라도 당신이 원하는 먹을거리와 꽃을 선택해 재배하는 데 도움이 되는 몇 가지 기술이 있다.

○ 홑짓기와 이별하라

한 작물을 다량으로 재배하려면 텃밭 곳곳에 작게 구획을 나누어 심고, 적어도 하나 이상의 채소 작물과 섞어 짓자.

○ 꽃과 허브를 심어라

채소들 사이에 꽃과 허브를 사이짓기하면 이들이 새와 익충 같은 해충들의 천적을 유인하기 때문에 작물에서 해충을 찾기 어려워진다.

○ 서식지가 도움이 된다

익충과 두꺼비, 새, 도마뱀 및 뱀에게까지 물과 먹이, 서식지와 번식처를 제공하라. 산울타리, 여러해살이 식물, 지피식물이나 돌무더기 등이 거주지가 될 수 있다. 새 모이통과 새집, 새 물통을 놓는 것도 도움이 된다.

○ 농약을 끊어라

유기농약조차도 익충을 죽일 수 있다. 나비는 살충제 내성이 거의 없다. 작물에 있는 '해충'을 싹 다 죽이면 익충도 먹을 게 없어진다. 기본적으로 농약을 살포해 파괴되는 건 유익한 생물을 유인하려는 우리의 노력뿐이다.

○ 몇몇 풀들은 놔둬라

풀이나 야생화들이 해충을 먹는 포식자들에게 서식처를 제공한다는 걸 배웠으니, 김을 맬 때 일부 풀들은 그냥 남긴다(주의: 몇몇 풀들은 양분 경쟁을 심하게 하고, 병해충의 피난처가 되거나 텃밭을 과도하게 장악한다. 그래서 남겨놓아도 괜찮은 야생당근과 미역취 같은 풀을 다른 풀들과 구별하는 방법을 배워야 한다).

○ 다양성을 창출하는 동반식물 심기

동반식물 심기와 함께 다양성이 창출된다. 자연에 대해 직접 연구한 결과, 채소 텃밭에 동반식물 심기를 적용해야 하는 두 가지 장점을 알아냈다. 이를 여기에서 대담하게 이야기하겠다.

첫째, 작물을 따로따로 무리를 지어 분리하는 것보다 식물을 조합하여 함께 재배하는 쪽이 대부분 더 낫다. 식물을 조합하면 생물다양성이 증가한다. 그리고 이 다양성이 생태텃밭 가꾸기의 비결 가운데하나다! 채소를 섞어짓기하고 허브와 꽃을 추가하면, 텃밭에 다양한 새와 곤충을 유인할 수 있다. 이것 하나만으로도 텃밭을 성공적으로 가꿀 수 있다.

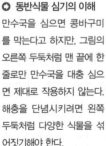

❍ 동반식물 심기의 이해
만수국을 심으면 콩바구미를 막는다고 하지만, 그림의 오른쪽 두둑처럼 맨 끝에 한 줄로만 만수국을 대충 심으면 제대로 작용하지 않는다. 해충을 단념시키려면 왼쪽 두둑처럼 다양한 식물을 섞어짓기해야 한다.

이는 두 번째 대담한 이야기로 자연스레 이어진다. 동반식물 심기가 해충 문제를 최소화하는 건 동반식물들이 대개 해충을 혼란시키거나 익충을 유인하기 때문이다. 어떤 식물은 해충이 작물을 찾지 못하도록 매우 혼란스럽게 만든다. 또 다른 식물은 그런 해충을 파괴하는 익충을 유인한다. 나는 해충을 '쫓아내는' 전통적인 동반식물들 대부분이 섞어짓기 했을 때 해충을 혼란스럽게 만들거나 포식성 또는 기생성 익충의 보호소가 된다고 확신한다. 그래서 해충은 먹이를 결코 발견하지 못하거나 거기에 이르기도 전에 잡아먹힌다.

조력자 선별하기

나는 텃밭에 동반식물 심기를 활용해 다양성을 높이는 한편, 일거리를 단순화할 방법도 찾고 있다. 해마다 동반식물 심기와 관련한 도서를 뒤지고, 텃밭에 상처 내는 일을 반복하고 싶지 않다. 나는 함께 잘 작용하는 식물 집합을 만들어 해마다 그걸 활용하기로 했다.

내가 재배하고 싶은 채소 작물부터 시작했다. 나는 '가족'이라 부를 집합을 만들어 식물을 나누었다. 그다음 익충을 유인하고 해충을 혼란스럽게 하며 토양을 비옥하게 해 채소를 보완하고 도와주는 '친구'들을 선택했다. 이들 대부분은 허브와 한해살이 꽃이며, 전통적인 동반식물이다. 그러나 나는 익충을 유인하는 데 가장 좋은 식물에 관한 최근 연구를 기반으로 여기에다 일부 여러해살이 꽃과 메밀 같은 덮개작물까지 더했다.

식물 가족은 친구 식물과 함께 '이웃'을 형성한다. 난 이웃의 구성원에 조금씩 변화를 주곤 한다. 예를 들어 어떤 해에는 상추 말고도 다른 멋진 샐러드용 채소에 관심이 가기에 상추 이웃으로 이들을 추가했다. 난 해마다 이른바 돌려짓기라는 방법으로 이웃 식물들을 다

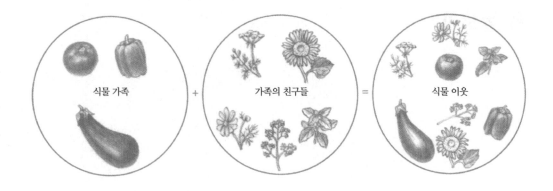

식물 가족 + 가족의 친구들 = 식물 이웃

⊕ 늘어나는 체계
나의 작물 체계는 가족으로
묶은 채소로 시작해서, 두둑
에 함께 심으면 좋은 친구가
되는 허브와 한해살이식물
이 추가된다. 그들은 서로 이
웃이 된다.

른 두둑으로 옮긴다. 이는 병해충 문제를 통제하는 데 도움이 된다.
이 책의 4장 '나만의 특별한 체계'에서 식물의 가족과 친구를 선택하
는 상세한 방법을 소개하겠다.

흙 돌보기

이웃 식물들을 함께 심는 게 내 체계의 핵심이지만 그게 전부는 아니다. 내가 유기농 텃밭 가꾸기를 시도하던 초기, 화학물질을 쓰지 않는다는 것보다, 식물을 섞어서 심는 것보다 더 중요한 일이 있다는 걸 깨달았다. 두둑에 매우 다양한 식물을 함께 심어도 흙이 안 좋으면 수확도 형편없다. 흙은 작물들이 먹을거리와 물을 얻는 근원이기 때문에 흙을 덮어주고 보호하는 일은 내 생태텃밭 체계의 중요한 부분이다.

흙을 늘 덮어놓자

난 항상 흙 위를 덮어놓는다. 때로는 부드럽고 볼록한 흙을 헤쳐서 작고 오목조목한 모종을 심은 텃밭의 모양새가 산뜻하고 질서정연해 보이면 덮어두고 싶지 않을 때도 있다. 문제는 텃밭이 오랫동안 그 상태를 유지하는 게 아니라는 데 있다. 풀싹도 나오고, 비바람이 지표면을 때리기 시작한다. 부드럽고 볼록한 두둑의 겉흙이 곧 침식되면서 파인다. 또는 기후가 건조해지면 지표면이 갈라지고, 딱딱하게 굳는다. 그러면 모종이 뿌리를 뻗지 못하거나 물을 흡수하지 못하게 된다. 그 상태를 해결하려고 땅을 갈아엎으려 흙에 발을 들여놓으면 땅이 더욱 단단히 다져지게 된다. 이런 파괴적인 일을 막고자 난 항상 흙을 덮어 놓는다.

○ 덮개를 최대한 활용하라

대부분의 텃밭 농부는 흙을 덮고자 덮개를 활용한다. 여러 종류의 덮개가 있다. 난 베어낸 풀과 짚, 신문지(찢거나 통으로), 낙엽, 솔잎, 코코아 껍질이나 때로는 검정 비닐을 덮는다(나무껍질은 조경수를 위해 남겨둔다). 깔개와 양탄자, 방수포, 샤워 커튼 등을 활용하는 텃밭 농부도 있다. 이런 재활용 덮개가 싫다면 더 매력적인 자연의 덮개, 흙을 덮으면 된다. 우리가 할 수 있는 건 우리가 이용할 수 있는 모든 걸 활용하는 일이다.

○ 덮개작물로 덮기

덮개작물이나 풋거름작물은 흙을 덮기 위해 심는 특별한 작물들이다. 여러 중요한 익충에게 서식처가 될 뿐만 아니라 다른 덮개들보다 더 예쁘기 때문에 나는 텃밭에 덮개작물을 활용하는 걸 좋아한다.

덮개작물은 호밀과 털갈퀴덩굴, 메밀, 토끼풀, 자주개자리 등을 포함한 여러 풀과 곡식 종류들 가운데 선택하면 된다. 몇몇은 가을에 심어 겨울에 흙을 덮어두는 용도로 사용할 수 있다. 그러면 봄에 흙의 유기물 함량이 높아진다. 아니면 묵혀서 쉬게 해야 하는 두둑의 전체 혹은 일부에다 심을 수도 있다. 이들이 흙을 덮어 보호하며 풀을 억제하고 유기물을 더할 것이다.

덮개작물을 활용하는 최고의 비결은 채소 작물을 거둔 다음이나 작물들 사이에 심는 것이라 생각한다. 이를 사이짓기라고 부른다. 특히 토끼풀이나 자주개자리 같은 콩과식물이 적합하다. 이런 식물은 질소를 '고정하여' 토양 비옥도를 개선한다. 특별한 박테리아의 도움으로 대기 중의 질소를 식물의 뿌리가 이용할 수 있는 질소 성분으로 변환한다(질소는 동물과 마찬가지로 식물이 살아가고 성장하는 데 필요한 단백질의 구성 요소다). 8장 '생태텃밭 가꾸기의 네 가지 기초'에서 몇몇 덮개작물에 대한 설명과 심는 방법에 대해 이야기할 것이다.

○ 작물을 서로 가깝게 유지하라

흙을 덮는 또 다른 방법은 채소 작물을 줄의 간격은 넓게, 작물끼리는 서로 가까이, 집약적으로 심는 것이다. 넓은 줄 간격이란 45~120cm 정도가 될 수도 있다. 식물들이 각각 완전히 자랐을 때 잎이 서로 닿거나 겹치도록 아주 가까이 배치한다. 잎 그늘이 흙에 그늘을 드리워 풀이 충분히 햇빛을 받지 못하게 만들고, 흙의 증발산량을 줄인다. 한 작물만 집약적으로 심을 수도 있다. 예를 들어 약 90cm 간격으로 줄을 지어 강낭콩을 심고 각 줄 안의 포기 사이는 15cm 정도로 하는 것이다. 아니면 똑같은 효과를 내기 위해 두 가지 이상의 식물을 심을 수도 있다. 예를 들어 브로콜리 두둑의 빈 곳을 채우기 위해 백일홍을 심거나 두둑 전체에 상추와 시금치를 심을 수도 있다.

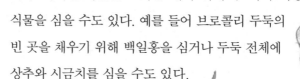

❂ 사이짓기가 흙을 구한다
옥수수나 기타 채소 사이에 토끼풀이나 자주개자리 같은 덮개작물을 심으면 토양침식을 예방할 수 있다. 또한 수분 손실을 줄이고 토양을 비옥하게 만든다.

흙을 만드는 사람이 되라

자연 체계는 숲이나 목초지에서 끊임없이 흙을 생성한다. 식물이 성장하고 죽고 나면, 곤충과 박테리아, 균류가 이를 분해하여 흙에 양분으로 되돌린다. 마찬가지로 동물이 죽어도 그 시체가 분해돼 양분이 된다.

바위도 점차 부수어져 흙에 미네랄을 더한다. 그러나 우리가 농사를 짓거나 정원을 가꾸면서 자연이 흙을 재구축하는 속도보다 16배나 빠르게 흙을 소모한다. 수확을 하느라 계속해서 식물이 분해되어 흙으로 돌아가지 못하기 때문이다. 흙을 낭비하고 침식의 원인이 되는 건강하지 않은 농법에도 책임이 있다. 그래서 우리는 늘 채소 텃밭에서 흙을 만들어야 한다!

흙을 만드는 일은 품이 많이 들기 때문에 상식적으로는 이미 가지고 있는 좋은 흙을 지키는 쪽이 더 쉽다고들 한다. 흙을 덮는 일은 흙 손실을 줄일 수 있는 좋은 출발점이다. 그러나 흙을 지키는 것뿐만 아니라 좋은 흙의 구조를 유지하는 일도 중요하다. 좋은 구조를 지닌 흙은 뿌리를 내리고 물과 공기를 붙들 수 있는 미세한 틈이 많다(그렇다. 식물은 흙 속의 공기가 필요하고 그렇지 않으면 자라날 수가 없다!)

한번 흙의 구조가 파괴되면, 이를 회복하는 데 2년 이상 걸릴 수 있다. 흙이 좋은 구조를 지녔는지, 농사 짓기에 적합한 상태인지는 스스로 느낄 수 있다. 특히 텃밭을 가꿔보면 더 잘 느끼게 된다. 좋은 흙은 수분과 공기를 함유한 수많은 작은 입자의 덩어리로 구성되기 때문에 손으로 바스러뜨릴 수 있다.

텃밭 두둑에 있는 좋은 흙의 구조를 보호하기 위한 최선의 방법은 그들을 멀리하는 것이다. 흙에 발을 들이면 우리의 체중이 실리면서 흙을 꾹꾹 눌러 물과 공기를 보유한 미세한 틈이 부수어진다. 그게 바로 내가 두둑을 살짝 높여 만들고, 그 사이에 눈에 잘 띄는 통로를 만드는 이유다. 통로는 나와 방문객들에게 그곳으로 걸어 다녀도 안전하다는 걸 알려준다.

○ 생명으로 가득한 흙

당신이 지금 당신의 텃밭에서 흙을 한 움큼 쥐어 그걸 바라본다고 상상해보라. 지네와 굼벵이, 쥐며느리를 제외하고 살아 있는 건 아무것도 보이지 않을 수 있다. 하지만 그건 우리의 눈이 보지 못할 뿐, 흙 속에서 살아가는 작고 강력한 생물들은 무수히 많다.

한 움큼의 흙에는 수백만 마리의 박테리아와 균류가 들어 있고, 그들은 유기물을 부수고 식물의 뿌리가 얻을 양분을 만든다. 특히 질소고정 박테리아는 질소를 고정하고자 콩과식물의 뿌리에서 활동한다. 아주 미세한 벌레 비슷한 선충이란 생명체도 있다. 그들 가운데 일부는 유용하고, 또 일부는 파괴적이다. 뿌리혹선충은 여러 채소 작물의 뿌리를 감염시켜 성장을 저해하는 반면, 이로운 선충은 흰개미와 굼벵이, 기타 여러 해충을 죽인다.

○ 흙 살리기

내가 어렸을 때 할아버지는 "작물이 아니라 흙을 살려라" 하고 가르치셨다. 나는 할아버지가 텃밭의 구덩이에 음식찌꺼기를 넣는 걸 보고, 할아버지가 정말로 흙을 '먹여 살리는' 줄로만 알았다! 그러나 할아버지가 진짜로 하신 일은 흙 속의 미생물과 곤충과 동물 들을 먹여 살린 것이었다. 그들은 유기물을 먹는다. 여러분이 남에게 줄 수 없는 사과 껍질부터 웃자란 주키니 호박에 이르기까지 무엇이든 말이다.

유기농 텃밭 농부는 다른 어떤 활동보다 흙에 유기물을 넣는 데 많은 시간을 할애한다. 흙이 텃밭의 보물이란 사실을 알기 때문이다. 흙은 우리의 가장 소중한 자원이다. 퇴비를 만들어서 넣고, 덮개작물을 심거나 덮개로 덮고, 작물의 부산물을 흙에 돌려준다. 어느 해인가 나는 텃밭에서 얼마나 많은 시간을 보냈는지 농사 일지에 기록했다. 그 결과, 유기물(똥오줌, 낙엽, 부산물, 마을에서 가져온 덮개 재료)을 모으고 날라다 퇴비를 만들어 텃밭에 넣는 데에만 절반 정도의 시간을 썼다는 걸 알게 되었다!

우리가 유기물을 넣어주면 토양 생물이 이를 넘겨받는다. 미생물과 곤충, 기타 토양 생물이 그걸 씹어 먹고, 분해하여 식물이 활용할 수 있는 단순한 형태의 유기물로 전환한다. 지렁이는 가장 잘 알려진 흙에 유익한 생물이다. 지렁이는 하루에 자기 몸무게만큼의 유기물을 처리하거나 소화할 수 있고, 이를 질소, 인, 칼륨 및 기타 양분으로 전환한다. 그들이 지나가고 난 자리에는 지렁이 똥이란 물질이 남는다. 여러분이 흙에 유기물을 공급하면, 비옥하고 생산적인 흙을 만드는 지렁이와 여타 마음에 드는 생물들을 이웃으로 얻게 될 것이다.

텃밭의 숨은 일꾼, 토양 생물

지렁이는 텃밭 토양에 등장하는 인물 가운데 단연 스타급이다. 그들은 흙을 뒤집어 공기가 통하게 만드는 초소형 경운기 같다. 게다가 모두 무료로 일해주기까지 한다! 우리가 할 일은 그들을 먹여 살릴 유기물을 제공하는 게 전부다. 낙엽을 비롯한 여러 유기물을 끌어오는 걸 보고 토양 생물들은 우리가 지독하게 일한다고 생각할 수도 있겠지만, 그들을 돕는 게 좋은 흙을 보증하는 일이다. 여기, 내가 좋아하는 지렁이에 관한 놀라운 사실이 몇 가지 있다.

- 지렁이는 식물이 활용할 수 있는 완벽한 형태의 질소, 인, 칼륨(세 가지 양분이 판매용 비료에도 똑같이 들어 있음)을 생산한다.
- 지렁이 한 마리가 1년에 약 150g의 거름을 생산할 수 있다. 지렁이가 많은 텃밭에서는 3×6m 정도의 넓이에서 해마다 약 22~34kg의 거름이 생산된다고 추산한다.
- 지렁이 똥은 보통의 흙보다 양분이 다섯 배나 많다.
- 토양 생물들은 흙에 굴을 뚫으면서 천연 윤활유를 분비한다. 그 윤활유는 흙의 입자가 서로 묶이도록 돕고, 흙의 구조를 개선한다.
- 어떤 토양 생물은 땅속 2.5m 아래에 있는 미네랄을 지표면으로 가져온다. 관리기 등으로는 닿을 수 없는 깊이다.

텃밭을 최대한 활용하기

나의 생태텃밭 농법 체계는 텃밭의 생산성을 높이고 해충 방비 보험이 추가된 어느 정도 검증된 기술들을 기반으로 한다. 나의 체계란 이어짓기, 사이짓기, 돌려짓기 등을 말한다. 이러한 기술을 이용해 텃밭의 공간 활용도를 높이고, 텃밭을 더욱 다양하게, 해충에 대한 저항성을 자연스럽게 갖추게끔 만든다. 생태텃밭 가꾸기와 딱 어울린다!

이어짓기와 사이짓기

이어짓기와 그루갈이는 공간을 잘 활용하고, 토양을 계속 무언가로 덮어두는 두 가지 농법이다. 이어짓기는 한 작물의 수확물을 거두자마자 새로운 작물을 심는 것이다. 완두 같은 내한성 작물을 수확한 다음 거기에 강낭콩이나 호박 같은 작물을 심는 게 일반적인 순서다.

　사이짓기는 좀 더 전략적인 계획이 필요하다. 작물을 수확하고 난 바로 다음이나 수확하기 직전인 작물 아래에 새로운 것들을 심는다. 예를 들어 브로콜리를 수확하기 2주 전쯤 그 아래에 강낭콩 씨앗을 심는다. 그렇게 하면 브로콜리를 수확하고 뽑아낼 즈음엔 이미 강낭콩의 싹이 자라게 된다.

❹ 사이짓기로 수확 일정
을 앞당긴다
브로콜리나 다른 월동 작물
을 수확하기 약 2주 전, 그
아래에 강낭콩 같은 작물의
씨앗을 심는다. 다음 작물의
수확을 앞당기는 데 매우 유
리하다.

　내가 좋아하는 또 다른 사이짓기 순서는 초봄에 상추, 양파, 당근
이후에 더 많은 상추를 심는 것이다. 한 작물을 수확하고 난 뒤 그 사
이에 공간이 나오면 바로 다음 순서의 몇 가지 작물을 심는다.

성공적인 돌려짓기

나에게 돌려짓기는 텃밭 가꾸기의 기본이다. 덕분에 해마다 텃밭의
다른 위치에 작물을 심게 된다. 돌려짓기는 병해충 감염을 최소화한
다. 예를 들어 해마다 같은 위치에 토마토를 심게 되면, 풋마름병 같
은 토마토의 질병이 촉진된다. 질병을 일으키는 균류가 겨울을 나며
흙에 남아 있다가, 봄에 똑같은 장소에 토마토를 심으면 곧바로 다시
활동한다.

　반면에 적어도 4.5m 정도 떨어진 새로운 두둑에 토마토를 심으면,
균류가 생존하기 위한 대상을 찾지 못하게 된다. 해충도 마찬가지다.

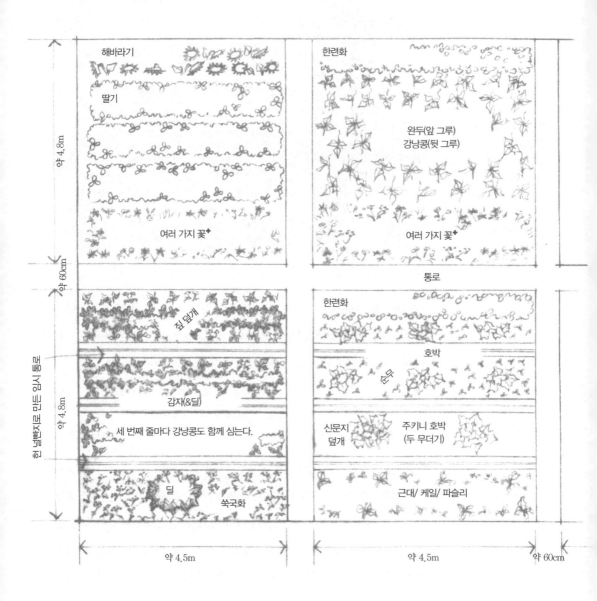

해바라기

딸기

여러 가지 꽃✽

한련화

완두(앞 그루)
강낭콩(뒷 그루)

여러 가지 꽃✽

통로

짚 덮개

감자(&딜)

세 번째 줄마다 강낭콩도 함께 심는다.

딜

쑥국화

한련화

호박

순무

신문지
덮개

주키니 호박
(두 무더기)

근대/ 케일/ 파슬리

약 4.8m

약 60cm

약 4.8m

한 넓빤지로 만든 임시 통로

약 4.5m

약 4.5m

약 60cm

✽ 코스모스, 과꽃, 금계국, 백일홍, 수레국화, 가을에 옮겨 심을 국화

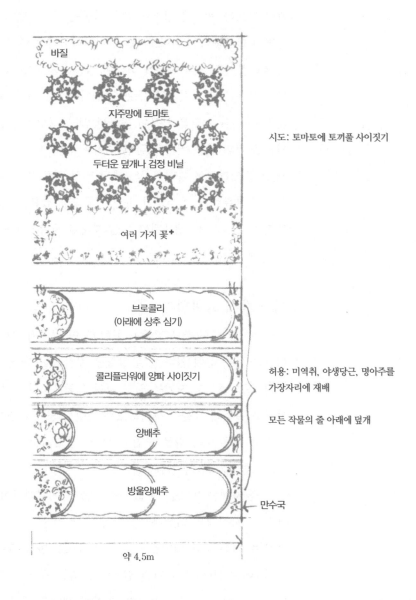

바질

지주망에 토마토

시도: 토마토에 토끼풀 사이짓기

두터운 덮개나 검정 비닐

여러 가지 꽃⁺

브로콜리
(아래에 상추 심기)

허용: 미역취, 야생당근, 명아주를
가장자리에 재배

콜리플라워에 양파 사이짓기

모든 작물의 줄 아래에 덮개

양배추

방울양배추

만수국

약 4.5m

○ 나의 생태텃밭

내 텃밭은 여섯 개의 두둑으로 구성된다. 각 두둑에는 허브와 꽃을 사이짓기하고, 자연의 해충 통제력을 갖춘 다양한 체계를 만들고자 작물을 섞어짓는다. 해미디 작물을 다른 두둑으로 옮겨가며 돌려짓기한다.

한 장소에 똑같은 작물을 얼마나 빨리 다시 심을지는 작물과 상황에 따라 다르다. 똑같은 장소에 같은 작물을 다시 심는 건 특히 토양매개 질병이 발생했다면 적어도 4년은 기다리길 권한다.

돌려짓기도 흙의 양분을 최대한 활용하는 데 도움이 된다. 서로 다른 작물은 서로 다른 양분을 필요로 하기 때문이다. 오이나 토마토 같은 일부 작물은 많은 양분이 필요한 반면, 강낭콩과 감자 같은 작물은 거름을 거의 안 주거나 조금만 주어도 된다. 나는 돌려짓기를 계획할 때 흙을 고려하여 다비성 작물과 소비성 작물 또는 토양 개선 작물로 채소를 분류한다. 여러분이 자신만의 작물 집합을 만들고자 할 때 참고할 수 있도록 내 생태텃밭 농법 체계에 돌려짓기를 포함해두었다.

나의 체계 요약하기

지금쯤이면 나의 생태텃밭이 뒤죽박죽인 것처럼 보이고, 실제로도 여러 기술들이 섞여 있다는 걸 알았을 것이다. 동반식물 심기가 핵심이지만 흙을 돌보고 지키는 일도 그만큼 중요하다. 또한 이로운 곤충과 동물을 유인해 그들이 서식하도록 특별한 공간을 만들고자 노력한다. 그리고 물론 모든 작물을 집약적으로 심고, 해마다 이어짓기와 사이짓기, 돌려짓기를 실천한다.

기술 자체는 새로울 게 없지만, 그것들을 결합하여 나의 텃밭에 적용하고, 모험심을 더했다. 난 항상 전에 보지 못한 익충을 만나려고 애쓰며, 나의 채소 텃밭을 더욱 자립적으로 만들 새로운 방법을 궁리한다. 예를 들어 내가 지금 실험하고 있는 새로운 기술은 채소 텃밭 옆에 산울타리를 심는 일이다. 거기에 해충을 잡아먹는 좋은 곤충과 동물을 유인해 서식하게 하려고 한다(이에 대해선 6장 '호박밭에는 여러해살이 식물, 옆에는 떨기나무'에서 설명하겠다).

나의 기본 체계들이 잘 작동하기 때문에 무언가를 실험하기에 한결 수월하다. 나는 코스모스를 가지와 함께 심고, 작물을 빽빽하게 심은 두둑에 거름을 넣을 때면 내가 전통적인 텃밭 가꾸기에 관련한 오랜 지혜의 일부라고 느껴져 기쁘다. 기술과 원리는 늘 거기에 있었다. 우리는 단지 그걸 적용하기만 하면 된다.

　다음에 이어질 두 개의 장에서는 이에 대해 살펴보겠다. 텃밭 설계와 두둑짓기부터 시작해 식물 가족과 친구, 이웃을 묶는 방법에 관해 이야기할 것이다. 이 모든 것의 최종 결과물은 먹을거리와 꽃, 여러 생명으로 가득한 성공적이고 다양한 텃밭이 될 것이다.

3장

텃밭 준비하기

이상한 나라의 텃밭에서 춘곤증은 정말 심상치 않은 상황을 만든다. 나는 어떤 이유나 절제 없이 무언가를 구매해서 심을 때 짜릿한 흥분을 느낀다. 가끔 충동적으로 이것저것 심긴 하지만, 보통 봄에는 조심성 있고 체계적으로 텃밭을 구성한다. 나는 운이 좋게도 해마다 텃밭을 확대할 수 있는 여유 공간이 충분하기 때문에 매번 새로운 두둑을 지어 식물을 심는다.

또한 채소와 허브를 심을 수 있는 공간이 더 없는지 마당 주변, 심지어 화단과 잔디밭의 경계에서도 자투리땅을 찾아다닌다. 아무튼 채소와 꽃이 뒤섞여 있는 풍경이 동반식물 심기에 관한 전부다!

나는 두둑을 짓고, 통로를 표시해 만들고, 흙의 상태를 점검한다. 그리고 나는 호스를 제자리에 확실하게 둔다. 그러지 않으면 모종에 싹이 나기 시작할 때 물도 없이 꼼짝도 못할 테니 말이다.

텃밭을 가꾸기 전에
알아야 할 것들

생태텃밭을 만들기 위한 첫 걸음은 위치를 선정하여 두둑을 설계하는 것이다. 이미 채소 텃밭을 가진 경험 있는 농부라면 걱정하지 말라. 기존 텃밭을 생태텃밭으로 전환하는 건 무척 쉽다. 새로운 장소를 물색할 필요가 없다.

새롭게 텃밭을 시작하는 사람이라면 대부분의 채소에게는 충분한 햇볕이 필요하단 사실을 명심해야 한다. 부엌이나 수원(水源) 가까이에 자리를 잡는 것도 좋다. 초보자들에게는 조그맣게 시작하라고 조언한다. 처음엔 다섯 평으로도 충분하다.

두둑짓기는
거창한 토목공사가
아니랍니다.

소형 텃밭에 도전하기

생태텃밭 가꾸기는 마당 이곳저곳에 만들어둔 작은 두둑에서도 잘 작동한다. 공간이 넓지 않아도 많은 채소를 재배할 수 있다. 햇빛이나 여러 조건들이 적합한 곳이나 혹은 테라스 근처, 창밖으로 보고 즐길 수 있는 마당 이곳저곳에 소형 텃밭 자리를 마련한다. 출입로를 따라 작은 두둑 몇 개를 만들거나 부엌 근처에 샐러드와 허브용 두둑을 설치한다. 앞마당도 잊어선 안 된다. 이 책의 200~201쪽에 나오는 '앞마

✿ 색다른 채소 두둑
나무를 심어둔 곳 주변이나 화단에 채소와 허브를 더 심는다. 꽃과 딸기나무 사이에 상추와 바질, 근대 등을 끼워 심으면 마당이 색다르게 느껴질 것이다.

당 샐러드용 텃밭 설계 방법'을 확인하면 이를 이해할 수 있을 것이다.

왜 사각형인가?

토마토, 고추, 당근, 상추로 가득 찬 직사각형 모양의 텃밭은 좀 단조롭긴 하지만 캘리포니아, 뉴잉글랜드의 뒤뜰에서 흔히 볼 수 있는 전형적인 모습이다. 마치 작물들이 한 줄로 길고 곧게 늘어서 있는 농경지의 축소판 같다. 텃밭이 반드시 네 개의 귀퉁이로 이루어져야 하는 건 아니다. 뾰족하게 각진 모서리보다는 곡선이나 원형이 관리기나 잔디깎기를 사용하기에 더 쉽다. 그러니 텃밭을 설계할 때는 상상력을 발휘하라!

나의 텃밭은 네모나지만 단순한 직사각형 모양은 아니고, 두둑과 틀밭이 섞여 있다. 만약 처음부터 다시 시작하게 된다면 나는 둥근 텃밭을 만들 거다. 중앙에는 쉼터나 화단을 만들고, 거기서부터 방사형으로 네 개나 여섯 개의 두둑을 만들 것이다. 사실 이런 텃밭을 직접 설계한 적도 있다(일명 바퀴 텃밭이라고 202쪽에 등장한다)!

두둑이 기본이다

관행적인 크기인 3×6m의 텃밭보다 집약적으로 재배할 수 있는 1.8×0.9m 크기의 두둑 세 곳에서 더 많은 채소를 재배할 수 있다는 사실을 아는가? 두둑을 지어 집약적으로 심는 것(식물을 가깝게 배치하고, 줄의 폭은 넓게)이 생산성에 큰 차이를 가져온다. 이러한 방식이 단위면적당 수확량을 증가시키는 동시에 텃밭을 돌보기 쉽게 만든다.

줄의 폭이 넓은 텃밭은 일반적인 텃밭보다 김매기와 물주기가 덜 필요하여 할 일이 비교적 적다. 게다가 한 번 유기물을 넣어 두둑의 토질을 높여두면, 땅을 갈아엎는 일과는 영원히 작별할 수 있다!

일반적인 좁고 긴 텃밭에도 나의 생태텃밭 농법 체계를 적용할 수 있겠지만, 난 두둑에 넓은 줄로 작물을 심는 방식으로 전환하길 강력하게 권한다. 이는 내가 나만의 농법 체계를 세우면서 경험한 최고의 변화 가운데 하나다. 로터리 치는 관리기가 있다면 두둑을 짓는 휴립기를 부착해 사용할 수 있다. 나는 그냥 원예용 손도구로 두둑을 만든다.

장소 마련하기

두둑을 짓기 전에, 텃밭의 흙이 비옥하고 건강하지 않다면 일단 흙을 먼저 철저히 준비해야 한다. 그렇게 하면 쇠거름대만으로도 편하게 일할 수 있다.

먼저 흙의 습도를 재보지 않은 상태에서 관리기로 갈아엎거나 삽으로 뒤엎지 말라! 손으로 흙을 뭉그러뜨렸을 때 잘 부스러질 만큼 건조해야 한다. 손으로 쥐었을 때 흙이 뭉치거나 떡이 될 정도로 너무 습하면, 흙을 파거나 갈기에 좋지 않은 상태다. 참아야 한다. 습한 흙을 너무 파헤치면 흙의 구조를 망가뜨릴 수 있다.

흙이 충분히 말랐다면, 파종하기 2주 전 두둑의 모양을 잡기에 가장 좋은 상태다. 난 흙을 약 18cm보다 더 깊게는 파지 말라고 권한다.

흙일을 하면 흙 속에 있던 새로운 풀씨가 밖으로 나와 빛에 노출되면서 싹이 나게 된다. 미리 흙일을 하여 새로운 풀이 싹트게끔 만들어라. 그런 다음 파종하는 날 흙을 가볍게 긁어 풀싹을 죽여 풀이 거의 없는 상태에서 채소의 씨앗과 모종을 심을 두둑을 만들 수 있다.

❍ 두둑의 모양 잡기
두둑을 지으려면 먼저 통로가 될 부분에서 흙을 퍼 올려 두둑의 모양을 잡는다. 그다음 통로에서 다시 흙을 더 퍼서 두둑 위에 놓는다.

❍ 처음부터 시작하기

새롭게 텃밭을 만들려고 하거나 혹은 기존의 텃밭을 확장하려 한다

통로 가운데의 흙을 삽으로 퍼서 두둑 위에 올려놓는다.

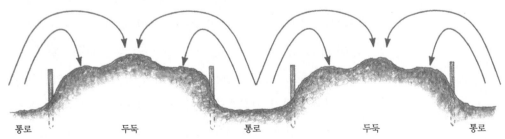

통로　　　　두둑　　　　통로　　　　두둑　　　　통로

팽이를 사용해 흙을 끌어와 두둑 가장자리를 다듬는다.

면, 잔디밭 등을 채소 텃밭으로 바꿔야 하는 난관에 직면하게 될 것이다. 잔디를 벗겨낸 뒤 딱딱하게 다져진 흙을 파야 할 수도 있다. 그러나 나는 그런 중노동에서 벗어나 '빠르고 간편한 두둑 짓기'라 부르는 더 쉬운 방법을 고안했다. 이 기술에 대해서는 68쪽에서 설명하겠다.

두둑 짓기

관리기나 쇠스랑으로 흙을 풀고 바스러뜨리고 나면, 쇠갈퀴와 괭이만으로도 쉽게 두둑의 모양을 잡을 수 있다. 작물을 심고, 물을 주고, 덮개를 펴고, 수확하기 위해 팔을 뻗기 편한 정도를 고려해 60~90cm 너비의 두둑을 만든다. 난 관리할 수 있는 한 최대로 넓게 만들기를 권한다. 여러 가지 작물과 조력자들을 심으려면 충분한 공간을 확보해야 좋기 때문이다.

두둑의 모양을 잡는 방법은 다음과 같다.

1. 윤곽을 표시한다. 지주와 끈을 활용해 두둑과 통로를 표시한다. 통로는 적어도 30cm 너비가 되어야 한다. 외발수레나 두발수레를 이용하려면 통로를 더 넓게 만들어도 된다.

2. 두둑의 모양을 만든다. 두둑을 만들 위치에 서서 통로의 흙을 들썩여 성기게 헤친 뒤, 이 흙을 두둑에 올려 통로보다 두둑을 10~15cm 정도 더 높게 만든다. 삽괭이를 활용해 통로를 따라가며 흙을 두둑 쪽으로 판다. 한 두둑에서 이 일을 모두 마치면, 다시 뒤로 돌아가 인접한 두둑에 흙을 퍼 올린다. 모든 두둑에서 이 작업을 한다. 이때 다음 그림처럼 쇠갈퀴를 사용해도 된다.

3. 통로의 흙을 파내는 작업을 끝낸다. 이제 삽으로 통로를 깔끔하게 정리한 후 남은 흙을 두둑 한가운데 던져 넣는다.

4. 두둑 위쪽의 흙을 평평하게 고른다. 쇠갈퀴의 뒷등이나 손에 잡히는 대로 집어 임시변통으로 두둑의 표면을 부드럽게 만든다. 난 두둑 위로 유아용 침대 스프링을 끌고 다니던 농부도 알고 있다. 이 방법은 바위를 들어 올리고, 지표면을 평평하게 만들 때 매우 좋다. 이것만 기억하라. 두둑을 발로 밟고 다니지 말라!

○ 쇠갈퀴로 두둑 만들기
텃밭 통로에 서서 반대쪽 통로의 흙을 두둑으로 들어 올린다. 부드러운 흙에서는 하기 쉽지만, 밭의 흙이 점토라면 괭이로 두둑의 모양을 잡는 게 낫다.

○ 통로 완성하기

텃밭을 모두 손질한 다음에는 통로의 맨흙을 덮는다. 맨흙은 빨리 다져져서 물이 잘 침투하지 못한다. 통로를 그대로 놔두면 결국 신발과 옷을 더럽히는 웅덩이나 진창이 생긴다(개가 거기에서 뛰어놀고 집 안으로 들어오면 무슨 일이 생기게 될지는 더 길게 설명하지 않겠다). 맨흙에서는 풀도 빨리 싹튼다.

통로를 짚과 나뭇조각, 톱밥, 자갈이나 낙엽으로 채운다. 지난해 텃밭에서 잡초들이 문제였다면, 풀싹이나 끈질긴 여러해살이풀을 차단하기 위해 이를 더 두텁게 깔아야 한다. 통로에 덮개를 펴기 전에 판지와 적어도 다섯 겹의 신문지 또는 헌 양탄자를 깔아도 된다.

덮개 대신 통로에 키 작은 흰토끼풀을 심어도 좋다. 토끼풀은 흙에 유기물도 더하고, 질소도 고정하며, 여러 익충을 돕는다.

<table>
</table>

통로 덮개로 사용하기 가장 좋은 건 목재 널빤지(가급적이면 낡은 헛간용 판자)다. 내가 그걸 이용하는 이유는 다음과 같다.

• 텃밭 수레가 그 위를 지나다니기가 편하다.
• 작물을 심거나 김매기를 할 때 그 위에 앉기도 하는데, 널빤지가 토끼풀이나 짚보다 건조하다.
• 널빤지는 수레와 개, 사람의 무게를 더 넓게 분산시켜서 토양의 구조를 보존하고, 매우 소중한 지렁이의 집을 보호한다.
• 널빤지는 훌륭한 민달팽이의 덫이다(널빤지를 뒤집어서 민달팽이를 잡거나 새가 소풍을 오도록 놔두기만 해도 된다!)
• 두둑 덮개나 검정 비닐의 가장자리를 널빤지 아래에 집어넣어 고정시키기 편리하다.
• 헛간을 수리할 때 널빤지가 많이 나오기 때문에 재활용하기 좋다.

마지막 조언: 텃밭에 나는 잡초 때문에 고민이 많다면, 널빤지를 놓기 전에 신문지를 깔면 된다. 널빤지 사이의 공간으로 슬금슬금 나오는 풀을 막는 데 도움이 된다.

빠르고 간편한 두둑 짓기

어느 해인가 허리를 심하게 다쳐서 그저 잔디밭에 아름다운 꽃사과나 심으며 여러해살이 식물들의 섬을 만들고 싶었던 때가 있었다. 하지만 잔디를 벗겨낼 방법이 없어서 그냥 갑절로 파버렸다! 그렇게 나는 잔디 위에 간단히 일종의 퇴비 더미 같은 흙을 만들었다.

○ 모두 휘글에 달렸다

내 기술은 휘글법(휘글은 독일어로 언덕이란 뜻)이라 부르는 옛날 독일의 기술과 비슷하다. 흙을 뒤집지 않고도 곧바로 식물을 심을 수 있는 특별한 퇴비 더미를 만드는 것이다. 두둑을 만들어 작물을 심기까지 기다려야 하는 기간이 있지만, 손보지 않은 흙을 파고 갈아엎는 것보다 훨씬 더 빠르고 힘이 덜 든다.

'빠르고 간편한 두둑짓기'에서 가장 중요한 첫 번째 단계는 두둑을 만들 곳에 신문지 대여섯 장을 겹쳐서 까는 일이다. 처음 시도했을 때는 이 과정을 빼먹어서 여러해살이 식물의 위력을 실감했다. 난 지금도 가끔씩 빛을 찾아 기어 나오는 풀과 씨름한다. 심지어 이들은 60cm 높이의 두둑도 뚫고 나온다!

신문지를 덮고 덤불이나 잔가지 같은 굵은 재료를 15~30cm 두께로 깐다. 그다음 원하는 너비와 길이로 아주 굵은 것부터 가는 것까지 여러 유기물을 쌓아 60~120cm 높이의 둔덕을 만든다(보통 90cm의 높이, 너비, 길이에서 가장 효율적으로 분해와 발효가 일어난다).

내 두둑은 덤불 다음으로 조금 부숙된 낙엽 30cm, 분뇨 10cm, 짚 약간과 베어낸 풀, 겉흙 조금과 퇴비로 구성된다. 구할 수 있는 재료에 따라 구성 물질이 달라질 순 있지만, 개념만 동일하게 유지하면 효과가 있다! 어느 해 8월에는 휘글을 만들어 이듬해 봄에 식물들을 심어, 첫해 여름 아름다운 여러해살이 식물 두둑을 만들었다. 그 뒤로 땅을 갑절로 파고 갈아엎는 일은 두 번 다시 하지 않았다.

🌀 **빠르고 간편한 두둑짓기**
늦여름에 덤불, 부숙된 낙엽, 베어낸 풀 또는 기타 유기물을 켜켜이 쌓는다. 바닥에는 굵은 재료를, 상부에는 가는 재료를 넣는다. 이듬해 봄이면 작물을 심을 준비가 된 두둑을 얻을 수 있다.

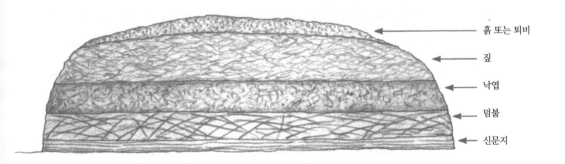

흙 또는 퇴비
짚
낙엽
덤불
신문지

토양검정은 필요한가?

완전히 새로운 텃밭을 가꾸기 시작한다면 토양검정을 철저히 하고 싶을 것이다. 소정의 검정료를 지불하고 지역 협동지도소를 통해 토양검정을 받을 수 있다. 결과지에는 토양 비옥도와 어떤 양분이 결핍되었고 무엇을 보충하면 좋은지에 대해 나와 있다(유기적 보충재에 관해 확실히 물어보아야 한다). 협동지도소에 찾아가 토양검정을 받고 싶다고 말하면, 검정에 필요한 흙 샘플을 어떻게 준비해야 하는지 알려준다.

새로운 텃밭이라고 해서 반드시 토양검정을 해야 하는 건 아니다. 꽃과 채소를 잘 기르던 마당에 새로 두둑을 만들려고 한다면, 예전 흙과 비슷할 거라고 예상해도 된다(마당 크기가 몇 천 평 규모인 경우를 제외하고). 또한 흙에 주기적으로 유기물을 넣었다면 토양 비옥도를 보증하는 지렁이와 기타 토양 생물들도 잘 유지되었을 것이다.

사실 나도 토양검정을 다 받지는 않았다. 모든 게 잘 자랐기 때문이다! 그리고 나는 무언가가 결핍됐다고 보내는 신호를 알고 있으며, 아직 그런 조짐을 보지 못했다. 평소 유기물을 많이 넣기 때문에 흙이 비옥한 상태다. 주성분이 손상되지 않도록 4년에 한 번씩 인광석과 해록석도 넣고 있다.

○ 토양산도 측정

내가 검정하기 좋아하는 것 중 하나는 토양 산도다. 산도 측정이란 흙이 산성인지 알칼리성인지 재는 것이다. 대부분의 작물은 산도 6~7 사이, 약산성에서 중성인 흙에서 잘 자란다. 흙이 비옥하더라도 산도가 너무 높거나 낮으면 식물이 흙에서 양분을 효과적으로 흡수하지 못한다.

마스터 가드너들의 도움과 더불어 협동지도소에서는 무료로 혹은 저렴하게 산도 측정을 해준다. 아니면 산도 측정기나 리트머스 종이를 구입해 직접 측정해도 된다.

산도가 적당하지 않으면 석회(산도를 높임)나 유황(산도를 낮춤)을 흙에 넣어서 개량할 수 있다. 흙의 종류에 따라 석회와 유황의 효과가 달라지기 때문에 얼마나 넣어야 하는지를 예측할 수 있는 간단한 공식은 없다. 예를 들어 중점토는 사양토보다 석회를 더 넣어야 할 수도 있다. 얼마나 넣어야 할지는 다시 지역 협동지도소에 찾아가 조언을 구하는 게 좋다.

틀밭 짜기

높이가 낮은 두둑은 대부분의 텃밭에 알맞고 만들기도 매우 쉽다. 반면에 측면이 높고 단단한 틀밭을 만들면 좋은 이유가 몇 가지 있다.

틀밭을 만들면 사람과 개가 흙에 접근하기 어려워지기 때문에 흙의 구조를 보호할 수 있다!

틀밭은 일반적인 낮은 두둑보다 물이 더 잘 빠지고, 빨리 마르며 쉽게 따뜻해져서 이른 봄에도 파종을 할 수 있다. 만약 토양이 점토질인 추운 지역에 산다면 늦봄에 틀밭에다 상추, 시금치, 완두콩을 심어도 된다(내가 뉴욕 서부에서 그랬듯이).

틀밭은 작물을 관리하기가 더 쉽고, 신체에 제약이 있는 노약자나 허리를 구부리고 쪼그려 앉거나 땅을 파기 힘든 어느 누구라도 농사를 즐길 수 있다. 계획을 잘 세워두거나 만들 때 누군가의 도움을 좀 받는다면 휠체어를 탄 사람도 멋진 틀밭을 만들 수 있다.

최적의 크기

틀밭을 만드는 일은 제법 큰 프로젝트이기 때문에 반드시 편리한 크기로 만들어야 한다. 적당한 너비를 결정하려면 다음과 같은 점들을 고민해보아야 한다. 당신의 팔 길이는 어느 정도인가? 또한 허리를 어느 정도까지 숙일 수 있는가?

나는 '곰 세 마리'를 염두에 두고 너비를 정하는 걸 좋아한다. 덩치가 큰 아빠 곰 틀밭은 120cm 너비까지 돌볼 수 있다. 엄마 곰은 너비 90cm, 아기 곰은 60cm를 넘지 않게 한다. 이렇게 하면 무언가를 심거나 김매거나 심지어 딸기를 훔쳐 먹을 때조차 아무도 두둑에 올라가 흙을 밟아 부수려 들지 않을 것이다.

틀밭의 길이를 정할 땐 틀밭이 길어질수록 사람들이 고랑으로만 걸어 다닐 확률이 줄어든다는 걸 기억하라. 3.6m짜리 긴 틀밭에는 조만간 발자국이 생길 것이다. 내가 2.4~3m 정도의 틀밭을 권하는 이유가 여기에 있다. 고랑으로 걸어 다니기에 적당한 거리이기 때문이다. 나무로 틀밭을 만들 때도 더 편리하다. 시중에서 판매하는 목재의 길이가 그 정도이기 때문이다. 무엇하러 톱질을 쓸데없이 많이 하게끔 텃밭을 설계하는가.

장소 마련하기

틀밭을 만들기 전에 큰 돌을 제거하고 땅을 평평하게 고른 뒤 풀을 제거해 장소를 마련한다. 그다음 틀밭의 윤곽을 표시해야 한다. 두 개 이상의 틀밭을 만들 거라면 손수레가 지나다닐 수 있을 만큼 충분한 너비의 통로를 확보해야 한다.

❍ 장소 마련하기
틀밭을 만들기 전에 땅을 고르게 만들어야 한다. 삽으로 높은 쪽의 흙을 낮은 곳으로 옮긴 뒤 쇠갈퀴로 고르게 잘 편다. 땅의 높낮이를 많이 조정했다면 파종 전에 안정이 되도록 몇 주 동안 놔둔다.

짚, 벽돌 아니면 나무?

빠르고 간편하게 두둑을 만들려면 짚 뭉치에 흙을 채워 간단하게 윤곽을 잡을 수도 있다. 하지만 내구성이 있는 두둑을 만들려고 한다면 프레임이 오래가는 나무와 돌 또는 시멘트 블록이나 시중에서 판매하는 조립용 세트를 사용하고 싶을 것이다.

시멘트 벽돌을 싸게 구할 수만 있다면 틀밭의 윤곽을 잡는 데 유용하게 쓰일 것이다. 벽돌 구멍이 위쪽을 향하도록 쌓은 뒤 흙을 채워 넣으면 된다. 구멍에 알맞은 꽃이나 허브(특히 박하 같은)를 심어도 좋다. 내 친구 페기 씨는 시멘트 벽돌을 집 앞 화단 가장자리에 놓고, 거기에다 사랑스럽게 하늘거리는 여러해살이 식물인 흰점나도나물(snow-in-summer)을 심었다. 이들은 자라면서 아름답게 아래로 늘어지며 블록을 가린다.

내가 처음으로 틀밭을 만들 때 선택했던 재료는 나무다. 일반적으로 가장 쉽게 이용할 수 있는 나무의 종류로는 거칠게 켠 솔송나무, 가문비나무, 소나무와 목질이 단단한 활엽수인 북가시나무, 너도밤나무, 단풍나무 등이 있다. 운이 좋으면 사이프러스나 향나무 같이 잘 썩지 않는 나무를 구할 수도 있다. 소나무와 단풍나무 또는 물푸레나무 같이 잘 썩지 않는 목재를 활용하면 몇 년이고 틀밭을 유지할 수 있다.

크레이그 씨의 틀밭

나는 운이 좋게도 가족 중에 홀륭한 건축가가 있다. 바로 시동생인 크레이그 보걸 씨다. 그는 20년은 됐을 법한 솔송나무 목재로 나에게 홀륭한 틀밭을 만들어주었다. 이 틀밭은 길이 3.3m에 너비가 90cm(내부 크기)다. 여러분도 텃밭에 알맞은 틀밭 크기를 정하는 데 이 사이즈를 적용해도 좋다.

○ 틀밭을 만드는 단계

그림과 같은 틀밭을 만들기 위해서는 다음과 같은 길이로 자른 15×
15cm의 솔송나무 각목이 필요하다(목재를 자를 도구나 경험은 없어도
된다. 목재 집하장에 부탁해 원하는 크기로 자르면 된다). 길이 3.6m 2개,
3.3m 2개, 1.2m 2개, 90cm 2개 그리고 4mm 두께의 폴리에틸렌 비닐
과 25cm 길이의 대못 14개가 필요하다.

1단계. 첫 번째 단의 목재를 배치한다. 틀밭 옆면은 3.6m 각목으로,
양 끝은 90cm 각목을 사용한다. 각각의 모서리는 대못으로
고정한다.

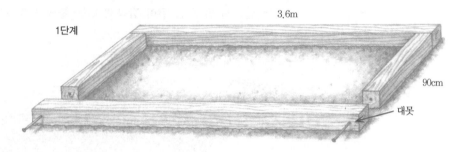

2단계. 틀밭 양 끝에 1.2m 길이의 각
목으로 2단을 올린다. 대못으
로 단단히 고정한다.

3단계. 틀밭 옆면에 2단을 올릴 준비
를 한다. 옆면의 길이를 재고,
필요하면 공간에 딱 맞도록
3.3m 길이의 각목을 다듬는다.

4단계. 다듬은 3.3m 길이의 각목을 옆면에 올리고, 대못으로 단단히 고정한다.

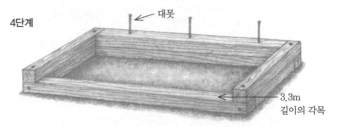

5단계. 틀밭의 목재가 흙에 직접 닿는 걸 막고자 안쪽에 4mm 두께의 폴리에틸렌 비닐을 덮는다. 비닐은 바닥 쪽으로 5cm 정도 나오도록 덮은 뒤 스테이플러로 고정한다. 바닥면에는 신문지 몇 겹을 깔아 잠복해 있는 풀씨가 싹트지 못하게 막는다.

틀밭 채우기

아마도 여러분에겐 틀밭을 채울 만한 좋은 겉흙이 많이 있을지도 모른다(만약 그렇다면 많은 이들이 당신과 살고 싶어 할 것이다!) 하지만 대부분은 마당에서 좋은 흙을 찾기 어렵다. 그냥 돈 주고 겉흙을 살 수도 있겠지만 판매용 흙은 품질이 천차만별이다. 대량으로 구입하려면 그 전에 양분과 산도 검정을 하는 게 현명하다.

난 필요한 흙을 만들어줄 퇴비가 될 유기물을 틀밭에다 채우라고 권한다. 먼저 여러분이 구할 수 있는 퇴비가 무엇일지 생각한 다음 시작하자. 묵힌 똥거름? 부숙된 퇴비? 동네 재활용센터에서 구할 수 있는 부숙된 낙엽? 봄에 청소하면서 나온 덤불과 부산물? 새로 집을 짓는 이웃이 있다면 건축업자에게 집 지을 때 나오는 겉흙을 얻을 수 있는지 친근하게 물어볼 수도 있겠다. 어떤 건축업자는 흙을 판매하려 들지도 모르고, 어떤 이는 거절할 수도 있고 아니면 기쁘게 넘길 수도 있다. 그들이 집을 지으려고 파내는 양에 비하면 여러분에게 필요한 흙의 양은 손수레 몇 대 정도일 뿐이다.

어디서 구하든지 간에 유기물과 흙으로 새로운 틀밭을 적어도 30cm 정도는 채운다. 잔가지와 나무토막, 음식물찌꺼기, 찢어진 종이 같은 가장 덜 부숙된 재료는 바닥에 넣는다. 그다음 낙엽과 묵힌 똥거름, 풀 같은 걸로 꼭대기까지 한 켜씩 쌓는다. 최상층엔 여러분이 가진 가장 좋은 퇴비와 겉흙을 깐다.

틀밭에 덜 부숙된 퇴비나 일부만 부숙된 유기물이 많다면 작물을 심기 전에 안정이 될 때까지 몇 주는 놔두는 게 좋다. 그동안 재료들이 급속 발효되면서 '한증막'이 될 테니 식물의 뿌리를 태우지 않으려면 식을 때까지 기다려야 한다. 그 과정을 거치면서 틀밭의 흙이 좀 꺼지더라도 걱정할 필요 없다.

샐리의 유용한 조언

민들레를 버리지 마세요!

여러분이 만든 두둑에 양분이 충분할 수도 있지만, 나와 생각이 비슷하다면 당신은 일명 '토양 보장 방책'이 필요할 것이다. 이걸로 흙을 강화하고 식물에게 좋은 양분을 공급할 수 있는 특별한 유기질 거름을 후딱 만들 수 있다. 해조 분말 1/8컵에 면실깻묵➕ 약 7.5리터를 섞는다. 이 정도면 약 1,480리터의 흙 또는 3.6×0.9m 크기의 틀밭 두 곳에 사용하기 충분하다. 지표면에 흩뿌린 뒤 쇠거름대를 이용해 30cm 깊이로 흙과 섞는다.

➕ 한국에서는 동네 방앗간에서 각종 깻묵을 얻거나 구매할 수 있다.—옮긴이

관개 계획하기

흔히들 텃밭에 물을 대는 문제는 가장 나중에 생각한다. 갑자기 봄 더위가 지속돼 모종의 잎이 늘어지고 말라 죽을 위험에 처하기 전에는 고려하지 않는다. 나도 그런 적이 있기 때문에 잘 안다. 그래서 지금은 작물을 심기 전에 미리 텃밭의 관개 체계를 계획한다.

나는 정교한 첨단 기술의 관개 체계를 지닌 농부가 부럽다. 이들은 깔끔하게 연결된 관을 땅에 묻고, 점적 고무관으로 모든 작물마다 물을 준다. 그러나 이러한 체계를 갖추려면 비용이 많이 들고, 초기 계획 단계도 어렵다. 실제 텃밭에 적용하기엔 시간이 좀 오래 걸릴 것이다.

내가 가진 건 고무관이다! 내 고무관은 1.5~3m짜리인데, 이것을 몇 개 이어서 수도에 꽂았다. 고백하건대 나는 텃밭 농사를 지으면서 해충 문제보다도 고무관 때문에 생긴 문제로 이를 간 적이 훨씬 많았다. 싸구려 고무관을 산 게 실수이기도 했고, 지름 1.2cm와 1.5cm짜리의 서로 다른 고무관을 사는 바람에 연결이 쉽지 않기도 했다. 게다가 파종일 전까지 그걸 미리 확인하거나 점검하지도 않았다.

나만의 고무관 원칙

여러 실수를 통해 고무관에 관한 원칙을 고안한 뒤, 지금은 이를 교리처럼 철저히 지킨다. 나는 관개 도구들을 관리하는 걸 좋아하진 않지만, 그렇게 하지 않으면 사랑하는 식물들이 고통을 겪고, 수확량이 떨어진다는 걸 안다. 그러므로 여러분이 관개용품을 관리하는 것보다 식물들을 보살피는 일에 더 관심이 많다면, 나의 원칙을 따르는 편이 좋을 것이다!

텃밭의 고무관을 잘 관리하기 위한 나의 필수적인 일곱 가지 원칙이 있다.

🌾 지름 1.5cm의 기후에 영향을 받지 않는 고품질의 고무관만 사라.
🌾 고무관과 부속품은 같은 제조 회사의 제품을 선택해 연결하라. 그래야 각 부분의 아귀가 서로 잘 맞는다. 마감과 부속품은 철제나 플라스틱제 모두 괜찮지만 가능하면 같은 종류로 사용하라.

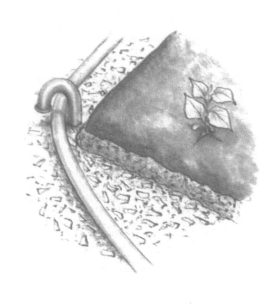

❍ 직접 만든 고무관 정리용품
나는 오래된 관을 텃밭 귀퉁이에 꽂아서 고무관이 두둑 바깥쪽에 위치하도록 고정한다.

- 고무관에 문제가 없는지 텃밭에 설치하기 전에, 파종일 전에 시험하라.
- 통로 끝 쪽이나 두둑 귀퉁이에 고무관 정리용품을 설치하라. 그래야 고무관이 소중한 식물들을 망가뜨리지 않을 것이다.
- 일부 식물에는 영구적인 점적 관개 고무관을 설비하는 걸 고려하라(나는 아직 여기에 투자하지 못했지만 점적 관개가 물을 현명하고 효율적으로 쓰는 방식이라 믿기 때문에 장바구니에는 담아놓았다!)
- 고무관 수리하는 법을 배워라(나만의 방법은 252쪽에 나온다).
- 1.5m나 3m 길이의 고무관을 연결하라. 6m짜리는 너무 무거워서 끌고 다니기 힘들다.

텃밭 준비 작업

나는 이번 장에서 다룬 두둑을 만들고 통로를 배치하고 고무관을 고치는 등의 텃밭 농사 준비 작업을 정말 좋아한다. 텃밭 준비 작업을 하면 어떤 문제를 혁신적으로 해결하려고 도전하게 된다. 이는 인생의 다른 일들과 다르게 옳고 그름 없이 그저 나만의 방식으로 하면 된다! 또한 텃밭을 잘 준비해둬야 작물을 성공적으로 가꿀 수 있다는 경험 덕분에 이 과정을 즐기게 되었다. 공부를 열심히 한 뒤 시험을 보러 가는 것과 같다. 언젠가 한번은 준비를 마친 뒤 의기양양하게 "준비됐어. 모종 가져와!"라고 외치기도 했다.

심을 준비를 끝내다

두둑을 짓고, 흙을 만들고, 고무관을 손에 쥐고 나면 드디어 무언가를 심을 준비를 마친 것이다! 이제 본격적으로 생태텃밭 가꾸기를 시작할 시간이다. 아름답고 생산적인 텃밭을 만들기 위해 두둑에 짝을 지어주고 싶은 식물들을 생각하라.

4장

나만의 특별한 체계

가족과 친구들은 식물과 곤충, 텃밭에 대한 나의 열정에 매우 관대하다. 때로는 이러한 나의 인간 조력자들이 텃밭 일을 도와주기도 한다. 하지만 대부분의 시간에는 익충과 개구리, 새, 기타 몇몇 생물들이 나의 텃밭 조력자가 되어준다. 텃밭 가꾸기에 관해 이야기할 때 내가 '가족과 친구들'이라 지칭하는 대상은 식물들이다. 함께 잘 자라는 채소 작물을 묶어서 이를 '가족'이라 부른다. 각각의 작물 가족에겐 꽃과 허브라는 특별한 '친구들'이 있다. 나는 이들을 채소 사이사이에 심는다.

어떤 식물 친구들은 잠시 머물다 사라지지만, 대부분은 오랫동안 식물 주변에서 꼼짝 않는다. 가끔 텃밭에 몇몇 신참들을 데려오면 그들 가운데 일부는 오랫동안 친구로 남는다. 이러한 식물 가족과 그들의 친구들이 나의 텃밭에서 이웃으로 지내고, 그들이 동반식물 심기의 성패를 좌우한다. 당신만의 텃밭 이웃들을 어떻게 만들지 배우고 나면 텃밭 계획은 식은 죽 먹기가 된다!

식물 가족 꾸리기

내가 생태텃밭 가꾸기에서 좋아하는 일 중 하나는 텃밭의 '이웃들'을 꾸리기 위해 식물을 선택하여 그들을 '가족'과 '친구'로 묶는 것이다. 채소와 함께 많은 꽃과 허브를 심기 때문에 나의 텃밭은 다양한 빛깔과 생명으로 활기를 띤다. 씨앗 판매 목록 책자를 넘기며 식물 명단을 만들 때면 나의 텃밭이 얼마나 아름다울지 머릿속에 그려진다.

생태텃밭을 만들기 위해 처음으로 식물들의 조합을 구상할 땐 식물 명단과 도표, 판매 목록 등을 공부하는 데만 몇 시간이 걸린다. 공부할 게 많다! 인내심을 가지고 나의 안내를 따르라. 처음으로 체계를 만드느라 머리카락을 쥐어뜯으며 고심할 여러분을 도와주겠다. 당신만의 식물 가족과 친구들 조합을 만들어두면 해마다 활용할 수 있다. 그러면 텃밭 계획은 거저먹기다. 그저 세워둔 텃밭 계획안을 꺼내 몇 가지 작물이나 동반식물 및 돌려짓기할 이웃들을 추가하거나 바꾸기만 하면 끝이다.

생태텃밭은 채소 텃밭 중심이기 때문에 여러분이 재배하고자 하는 채소들 가운데 작물 가족을 추리면서 텃밭 계획을 세우기 시작하면 된다. 그런 다음 해충 문제를 막고 작물을 최대한 수확하도록 도울 식물 친구들을 선발하여 돌려짓기 계획을 세우면 된다.

텃밭 계획을 세울 땐 작물 목록을 다시 살펴보세요, 정말로 양배추를 원하는지, 주키니호박을 두 포기나 심을 필요가 있는지!

무엇을 재배할지 결정하기

어떤 채소를 재배할 건지 결정할 때 우린 기존에 심어온 작물이나 할머니가 심던 채소를 키우려고 한다. 그러나 텃밭을 가꿀 시간이 한정된 사람이라면 밭에서 신선하게 재배하기 좋은 식물들이 무엇인지 고려해야 한다. 예를 들어 난 가끔 단옥수수를 심는데, 여름에 소풍을 갈 때 막 딴 단옥수수의 단맛을 대신할 만한 게 없기 때문이다. 그러나 몇 년 전부터 옥수수 재배가 너무 힘들다고 느껴졌다. 특히 길 아래쪽 농장에서 고품질의 단옥수수를 판다는 걸 알게된 뒤로 더욱 그렇다.

오직 여러분만이 재배한 작물을 함께 나눌 사람들의 취향과 기호를 알 것이다. 아이들의 점심과 간식을 위해 계절에 상관없이 내내 당근이 필요할지도 모른다. 신선한 껍질콩은 항상 충분한가?

자신만의 작물 명단을 작성하면서 몇 가지 작물은 재미를 위해 골라보아라. 좋아하는 작물의 신품종도 시도해보고, 토종 작물도 심어보라. 빛깔과 모양, 맛이 더욱 다양해질 것이다.

네 가지 종류의 가족

작물 명단을 작성하고 나면 작물 가족을 꾸릴 준비를 한다. 나의 생태 텃밭 체계에는 채소 작물을 가족으로 묶는 네 가지의 방법이 있다.

❦ 식물학에 따른 가족

유전적으로 연관된 작물은 동일한 식물학 가족으로 묶는다. 그들은 재배 방식이 비슷하고, 동일한 해충 문제를 겪곤 한다.

❦ 선호 조건에 따른 가족

이들은 같은 양분이 필요하다. 선호 조건에 따라 어떤 작물은 비옥한 흙이 필요하고, 일반적인 흙이나 척박한 곳에서도 잘 자라는 작물도 있다.

☙ 자람새에 따른 가족

자람새로 식물들을 가족으로 묶는 건 매우 실용적인 방법이다. 문자 그대로 서로 더 잘 자라도록 돕는 조합이다. 이 조합은 동반식물 심기가 권장하는 사항과 비슷해 보일 수도 있다.

☙ 해충 저항성에 따른 가족

한 가족 구성원이 다른 가족 구성원을 공격하는 해충을 쫓아내는 데 도움이 되는 조합이다. 혹은 한 작물이 다른 작물에 있는 해충을 꾀어내기도 한다.

○ 나의 작물 가족들

처음엔 복잡해 보여도 작물을 가족으로 분류하는 일은 어렵지 않다. 나는 네 가지 종류의 가족들을 활용한다. 식물학에 따라 토마토와 가지, 고추를 가족으로 묶는다. 양배추와 친척 작물들을 한데 묶고, 호박 같은 덩굴성 작물들을 따로 묶는다. 나는 감자와 강낭콩을 한 가족으로 묶는데 둘이 함께 해충에 잘 맞서기 때문이다. 양파와 당근, 잎채소는 선호 조건에 따른 가족이다. 아스파라거스와 딸기 같은 여러해살이 작물은 자람새에 따른 가족이다. 이들에겐 붙박이 두둑*이 필요하다. 나의 작물 가족들에 관한 상세한 설명은 다음 페이지의 '나의 텃밭 이웃들'에서 볼 수 있다.

❶ 전통적인 3인방
옥수수, 강낭콩, 호박은 텃밭의 동반식물 가족으로 아메리카 원주민들이 선택한 작물 조합이다.

○ 어떻게 시작해야 할까

작물 가족을 결정할 때 나의 사례를 참고하면 도움이 될 것이다. 나와 같은 방식으로 작물을 묶고 싶어질 것이다.

그러나 여러분의 작물 명단이 내가 작성한 것과 호흡이 맞지 않거나 모험심이 강하다면 자신만의 작물 가족을 꾸려도 좋다. 좀 더 여러 종류의 채소를 재배하려면 식물학에 따른 가족 작물로 시작하라. 부족하다면 선호 조건에 따라 작물을 묶어보라. 이를 바탕으로 자람새나 해충 저항성에 따른 작물을 배치할 수도 있다.

하나만 기억하라. 잘못된 선택은 없다. 경험을 통해 여러분의 텃밭에 가장 적합한 식물 조합을 찾을 수 있을 것이다.

❶ 식물학에 따른 가족
어떤 작물이 식물학적으로 연관되는지 알아맞히는 게 늘 쉽진 않다. 혹시 양배추와 브로콜리, 콜리플라워, 케일, 순무 등이 모두 양배추 가족이라는 걸 알고 있었는가?

콜리플라워

양배추

순무   브로콜리   케일

식물학에 따른 가족

대부분의 채소 텃밭 농부들은 십자화과와 콩과에 대해 들어보았을 것이다. 그게 바로 식물학에 따른 가족의 두 가지 사례다. 식물학자가 분류해놓은 서로 연관된 식물들이다. 식물학자들은 유전적으로 연관된 식물을 분류하기 위해 라틴어로 복잡한 학명을 붙였다. 토마토 같은 가지과에는 Solanaceae, 양배추 같은 십자화과에는 Brassicaceae 같은 식이다.

난 식물학에 따른 가족에 일반적으로 쓰이는 이름을 붙여 부르지만 학명도 알아두면 좋다. 왜냐하면 일반적으로 쓰이는 이름은 사람마다 다양한 방식으로 부르기 때문이다. 예를 들어 어떤 텃밭 농부는 양배추 가족을 '십자화과 가족'이라 부르는 반면, 다른 이는 '서양평지 작물' 또

✛ 한 번 만들어 무언가를 심으면 몇 년이 지나도 계속 두고 활용할 수 있는 두둑. ─옮긴이

**나의
텃밭 이웃들**

생태텃밭을 처음 시작할 땐 시행착오를 겪게 된다. 나의 첫 시도가 기억난다. 나는 그때 식탁에 7×
12cm 크기의 카드를 펼쳐놓았다. 각 카드는 작물, 허브 또는 꽃을 상징한다. 그 카드들을 끝날 때까지
몇 번이나 뒤섞었다. 결국에는 내가 정말로 좋아하는 작물 가족과 식물 친구들로 구성해냈다. 해마다
몇몇의 새로운 식물들을 텃밭에 심어본다. 궁금하기도 하고 다양한 걸 좋아하기 때문이다. 기본이 되
는 텃밭 이웃들을 내가 어떻게 조합했는지 알아두면 여러분에게 도움이 될 것이다. 그래서 여기에 간
략히 요약했다. 내가 활용하는 조합을 여러분의 텃밭에 적용해도 좋다.

· 토마토의 이웃

가족: 토마토, 고추, 가지, 잎채소

친구: 바질, 풍접초, 코스모스, 파슬리, 야생당근, 키가 큰 국화과의 꽃

덮개/지피식물: 검정 비닐 또는 토끼풀

돌려짓기: 바이러스성 질병이 확산되는 걸 막기 위해 4년 돌려짓기를 권장한다.

주석: 농사철 초반에 상추와 시금치 또는 기타 잎채소를 두둑의 가장자리에 심는다. 토마토가 크게 자
랐을 즈음에 잎채소를 수확하면 된다. 검정 비닐을 덮개로 쓸 땐 흙을 비옥하게 만들기 위해 그
아래에 퇴비나 찢은 신문지, 음식물찌꺼기를 넣는다.

· 감자의 이웃

가족: 감자, 강낭콩, 완두

친구: 금잔화, 코스모스, 데이지, 딜, 로즈마리, 개사철쑥

덮개/지피식물: 짚

돌려짓기: 최소 3년.

주석: 두둑을 좁게 지어 한 줄로 감자를 심는다. 강낭콩이나 완두는 넓은 줄로 심는다. 텃밭을 새로 만
들 땐 감자를 심는 게 좋다. 고랑과 땅을 파는 일은 흙을 좋게 만들고 풀을 줄이는 데 도움이 된다.

· 양배추의 이웃

가족: 십자화과 작물, 상추, 뿌리작물

친구: 과꽃, 금잔화, 캐모마일, 코스모스, 만수국, 국화, 로즈마리, 샐비어, 백리향

덮개/지피식물: 알리숨 또는 키 작은 흰토끼풀

돌려짓기: 최소 2~3년. 농사가 끝나면 두둑에서 다 자란 식물체는 제거한다. 겨울을 나면서 병해충
의 피난처가 될 수 있기 때문이다.

주석: 지피식물과 함께 2-1-2 또는 3-2-3 형식으로 작물을 심는다. 아니면 양파와 당근을 끼워 넣
거나 작물 주변에 비트를 심는다. 상추는 브로콜리의 잎 그늘에서 잘 자란다. 모든 작물은 심고
수확할 때까지 덮개로 덮어준다.

• 호박의 이웃

가족: 박과작물, 옥수수, 덩굴콩

친구: 보리지, 딜, 한련, 해바라기

덮개/지피식물: 덩굴성 작물 주변에는 짚, 옥수수 사이에는 토끼풀, 그 주변에 메밀이나 자주개자리를 심는다.

돌려짓기: 3년 돌려짓기.

주석: 옥수수 줄 옆에 심은 덩굴콩이 옥수수를 타고 오른다. 덩굴성 작물과 한련은 흙무더기나 옥수수 사이에 90cm 간격을 두고 심는다. 옥수수를 재배하지 않는다면, 덩굴콩이 타고 오를 수 있게 지주와 원뿔 또는 격자의 구조물을 사용한다.

• 뿌리작물과 잎채소의 이웃

가족: 당근, 잎채소, 양파

친구: 캐러웨이, 캐모마일, 풍접초, 코스모스, 딜, 회향, 야생당근, 숙근꽃양귀비, 키 작은 국화과 꽃

덮개/지피식물: 베어낸 풀

돌려짓기: 이 작물들은 병에 잘 안 걸리지만, 작은뿌리파리가 당근에 해가 될 수 있어 2년 돌려짓기가 좋다. 문제가 없으면 반복해서 똑같은 두둑에 잎채소를 심어도 된다.

주석: 잎채소, 당근, 양파를 사이짓기하거나 구역을 정해 나란히 심는다. 솎은 건 샐러드로 활용한다. 상추 수확을 끝내고 케일이나 가을 잎채소를 심는다.

• 여러해살이 작물의 이웃

가족: 아스파라거스, 서양고추냉이, 딸기, 대황(그리고 아마 산딸기)

친구: 보리지, 알리숨, 쪽파, 애기코스모스(딸기에 심기), 과꽃, 베르가못, 노랑데이지, 캐모마일, 셀필룸, 러비지, 쑥국화, 서양톱풀(서양고추냉이에 심기), 딜, 코스모스, 접시꽃, 개사철쑥(아스파라거스에 심기)

덮개/지피식물: 딸기에는 솔잎이나 짚, 서양고추냉이에는 메밀이나 검정비닐, 아스파라거스에는 베어낸 풀이나 가늘게 찢어진 낙엽 또는 솔잎.

주석: 이 영구적인 두둑은 여러해살이 허브와 꽃에게 좋은 장소다. 서양고추냉이처럼 확 번지는 작물에는 비슷한 성질의 쑥국화나 베르가못을 붙여준다. 키가 크지만 다른 식물과 경쟁하지 않는 접시꽃과 코스모스를 드문드문 아스파라거스와 함께 심는다.

과감히 여러해살이 작물로 돼지감자를 심을 수도 있다. 해바라기와 비슷한데 아삭아삭하고 고소하며 영양가 많은 덩이줄기(날로 먹거나 조리함)를 생산한다. 하지만 조심하라. 이들은 모든 공간을 독차지하려 하고, 근절하기도 어려워 말썽꾸러기가 될 수도 있다. 텃밭이 아주 넓다면 통로나 외진 구석에 심어라.

는 '배추속 식물'이라 부르기도 한다. 아래 식물학에 따른 가족에 관한 설명이 나온다.

🌿 식물학에 따른 가족

이것은 채소 작물의 고전적인 식물학적 분류에 관한 설명이다. 돌려짓기에 관한 책에 가끔 학명도 등장하기 때문에 함께 적어두었다. 같은 과에 속한 식물들은 몇 가지를 제외하고 똑같은 흙과 온도를 필요로 한다. 또한 해충 문제도 비슷하게 겪는다.

식물학에 따른 가족명	가족 구성원	가족의 특성
과꽃 가족 국화과 Asteraceae	치커리, 꽃상추, 상추, 해바라기	잎채소. 보통 서늘한 기후에서 잘 자라고, 더운 날씨에는 약간 그늘진 게 좋다. 이 가족에는 과꽃과 백일홍 같이 흔한 여러 꽃들도 포함된다.
양배추 가족 십자화과 Brassicaceae	브로콜리, 방울양배추, 양배추, 콜리플라워, 배추, 콜라드, 무, 순무, 케일	다비성 작물. 흔한 해충 문제를 막아야 한다.
당근 가족 미나리과 Apiaceae	캐러웨이, 당근, 셀러리, 딜, 회향, 파슬리	당근과 셀러리는 서늘한 날씨와 부드러운 흙을 좋아하지만, 다른 가족 구성원들은 더운 날씨와 대부분의 흙에서도 잘 자란다.
곡물 가족 벼과 Poaceae	옥수수	노동집약적이고 다비성이며 물이 많이 필요한 작물. 수분이 잘 되려면 많은 공간이 필요하다.
콩 가족 콩과 fabaceae	강낭콩, 완두	흙을 비옥하게 하는 질소고정 작물. 여러 나무와 덮개작물(자주개자리 같은)도 이 가족에 포함한다.
양파 가족 백합과 Liliaceae	아스파라거스, 골파, 마늘, 리크, 양파	아스파라거스는 여러해살이 식물이며 요구 조건이 좀 다르다. 다른 가족 구성원들은 고자리파리가 잘 꼬이고, 풀에 치이며 소비성 작물이다.

시금치 가족 명아주과 Chenopodiaceae	비트, 시금치, 근대	서늘한 기후를 좋아하는 잎채소. 비트는 뿌리작물이기도 하다.
호박 가족 박과 Cucurbitaceae	오이, 멜론, 호박	모두 따뜻한 날씨와 많은 공간이 필요하다. 넓적다리잎벌레와 과실파리 애벌레를 포함해 공통으로 겪는 병해충 문제에서 보호해야 한다.
토마토 가족 가지과 Solanaceae	가지, 고추, 감자, 토마토	더위를 좋아하는 작물. 비슷한 흙을 필요로 한다. 여러 가지 심각한 세균성 질병이 있다. 감자는 서늘한 날씨와 산성 토양에서 잘 자란다.

○ 식물학적 분류의 혜택

식물학에 따른 가족으로 식물을 묶으면 좋은 점이 있다. 해충을 예방하는 데 도움이 된다. 식물학에 따라 식물을 묶으면 친구들을 선택하고 돌보기가 쉬워진다.

❦ 해충 문제가 줄어든다

식물학에 따른 가족에 속한 식물들끼리는 똑같은 병해충 문제를 겪는다. 예를 들어 토마토와 감자, 가지(토마토 가족 작물)는 모두 끔찍한 세균성 질병인 겹무늬병으로 고생할 수도 있다. 이러한 작물을 텃밭 전체에 고루 심으면 결국 모든 두둑의 흙에 겹무늬병 세균이 번질 수 있다. 해마다 텃밭 전체를 감염시킬 때까지 세균이 번성할 것이다. 그러나 한 두둑에만 토마토 가족 작물을 심고 해마다 새로운 두둑으로 옮겨 심는다면 이들이 없는 두둑에선 세균도 박멸되어 건강하게 작물을 재배할 기회를 얻게 된다.

난 호박 가족 작물들을 함께 심는다. 해충을 막아주는 덮개작물과 함께 이들이 꽃 피울 때까지 두둑을 모조리 덮어버리는 걸 좋아하기 때문이다. 양배추 가족 작물을 심고 예방 조치로 덮개작물과 함께 그들을 덮는데, 어떨 때는 농사철 내내 그렇게 한다.

☙ 친구 식물을 선택한다

식물학에 따라 식물을 묶는 건 친구 식물을 선택할 때도 도움이 된다. 토마토 가족의 사례를 계속 들자면 토마토 가족의 해충을 잡아먹거나 쫓아내는 익충을 유인하는 데 가장 적합한 허브와 꽃들을 선택한다.

☙ 서로 돌본다

똑같은 식물학 가족에 속하는 식물끼리는 빛과 수분, 거름과 관련한 요구 조건이 비슷하다. 그러나 나머지 가족들처럼 행동하지 않는 '미운 오리' 같은 식물도 있다! 토마토 가족들 중에서는 감자가 괴짜다. 감자는 토마토, 고추, 가지와 매우 다른 재배 조건을 좋아한다.

선호 조건에 따른 가족

외식을 하러 가면 뷔페를 좋아하는 사람이 있는가 하면 건강하고 적게 먹는 것을 선호하는 사람도 있다. 식물도 마찬가지다. 일부는 대식가인 반면, 일부는 소식가다. 양분을 마구 먹어치워 다음 작물을 위해 음식을 남기지 않는 작물도 몇몇 있다.

실용적인 측면에서 보면 선호 조건에 따른 가족으로 식물을 묶는 건 토양 비옥도를 최대한 활용하는 데 도움이 된다. 다비성, 중비성, 소비성 작물이 있고, 심지어 흙을 개선하는 작물도 있다. 다음의 '채소의 식욕'을 보면 각각에 속하는 작물들을 알 수 있다.

순무

당근

바질

마늘

고수

◐ 선호 조건에 따른 가족
선호 조건에 따른 가족 작물들은 필요한 양분이 비슷하다. 마늘, 순무, 당근은 빛을 섭취하는 식물이다. 바질, 고수와 대부분의 다른 허브들도 마찬가지다.

작물을 선호 조건에 따른 가족으로 묶는 일은 비교적 간단하고, 작은 텃밭에서도 잘 작동한다. 점차 개선하려는 척박한 흙이 있다면 이런 방식으로 작물을 분류하는 게 좋다. 가장 비옥한 두둑에 다비성 작물을 심으면 된다. 선호 조건에 따라 돌려짓기를 계획할 수도 있다. 다비성 작물을 심은 다음에는 흙을 개선하는 작물을 심고, 그다음 해에는 중비성과 소비성 작물을 배치한다.

채소의 식욕	어떤 채소 작물은 풍성한 수확을 위해 높은 토양 비옥도를 필요로 하는 반면, 다른 채소들은 그보다 덜할 수도 있다. 재배하려는 작물의 종류를 제한할 거라면 선호 조건에 따른 가족으로 분류하는 게 쉬울 것이다. 아래는 그들의 '식욕'에 관한 설명이다. 각각의 작물이 언제, 먹을거리가 얼마나 필요한지는 10장 '내가 고른 최고의 작물과 생태텃밭의 비밀'에서 이야기하겠다.

- **다비성** 셀러리, 고추, 옥수수, 호박, 오이, 가지, 토마토, 멜론
- **중비성** 브로콜리, 상추 및 잎채소들, 방울양배추, 양배추, 파슬리, 콜리플라워, 시금치, 배추, 근대, 케일
- **소비성** 비트, 양파, 당근, 감자, 마늘, 무, 리크, 순무
- **토양 개선 작물** 강낭콩, 완두

해충 저항성에 따른 가족

텃밭의 특정 작물들은 늘 같은 이유로 두둑을 함께 사용한다. 바로 안전 때문이다. 그들은 해충 문제에 맞서 상호 방위하거나 하나가 다른 작물을 보호한다. 이 조합은 실패할 확률이 거의 없는데, 결과가 좋다는 걸 내 텃밭으로 입증할 수 있다.

○ 강낭콩과 감자

한 연구에서 강낭콩과 감자를 한 줄씩 번갈아 심으면 한 가지 작물을 홑짓기할 때보다 콜로라도감자잎벌레와 16점무당벌레의 개체수가 줄어든다고 밝혀졌다. 조력자 역할을 하는 작물이 해충을 쫓아냈기 때문일까? 아니면 사이짓기가 해충이 좋아하는 작물을 찾지 못하게 방해하기 때문일까? 뭐가 정답인지 알 순 없지만 그 방법이 효과가 있다는 게 기쁘다! 나는 감자와 강낭콩을 사이짓기하는 특별한 기술이 있다. 343쪽을 참조하라.

○ 가지를 제물로 바치다

콜로라도감자잎벌레는 가지를 좋아한다. 그러니 만약 당신이 가지를 별로 좋아하지 않는다면 다른 토마토 가족의 작물들 사이에 몇 개만 심어보라. 가지에 감자잎벌레들이 모여드는 걸 관찰하면서 기다렸다가 뽑아서 버리면 된다. 아니면 기마병인 포식성 곤충이 도착하길 기다린다. 작은 기마병이 제때 도착하지 않는다면 덫으로 놓았던 가지를 구출해야 한다. 그래도 감자잎벌레 등이 토마토와 감자에서 잔치를 벌이려 할 때 가지가 그들을 다스릴 것이다.

● 가족 보호하기
오이 주변에 둥글게 심은 무는 넓적다리잎벌레를 막아주는 보호막 역할을 한다.

○ 무 구조대

무는 동반식물 농법에서 대대로 수행하는 전형적인 역할이 있다. 무는 대부분의 채소 작물 아래나 주변에 심기 쉽다. 호박의 흙무더기 사이에 심은 무는 넓적다리잎벌레를 단념하게 한다.

난 상추나 여타 곧뿌림한 채소의 구획 끝에 무를 심어서 표지로 삼는다(무는 싹이 빨리 트기 때문에 작물 간의 경계를 쉽게 구분 지어준다). 그리고 벼룩잎벌레가 무를 좋아하기 때문에 같은 벌레에 취약한 다른 모종을 심을 때 덫작물로 무를 활용한다(감염된 무는 그냥 뽑아서 벼룩잎벌레와 함께 제거한다). 이는 양배추꽃파리에도 적용할 수 있다. 양배추꽃파리가 무로 곧바로 날아가 브로콜리와 기타 양배추 가족의 작물을 구할 수 있다.

○ 향이 나는 양파

쪽파와 양파, 마늘을 포함하여 모든 양파 가족의 작물은 훌륭한 보호자다. 그들은 당근뿌리파리와 콜로라도감자잎벌레, 알풍뎅이, 진딧물을 쫓아낸다고 알려져 있다. 또한 향이 나는 이들 가족은 우리의 식물을 먹으려는 야생동물을 저지하기도 하며, 양파·마늘액은 실제로 일부 해충을 죽이고 쫓아낸다.

자람새에 따른 가족

어떤 작물은 다른 작물 가까이에 있는 것만으로도 잘 자라도록 돕는다. 예를 들어 상추 같은 작물은 뜨거운 날씨엔 그늘이 필요하기 때문에 옆에 햇빛을 좋아하는 키 큰 작물이 같이 있으면 더 잘 자랄 수 있다. 2.4m의 장대로 만드는 원뿔형 지주도 자람새에 따른 가족 분류 방법 가운데 하나다. 3~4개의 장대 끝을 간단히 끈으로 묶어 완두나 덩굴콩이 타고 오르게 한다. 그다음 상추와 시금치 또는 기타 잎채소를 안쪽에 심어, 원뿔형 지주를 타고 자라는 작물들이 만든 그늘에 가리워지게 한다. 자람새에 따른 가족의 대부분은 동반식물 심기라는 전통에 기반을 두고 있다. 이에 관한 더 많은 내용은 다음 페이지의 '그늘에서 재배하기'를 참고하라.

자람새에 따른 가족에는 뜻밖의 즐거움도 있다. 그들은 텃밭의 공간 활용도를 높여준다. 곧게 자라거나 지주망 안에서 자라는 작물과 덩굴로 뻗어나가는 작물을 서로 짝지어 자람새에 따른 가족을 만든다. 덩굴 작물을 돕는 세 가지 작물에는 옥수수, 해바라기, 토마토(지주망 안에서 재배할 때)가 있다. 지주가 될 식물을 타고 올라가는 작물로는 보리콩(완두), 오이, 덩굴콩, 붉은강낭콩이 있다.

강낭콩과 상추처럼 서로 전혀 관련이 없는 작물을 짝짓게 하는 자람새에 따른 가족에는 또 다른 장점도 있다. 곤충은 자신이 공격하는 작물과 공격하지 않는 작물이 서로 가까이에 있으면 혼란스러워 한다. 그렇게 되면 해충들이 목표물을 찾지 못하게 된다.

○ 세 자매

생태텃밭 가족의 고전적인 사례 가운데 하나는 바로 '세 자매'다. 아메리카 원주민은 옥수수, 덩굴콩, 호박에게 모두 이로운 사이짓기 농법을 개발했다. 큰 둔덕을 만들어 옥수수와 함께 덩굴콩을 심고, 그 둔덕들 사이를 덮기 위해 호박을 추가한다.

빽빽하고 가시로 뒤덮인 호박 덩굴은 이곳에 침입하려는 동물들에게서 옥수수를 보호하고, 옥수수와 덩굴콩의 둔덕 사이 빈 공간에서 자라난다는 이점이 있다. 옥수수는 덩굴콩을 위해 살아 있는 지주 역할을 하고, 덩굴콩은 질소고정으로 옥수수를 돕는다. 이 전통적인 방식은 나의 텃밭에서도 작동한다.

**그늘에서
재배하기**

우린 채소 작물이 햇빛을 좋아한다고 생각하지만, 어떤 작물은 그늘에서도 자랄 수 있거나 심지어 뜨거운 날씨에서는 하루 중 몇 시간 정도 그늘이 져야만 더 잘 자라기도 한다. 이 내음성 작물과 함께 키가 큰 작물을 짝지어서 자람새에 따른 가족을 구성할 수 있다.

햇빛/그늘 가족을 만들려면 아래 목록에서 중간 또는 키 작은 작물과 함께 키 큰 작물을 짝짓기만 하면 된다. 아니면 키 작은 작물과 중간 작물을 묶어도 된다. 키가 큰 작물 사이에 더 작은 작물을 심거나 키 큰 작물의 동쪽에 작은 식물을 심는다(뜨거운 한낮의 햇빛으로부터 보호). 키 큰 작물을 지지하기 위해 원뿔형이나 격자 구조 지주 아래에 작은 식물을 심을 수도 있다.

중간 정도 되거나 키가 작은 작물의 대부분은 양지 바른 곳에서 잘 자라지만, 키 큰 작물의 그늘에서도 잘 자랄 수 있다. 상추와 시금치는 뜨거운 날씨에 일시적으로 그늘이 지는 곳에서 혜택을 볼 수 있는 두 작물이다.

- **키 큰 작물들** 옥수수, 오이(격자 구조 지주), 멜론(격자 구조 지주), 완두(덩굴형), 붉은강낭콩, 해바라기, 토마토(우리 또는 지주)
- **중간 작물들** 브로콜리, 방울양배추, 콜리플라워, 셀러리, 배추, 가지, 고추
- **키 작은 작물들** 비트, 상추, 양배추, 무, 당근, 시금치, 오이, 근대, 잎채소들

◐ 원뿔형 지주에서 협력하는 가족들

덩굴콩은 지주를 타고 올라 그늘을 만들어 상추와 시금치를 뜨거운 한여름 햇빛에서 보호한다. 난 손이 닿지 않아 수확이 어려운 지주의 가운데 공간에 익충을 유인하는 꽃들을 심는다.

위대한 식물 조력자들

채소와 함께 자랄 꽃과 허브를 고르는 건 매우 재미난 일이다. 아름답고 먹을 수 있기까지 한 꽃들이 무척 많기 때문이다. 식물 조력자를 선택하는 일에 잘못된 선택이란 없다. 그러나 특정한 허브와 꽃들은 아름다움 이상의 것을 제공하기 때문에 더 나은 선택지가 있긴 하다. 특히 무당벌레와 풀잠자리 같은 익충을 유인하고 서식처를 제공하는 조력자들을 선택하는 게 최상이다. 이번 장에서는 내가 선호하는 식물 조력자들을 살펴보겠다.

해충을 쫓아내는 만수국을 심는 것은 동반식물 심기의 전통적인 권장 사항이다. 나는 만수국과 바질같이 향이 강한 식물들은 채소를 찾아다니는 해충을 혼란스럽게 한다고 확신한다.

동반식물 심기는 사진의 보랏빛 케일, 짙푸른 파슬리, 붉은 줄기의 근대, 주황색 만수국처럼 아름다운 색상을 조합해낸다.

조력자 식물을 선택하는 나만의 간단한 규칙은 다음과 같다. 채소들과 짝을 짓기 위해 파슬리 가족 구성원(파슬리, 딜 또는 고수) 중에서 하나, 과꽃 가족 구성원(만수국, 데이지, 해바라기) 중에서 하나를 골라 함께 심는다. 자, 보라. 이들이 바로 텃밭의 이웃이다!

과꽃 가족(국화과)은 무당벌레와 주둥이노린재 및 기생성 말벌 같은 익충을 유인하는 놀랍도록 다양한 꽃을 제공한다. 이들을 좋아하는 두 가지 이유가 있다. 해바라기(왼쪽)는 덩굴콩을 돕는 이중 임무를 수행하고, 천인국(아래)은 오랜 시간에 걸쳐 꽃을 피우고 손이 많이 가지 않으며, 어떤 텃밭에서도 화사함을 자랑한다.

드런국화와 노랑데이지, 기타 국화과의 여러해살이 식물도 익충을 유인한다. 영속적인 여러해살이 식물의 군락지 근처나 바로 옆에 채소 텃밭을 조성해보라. 그들은 사냥을 마친 익충들이 쉴 수 있는 보호소가 되어준다.

아름다운 대비를 위하여 반질반질한 보라색 열매가 달린 땅딸막한 가지 사이에 아름답고 우아한 코스모스를 심는다. 잎이 쪼글쪼글한 바질은 해충까지 막는다.

코스모스는 열 손가락 안에 꼽히는 훌륭한 조력자다. 그들은 곤충에게 꿀을 제공하고, 공간을 많이 차지하지 않으며 여름 내내 앙증맞은 꽃을 피운다.

양파는 조력자가 그다지 필요하지 않다. 자신의 자극적인 향기로 여러 해충을 쫓아내기 때문이다. 양파 줄기들 사이를 피튜니아가 예쁘게 누비고 있다. 그들은 흙을 덮고, 일부 익충들의 보호소가 된다.

피튜니아의 '보랏빛 물결'이 민달팽이를 잡는 거미와 딱정벌레들에게 서식처를 제공한다. 피튜니아는 꿀이 풍부한 캐모마일과 아름답게 뒤섞여 있다. 보랏빛 물결은 가성비가 좋기도 하다. 하나만 심어도 모든 방향으로 90cm는 쉽게 번진다.

한련은 내 텃밭의 필수 아이템이다. 그들의 덩굴 줄기는 오이와 호박 사이를 뻗어나가며 위대한 조력자가 된다. 그들이 넓적다리잎벌레를 쫓아낸다는 평판이 자자하지만, 나는 그보다는 포식성 곤충에게 서식처를 제공하는 데에 더 만족한다. 나는 전통적인 세 자매 농법에서 한련을 '먼 친척'으로 간주한다.

공간이 제한된 텃밭에서 식물 조력자들의 자리를 마련하는 방법 중 하나는 위로 자라게 하는 것이다. 오이는 격자 구조물을 쉽게 타고 오르기 때문에 회향과 가장자리의 한련에게 많은 공간을 남겨준다. 더 화사해 보이도록 회향 사이에 풍접초나 코스모스 같은 키큰 한해살이식물을 추가할 수도 있다.

금잔화는 또 다른 일꾼인 조력자 식물이다. 그들의 노랗고 발랄한 주황색 꽃은 많은 익충을 유인한다. 또한 씨앗으로도 쉽게 키울 수 있다. 게다가 해마다 저절로 씨가 떨어져 싹이 나기도 한다. 금잔화는 여름철 호박 사이에 꽃을 피운다. 좋아하지 않을 수 없다.

콜리플라워 옆에 키 작은 백일홍이 아름답게 무리를 이루고 있다. 이들의 꿀은 무당벌레와 여타 포식성 곤충들을 유혹한다. 또한 민달팽이에게서 작물을 보호한다(콜리플라워 잎을 좋아한다). 난 민달팽이를 잡아먹는 딱정벌레의 서식처로 짚 덮개를 활용한다.

짚 덮개는 낮은 위치에 달리는 열매를 깨끗하게 유지하고 썩지 않게 하는 데 도움이 된다. 특히 고추와 토마토 아래 깔면 좋다. 우아한 풍접초가 아름다운 모습을 완성하며 유익하고 자그마한 말벌과 파리 들을 유인한다.

향기알리숨은 꽃이 작아서 수중다리좀벌(Chalcid)같이 미세한 익충에게 크기가 알맞다. 감자같이 덤불을 이루는 작물 옆에 심거나 브로콜리처럼 활 모양을 이루는 식물 아래에 살아 있는 지피식물이 되도록 번지게 놔둔다.

태양국(Gazania)은 6월부터 10월까지 꽃을 많이 피운다. 그들은 익충을 유인하고 사진과 같이 '스위트 바나나 고추' 같은 중간 크기의 식물 사이에 딱 맞는다.

딜은 방울양배추 같은 양배추 가족 작물에게 훌륭한 조력자다. 이들은 서로를 채워주는 조합이다. 방울양배추는 늘어지는 딜을 지지하는 한편, 딜은 자석처럼 포식성 말벌을 끌어당긴다.

식물학적으로 안젤리카는 딜, 회향, 캐러웨이와 마찬가지로 당근 가족의 여러해살이 식물 구성원이다. 이 허브들은 모두 좋은 익충 유인 식물인 게 입증되었다. 안젤리카는 키가 180cm에 이르기 때문에 특정한 장소가 필요하다. 여러해살이 식물 군락지 중앙부에 장식해보라.

텃밭의 채소 두둑 앞쪽에는 영구적으로 여러해살이 허브들을 심어 경계를 유지한다. 골파, 백리향, 사철쑥, 리크가 식물 친구들을 반긴다.

독일 캐모마일은 든든하며 기르기 쉬운 허브이고, 나는 그 생기 넘치는 희고 노란 꽃을 좋아한다. 용도가 다양해 인기 있는 전통적인 허브인데, 내 텃밭에서 캐모마일이 맡은 임무는 꽃등에와 작고 이로운 말벌을 유인하는 것이다.

보리지는 내가 좋아하는 식물 조력자 가운데 하나다. 청자색 꽃이 마음에 드는 데다 샐러드로 먹을 수도 있다. 해마다 알아서 씨를 맺지만 잘 번지진 않는다. 벌(작물의 수분에 중요)이 보리지를 좋아한다. 금계국과 함께 어여쁜 모습을 연출한다.

쑥국화 없는 생태텃밭은 상상할 수도 없다. 아마 혼자서도 익충을 유인하는 최고의 조력자일 것이다. 내 텃밭의 쑥국화에서 무당벌레와 주둥이노린재, 거미, 꽃등에, 사마귀, 포식성 말벌 및 기타 익충들을 발견된다.

모든 생태텃밭 두둑은 각자 개성이 넘친다. 다양하게 심을수록 더 성공적으로 발전한다. 이 풍성한 텃밭에는 리크와 호박, 짙푸른 케일뿐 아니라 한련과 팬지, 만수국, 바질, 파슬리, 보리지 같은 친구 식물들도 함께한다. 작물과 꽃, 허브를 뒤섞어 다양하게 심으면 매우 흥미로운 익충들의 세계도 관찰하면서 아름답고 생산적인 텃밭을 즐길 수 있다.

동반식물 심기의 원리는 어느 곳에나 적용할 수 있다. 꽃들 사이에 다채로운 잎의 상추나 여타 채소를 섞어서 심어보라. 아니면 딸기나무의 울타리나 기초 식재에 끼워 넣어도 된다.

알맞은 친구 찾기

작물들을 가족으로 분류했으니 이제는 그들을 위한 식물 친구를 고를 차례다. 친구들 가운데 가장 중요한 집합은 텃밭에 익충을 끌어오는, 익충을 유인하는 식물이다. 작물에게서 해충을 내쫓는 보호 식물 또는 흙을 비옥하게 하고 풀을 억제하는 식물을 골라도 된다.

여러분이 고를 수 있는 선택지에는 만수국과 코스모스처럼 인기 있는 한해살이 식물부터 딜과 바질 같은 식용 허브까지 포함된다. 나는 텃밭에 여러해살이 꽃과 허브까지 함께 기르는 방법을 알아내 작물 두둑과 인접한 자리에 붙박이 두둑을 만들기도 한다.

379~392쪽에는 식물 친구들을 선택할 때 참고할 만한 식물 목록을 실었다. 10장 '내가 고른 최고의 작물과 생태텃밭의 비밀'에는 작물별로도 정리했다. 작물마다 권장하는 식물 친구들을 살펴볼 수 있다. 과거에 특정한 해충 때문에 골치가 아팠다면 379쪽의 '익충에게 이로운 식물'을 참고해 문제가 되는 해충을 잡아먹는 익충을 유인해줄 식물을 찾을 수 있다.

작물의 경우와 마찬가지로 잘못된 선택은 없다. 그러니 좋아하면서도 당신을 아낌없이 도와줄 꽃과 허브들을 텃밭에 심길 바란다!

해바라기

코스모스

백일홍

쑥국화

캐모마일

민들레   천수국

❂ 과꽃 가족의 친구들
과꽃 가족의 발랄한 꽃들이
채소 텃밭에 환한 빛깔을 더
하고 다양한 익충도 끌어온다.

좋은 곤충을 유인하는 친구들

'좋은 곤충(익충)'은 내가 텃밭에서 해충 문제를 걱정하지 않는 이유다. 텃밭에 항상 익충들이 머물기를 바란다면(해충 방제에 대비해 방위군을 준비해둬야 한다) 그들을 부양해야 한다. 익충은 해충을 먹지 않을 땐 꽃가루를 먹는다. 식물 친구들이 중요한 이유다.

대부분의 익충은 크기가 매우 작거나 주둥이가 짧기 때문에 유인하기 가장 좋은 꽃은 꿀과 꽃가루를 쉽게 얻을 수 있어야 한다. 이런 종류의 꽃은 과꽃처럼 폭이 넓고 벌어져 있으며 데이지 모양을 하고 있거나 야생당근과 딜처럼 섬세한 꽃이 넓게 군집한 것들이다.

○ 동맹을 유인하는 친구를 선택하기 위한 두 가지 규칙

나는 익충을 끌어오는 식물 친구를 선택할 때 두 가지의 기본 원칙을 활용한다. 첫째, 봄부터 가을까지 꽃을 피워 익충에게 늘 음식을 제공해야 한다. 둘째, 텃밭의 모든 이웃을 위해 과꽃 가족과 당근 가족 가운데 적어도 하나씩은 선택한다. 이들의 꽃은 작은 익충을 잘 끌어오기 때문이다.

✿ 규칙 하나: 장기간 꽃을 피울 것

민들레가 가장 먼저 나의 텃밭에 꽃을 피운다. 나는 풀들이 텃밭 주변에 꽃을 피우도록 놔둔다. 당신의 텃밭 근처에 있는 붙박이 두둑에 적합하고 봄에 꽃을 피우는 여러해살이 식물은 많다. 여름철에는 코스모스, 만수국, 금잔화, 서양톱풀 등이 만발한다. 꽃을 늦게 피우는 식물로는 가을에 꽃이 피는 과꽃, 미역취, 드린국화, 쑥부쟁이 등이 있다. 쑥국화도 꼭 포함해야 한다. 내 생각에 쑥국화는

혼자서도 텃밭에 익충을 끌어들여 계속 머물게 하는 최고의 식물이다.

🌿 규칙 둘: 과꽃과 당근 가족의 식물을 포함할 것

과꽃 가족은 가장 큰 식물 가족 가운데 하나다. 379~392쪽의 '익충에게 이로운 식물'에서 여러 가지 과꽃 가족을 살펴볼 수 있다. 당근 가족에는 안젤리카와 캐러웨이, 고수, 딜, 회향, 러비지, 파슬리 같은 비슷한 여러 허브들이 포함된다. 야생당근은 당근 가족의 소중한 구성원이기 때문에 새싹을 구분하는 법을 배워 뽑아버리지 않도록 주의해야 한다!

다른 식물학에 따른 가족 식물들을 심는 것도 유용하다. 향기알리숨이나 갓 같은 양배추 가족들의 꽃 중에 선택해 심거나 브로콜리의 일부를 꽃이 피도록 놔둔다(기생성 말벌이 브로콜리를 좋아한다!) 텃밭 주변에 있는 화분이나 뿌리의 방벽 안에는 베르가못과 개박하(캣닢), 스피어민트 같은 박하 가족을 두어 여러 익충을 유인한다. 베르가못은 벌새도 유인한다. 란타나의 화분이나 걸이화분은 나비를 유인할 뿐만 아니라 무당벌레 유충이 해충 사냥에 나서기 전까지 보호소가 되어준다.

동반식물로 개박하를 활용할 땐 고양이가 이걸 먹고 날뛰다 채소들을 깔아뭉개지 않도록 공간을 비워놓아야 한답니다.

○ 당근 가족의 친구들
당근 가족의 허브와 꽃 친구들은 무당벌레와 기생성 말벌 같은 익충을 잘 유인하는 레이스처럼 생긴 사랑스러운 꽃부리를 갖는다.

안젤리카

러비지

캐러웨이

회향

고수

식물을 보호하는 친구들

해충을 쫓아내는 특정한 채소 작물이 있는 것처럼 전통적인 동반식물 심기에는 해충을 막는 꽃식물에 관한 여러 보고가 있다. 민간전승에서는 이러한 조력자들을 해충의 목표물이 되는 작물 근처에 심어 해충이 침입하지 못하도록 보호구역을 만든다고 나와 있다.

방충 식물에 관한 과학적 증거들은 정신없이 뒤섞여 있다. 해충에게서 작물을 보호하기 위해 방충 식물에 의지해야 하는가? 아니다! 내 생각에는 방충 식물을 활용하는 건 예비책이다. 하지만 이를 활용하더라도 손해 보진 않을 것이다. 이런 식물들 대부분이 실제로 도움이 된다. 작물을 찾는 해충을 혼란스럽게 하기만 하면 된다. 해충을 쫓아내는 식물 친구에 관한 설명은 393~394쪽의 '해충을 쫓아내는 식물'을 참고하라.

○ 알풍뎅이를 잡는 덫, 분꽃

꽃과 허브는 덫작물로서 작물을 보호한다. 예를 들어 한련은 진딧물과 벼룩잎벌레의 덫작물이고, 갓은 배추벌레와 얼룩노린재를 유인한다.

덫작물에 관한 최고의 조언 중 하나는 알풍뎅이에 박식하고 국제적으로 유명한 꽃창포 감식가 클라렌스 마한(Clarence Mahan) 씨가 나에게 알려준 것이다. 그는 나에게 알풍뎅이를 위한 최고의 덫은 한해살이 식물인 분꽃이라고 했다.

알풍뎅이는 분꽃만 좋아한다! 알풍뎅이가 분꽃에 잔뜩 달라붙으면 비눗물을 채운 깡통을 손에 들고 이들을 잡아넣기만 하면 된다. 알풍뎅이로 뒤덮인 사

◐ 보호용 집합
호박을 딜과 한련 같은 식물 친구와 심으면 호박에게 해충과 맞설 수 있는 경쟁력이 생긴다. 한련이 호박노린재를 쫓아내고, 딜이 진딧물 포식자를 유인한다.

랑스러운 꽃을 보는 게 슬플 수도 있지만, 아름다운 장미 덤불이나 옥수수와 감자 또는 라즈베리 같은 작물을 잃는 게 더 슬픈 일이다.

○ 만수국과 함께 더 많은 가지를 얻다

만수국은 생태텃밭에서 많은 명성을 얻고 있는데, 내 텃밭에선 이미 스타다. 가지에서 벼룩잎벌레를 쫓아내는 데 선수이기 때문이다. 가지가 벼룩잎벌레들의 표적이 되어 몇 년 동안 씨름하다가 이 실험을 시도했다. 텃밭 한쪽에는 가지만 심고, 다른 쪽에는 여러 키가 크고 강한 향이 나는 만수국과 바질을 가지에 사이짓기해보았다. 그러자 큰 차이를 보였다. 사이짓기한 가지는 괜찮았지만, 다른 쪽은 벼룩잎벌레들에게 당하여 잎에 구멍이 숭숭 났다. 벼룩잎벌레에 대한 과학자들의 보고서가 나오길 기다리는 동안 일단 만수국을 섞어서 심는 게 어떤가?

텃밭을 돕는 친구들

식물 친구의 주요한 역할은 해충 예방이지만 이들은 풀을 억제하고 흙을 개선하는 효과도 있다. 어떤 식물 친구는 수분을 하는 곤충을 유인하는 일도 한다. 많은 작물들 또한 유익한 곤충들을 유인하고, 이들을 실제로 매우 좋은 친구로 만든다.

○ 살아 있는 덮개

지피작물을 심으면 살아 있는 덮개를 재배하게 되는 것이다. 살아 있는 덮개는 풀과 맞서 싸울 뿐만 아니라 토양 침식도 예방하고, 흙의 구조도 개선하며 흙을 비옥하게 만든다. 내가 선호하는 살아 있는 덮개는 토끼풀, 메밀, 자주개자리다. 나는 메밀이나 자주개자리를 옥수수 사이에 심는다. 때로는 토마토 주변에 검정비닐 대신 살아 있는 덮개인 토끼풀을 활용하곤 한다. 또한 이들의 꽃은 익충도 유인한다.

나는 살아 있는 덮개로 향기알리숨을 심는 것도 좋아한다. 브로콜리와 콜리플라워 또는 방울양배추 아래에 흰색과 분홍색 또는 보라색의 알리숨이 꽃을 피운 모습보다 더 예쁜 건 없다. 향기알리숨은 딱정벌레 같은 익충들의 서식처이자 익충을 위한 꽃가루 공급원이기도 하다.

○ 꿀벌 식물들

오이와 멜론, 호박, 해바라기 또는 딸기를 재배하려고 한다면 수분을 위해 벌이 필요하다. 그들이 없으면 열매도 얻지 못한다. 해마다 씨앗을 받는다 해도 양배추 가족 식물들을 수분할 곤충이 필요하다.

꿀을 생산하는 모든 꽃은 벌을 유인한다. 보리지, 해바라기, 토끼풀은 내가 좋아하는 세 가지 식물이다. 특히 이들이 호박이나 멜론 같은 덩굴 작물이 수분을 하는 시기에 그 주변에서 꽃을 피우면 좋다.

이웃들 심기

지금까지 생태텃밭의 이웃을 만드는 요령에 관한 모든 것을 다루었다. 여기까지 읽고도 아직 선택하지 못한 부분이 있다면 88~89쪽 '나의 텃밭 이웃들'로 돌아가서 비교해보길 바란다. 채소와 꽃, 허브를 포함하여 각각의 이웃들을 확실하게 정하라.

만족스러운 선택을 했다면 텃밭을 돌보는 한 계속해서 운영될 텃밭을 세웠다고 자축해도 좋다. 가족과 친구들이 조금씩 교체될 순 있지만 주요한 건 바뀌지 않는다. 어떤 꽃을 다른 걸로 대체하거나 새로운 작물을 목록에 추가할 수는 있다. 그러나 이렇게 부분적으로 대체하는 일은 비교적 쉽다. 어려운 작업은 이웃들을 결정할 때, 딱 한 번뿐이다.

이 방법은 작물들을 돌려짓기하려는 텃밭 농부들에게 특히 좋다.

○ 집약적 심기
전통적인 텃밭 농부들은 맨흙 사이에 한 줄로 당근을 심는다(왼쪽). 나는 양파가 자리를 잡은 곳 주변에 당근 씨앗을 흩뿌려 함께 심는다(오른쪽). 시간이 흘러 당근을 솎아내긴 하지만, 작물이 자리를 잡기만 하면 절대 맨흙이 드러나진 않을 거다.

각각의 식물 이웃을 해마다 다른 두둑으로 옮기기만 하면 된다. 나의 텃밭과 매우 유사한 생태텃밭의 기본 설계를 보여주는 다음의 그림처럼 연속적인 형태로 짓는 게 가장 쉽다.

계획 실행하기

생태텃밭에 이웃을 심는 일은 종래의 방식에 비해 꽤 어려울 수도 있다. 촘촘한 간격으로 채소를 심고, 채소와 함께 나란히 꽃을 심는다. 결국 여러분은 항상 씨앗을 심거나 모종을 옮겨 심고 있을 것이다. 단지 심는 간격과 형식만 달리해서 말이다.

1년 차

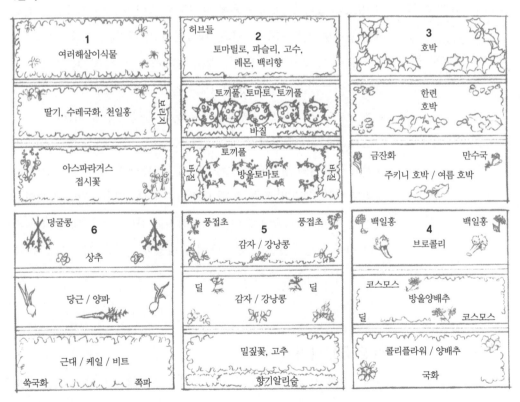

2년 차

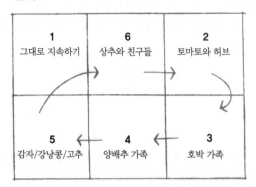

1 그대로 지속하기	6 상추와 친구들	2 토마토와 허브
5 감자/강낭콩/고추	4 양배추 가족	3 호박 가족

3년 차

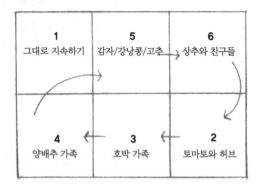

1 그대로 지속하기	5 감자/강낭콩/고추	6 상추와 친구들
4 양배추 가족	3 호박 가족	2 토마토와 허브

☺ 이웃들 돌려짓기
이 생태텃밭에는 여섯 이웃들이 있으며 세 개의 두둑으로 구성된다. 한 이웃은 똑같은 장소에 지속적으로 머무는 여러해살이식물이다. 다른 이웃들은 텃밭에서 해마다 새로운 자리로 옮긴다.

집약적으로 심는 나의 방식이 처음엔 이상할 수 있다. 특히 씨앗 포장지에 "60cm의 줄 간격으로 그루마다 45cm씩 떨어뜨린다"라고 적혀 있으니 말이다. 하지만 흙에 유기물을 많이 넣으면 식물들을 건강하게 관리할 만큼 충분한 양의 '먹을거리'가 생긴다. 그리고 배게 심은 작물과 그 친구들이 흙의 수분을 유지하고, 풀이 문제를 일으키지 않도록 잎그늘을 형성할 것이다(배게 심기=풀을 억제한다!) 특히 풀이 쉽게 싹트고 건조한 날씨를 앞둔 초여름과 황금 조합을 이룬다.

요컨대 나는 세 가지의 파종 기술이 있다. 두둑에 씨앗 흩뿌리기 그리고 반복적인 방식으로 모종 옮겨심기. 또한 호박과 멜론 같이 제멋대로 뻗는 작물의 경우 두 배 너비의 두둑에 둔덕을 만들어 씨앗을 심는다. 이제 이 기술들에 대해 설명하려고 한다. 10장 '내가 고른 최고의 작물과 생태텃밭의 비밀'에서도 다양한 작물을 심는 방법에 대한 구체적인 지침을 찾아볼 수 있다.

씨앗 흩뿌리기

덮개작물과 상추, 당근을 심거나 때때로 완두와 강낭콩을 심을 때도

이 방법을 쓴다. 두둑 전체에 가능하면 고르게 씨앗을 뿌린 다음 본잎이 두 장 정도 나오면 적당한 간격으로 싹들을 솎는다. 꽃을 피우는 친구들의 씨앗을 작물 씨앗에 섞어서 뿌릴 수도 있다. 아니면 꽃은 나중에 모종으로 옮겨 심는다.

옮겨 심는 방식

방울양배추나 브로콜리같이 모종을 옮겨 심을 때는 좀 더 계산을 해야 한다. 나는 시차를 두고 심는 2-1-2 또는 3-2-3이라 부르는 방식을 활용한다.

○ 2-1-2 형식

나는 브로콜리, 방울양배추, 가지를 2-1-2 형식으로 심는다. 처음에는 약 40cm 간격의 두 줄에 브로콜리를 두 개씩 심는다. 줄 바깥쪽으로 약 25cm의 공간이 남는다. 여기에 살아 있는 덮개로 향기알리숨이나 토끼풀을 심는데, 그러면 내가 통로로 사용하는 널빤지 아래에도 이들이 번져서 뒤덮는다. 그런 다음 이미 자리를 잡은 두 줄의 브로콜리 사이, 두둑의 가운데 부분에 브로콜리를 하나 더 심는다(세 개의 브로콜리는 함께 삼각형을 만들고, 변의 길이는 약 40cm다).

❂ 2-1-2 형식
브로콜리 같은 작물을 2개-1개-2개의 형식으로 심는다. 두둑 옆을 따라 백일홍 같이 꽃을 피우는 조력자들을 심는다.

90cm

쉬지 않고 계속해서 브로콜리를 둘씩 마주보게 심고, 가운데엔 하나 심고 또 둘을 마주보게 심고 등등. 가운데에 하나만 심은 브로콜리의 양쪽 빈 공간은 만수국이나 금잔화 같은 작은 동반식물로 채운다. 아니면 몇몇 빈 공간에는 딜과 보리지 또는 코스모스 같은 큰 동반식물을 심어도 된다.

○ 3-2-3 형식

약 90cm 너비의 넓은 두둑에 양배추, 콜리플라워, 고추를 심을 땐 2-1-2보다 좁은 간격으로 심었을 때 더 잘 자란다. 난 3-2-3 형식을 활용한다(보통 결구상추는 잘 재배하지 않지만 이 공간에 적합한 후보이기는 하다). 다음과 같이 일한다. 약 25cm 떨어진 두 줄에 모종 세 개를 심는다. 그럼 줄 바깥쪽으로 20cm 정도가 남는다. 여기에 덮개식물을 심는다. 통로 쪽까지 번지는 데 공간이 충분하다. 그런 다음 가운데 심은 모종에서 약 25cm 떨어진 곳에 모종 둘을 더 심는다. 이들을 심은 곳부터 두둑 끝까지 약 33cm 정도의 공간이 남는다. 계속 줄을 따라가며 모종 셋을 심고, 또 둘을 심고, 또 셋을 심으면서 줄을 꽉 채운다.

모종 셋을 심을 때 가운데 자리에는 작물 대신 식물 친구들을 심는

◑ 3-2-3 형식
콜리플라워를 3-2-3 형식을 활용해 심는다. 3의 가운데 자리에는 작물 대신 애기코스모스로 대체해 심을 수도 있다.

90cm

걸 좋아한다. 이 형식에서는 창의성을 발휘할 공간이 많기 때문에 작물과 꽃의 재미난 조합들을 만들 수 있다.

두 배 너비의 두둑

90cm 너비의 두둑을 합쳐서 약 2.1m짜리 두둑을 만들 수 있다(고랑 30cm를 더함). 난 통조림용 강낭콩을 대량으로 재배할 때 두 배 너비의 두둑을 활용한다. 또한 덩굴을 마구 뻗어가는 작물도 넓은 두둑에 심는다.

○ 강낭콩의 군락

흙을 개선하기 위해 덮개작물로 강낭콩을 활용할 땐 적어도 두 배 너비의 두둑에다 무리 지어 촘촘하게 심는다. 땅에 강낭콩의 몸체와 뿌리가 잘 뒤덮길 바라기 때문이다. 그래서 나는 통로를 없애고 징검돌만 놓거나 수확할 때 밟고 다닐 좁다란 널빤지만 놔둔다. 강낭콩이 튼실하게 자라나면 일부만 조금 수확하고 나머지는 대부분 뒤집어엎는다.

○ 호박을 위한 넓은 자리

세 자매를 심을 밭 일부에 호박을 심든 아니면 전체를 호박밭으로 만들든 호박에겐 90cm 두둑만 한 게 없다! 호박은 이웃이건 통로건 가리지 않고 사방으로 기어가 제멋대로 뻗어나간다. 그래서 호박을 심을 땐 두 배 너비의 두둑을 만들고, 수확할 때 밟고 다닐 좁은 널빤지나 징검돌을 놓는다. 두둑에는 둔덕을 만들어서 호박이 자라나며 채울 공간을 많이 남겨둔다.

　　그러나 공간을 낭비하도록 놔두지는 않는다! 세 자매 조합에 따라 옥수수와 강낭콩을 심거나 혹은 검정비닐로 호박 둔덕과 주변을 넓게 덮는다. 아래 그림에서도 볼 수 있듯이 세 자매 농법에는 두 가지 방식이 있다. 둘 다 모두 옥수수 씨앗을 지름 약 60cm의 원형으로 심으며 시작한다. 옥수수가 싹을 틔워 15cm 정도로 자라면 그 주위에 강낭콩을 심는다. 그다음 첫 번째 방법으로는 그 사이에 줄을 지어 호박 씨앗을 심는다.

두 번째 방법으로는 그림처럼 일곱 번째 파종한 원의 가장자리마다 호박 씨앗을 심는다. 호박 주변을 검정비닐 덮개로 덮을 땐 덮기 전에 두둑 전체나 일부에 부숙된 똥거름을 뿌린다. 혹은 낙엽과 찢은 신문지도 넣는다(오히려 작물에 해를 끼치는 덜 부숙된 똥거름은 넣지 말아야 한다). 이는 흙을 비옥하게 만드는 동시에 호박에게 전용 공간을 마련해주는 방법이다. 또한 비닐은 풀을 놀라울 만큼 완벽하게 막아준다. 나는 풀 때문에 골치가 아플 때와 똥거름이 완전히 퇴비가 되지 않았을 때만 비닐을 활용한다.

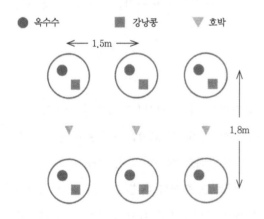

❂ 세 자매를 심는 방법 1
줄을 지어 1.5m 간격으로 옥수수와 강낭콩을 원형으로 심는다. 줄과 줄 사이의 간격은 1.8m다. 줄 사이에 호박 씨앗을 심는다.

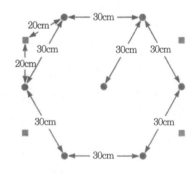

❂ 방법 1의 세부 사항
옥수수/강낭콩을 심을 때는 옥수수 씨앗 7알과 강낭콩 씨앗 4알을 넣는다.

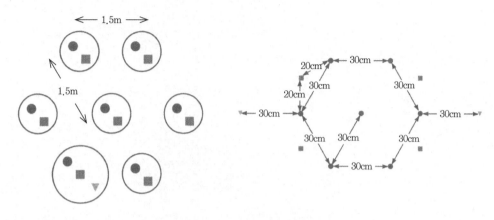

⊙ 세 자매를 심는 방법 2
옥수수와 강낭콩을 사방 1.5m 간격의 원형으로 심는다.

⊙ 방법 2의 세부 사항
옥수수/강낭콩을 심을 때는 옥수수 씨앗 7알과 강낭콩 씨앗 4알을
심는다. 일곱 번째 파종한 원 바깥쪽에는 호박 씨앗 2알을 심는다.

성장하는 텃밭 관찰하기

채소 텃밭에 식물을 심는 일이 매우 부산스러워 보일 수도 있다. 그러
나 생태텃밭은 한번 자리를 잡고 자라기 시작하면 일하고, 탐구하고,
즐기기에 좋은 장소가 된다. 그곳에서는 항상 흥미롭고 놀라운 일이
우리를 기다린다. 요전에는 쑥국화에서 일곱 가지 종류의 무당벌레를
보기도 했다! 이제 심기를 마쳤으니 다음 장에서는 텃밭을 익충에게
는 낙원으로, 해충에게는 아주 위험한 곳으로 만드는, 또 다른 재미난
기술을 소개하겠다.

5장

좋은 녀석들 데려오기

여러분은 나의 생태텃밭 체계를 활용하면서 작물 가족과 그들의 식물 친구 및 텃밭의 이웃들을 한데 묶었다. 이제 그들은 서로 평화롭고 조화롭게 살아가며 성장하지 않을까? 하지만 늘 그렇지는 않다! 곧 초대받지 않은 손님인 곤충과 동물 들이 들이닥치기 시작한다. 그들은 행복한 식물들에게 날아서, 기어서, 굴을 파고 행진해 온다. 그런데 그들 대부분은 심어둔 꽃과 허브에 이끌려 찾아온 반가운 손님들(멋진 익충)이다. 잠시 들를 해충에 맞서는 주요 방어군이다. 이번 장에서는 '좋은 녀석'이 되어줄 곤충에 관한 모든 것을 배울 예정이다. 그들이 어떻게 해충을 통제하고, 생긴 건 어떠하며 텃밭 어느 장소에서 발견할 수 있는지. 그들이 번성하도록 돕는 데 활용할 특별한 기술에 관해서 말이다. 9장에서는 나쁜 녀석들과 제대로 맞붙을 수 있을 것이다.

벌레의 눈으로 보라

곤충은 내 마음을 사로잡는다. 유기농 텃밭 가꾸기를 공부할 당시 텃밭의 곤충 대부분이 해충과 맞서 싸우는 동맹이란 사실을 처음 알고는 매우 기뻤다. 그러나 사람들은 대부분의 곤충이 유익하다는 걸 믿기 어려워하는 눈치다. 왜냐하면 오래전부터 거미나 개미를 보면 "으엑!" 하면서 곤충을 두려워하게끔 학습됐기 때문이다. 곤충을 두려워하는 사람들도 대부분 몇몇 곤충은 좋은 일을 한다는 걸 마지못해 인정할 것이다. 그러나 그렇더라도 곤충이 다가오는 걸 그냥 놔두면 안된다!

지구의 생존에 곤충이 담당하는 역할이 얼마나 중요한지 알게 되면 놀랄 것이다. 예를 들어 곤충이 수분을 하지 않으면 식량이 부족해진다. 우리가 먹는 식물성 먹을거리의 1/3은 곤충이 수분을 담당하고 있기 때문이다. 양분을 흙으로 되돌리는 부패의 순환에서도 곤충의 역할이 중요하다. 또한 그들은 새와 물고기, 개구리, 기타 동물들의 먹이사슬에서도 중요한 역할을 담당한다.

익충에 관해 알면 알수록
벌레를 죽이기가 꺼려져요.
저 작고 꿈틀거리는 생물이
그냥, 아마도
좋은 녀석일 수 있거든요!

좋은 녀석들을 소개합니다

그럼 좋은 녀석은 누굴까? 사람들은 아마 무당벌레를 가장 먼저 꼽고, 다음으로 사마귀와 꽃등에를 이야기할 것이다. 물론 거미도 유익하고 해충을 먹는 반딧불이도 그렇다. 곤충은 아니지만 지렁이도 매우 소중하다. 그러나 이제 시작일 뿐이다. 믿을 수 없겠지만 곤충의 95~99%는 이롭거나 인간의 삶과 노력에 아무런 해를 끼치지 않는다.

익충에게는 주요한 임무가 있다. 포식자, 포식 기생자, 꽃가루 매개자, 흙 생산자/쓰레기 수거자 이렇게 네 가지다. 여러분이 일하는 도중에 그들을 보든 말든 우리의 생태텃밭엔 이러한 네 가지 중요한 임무를 수행하는 수천 마리의 익충이 고용되어 있다.

모든 곤충처럼 익충도 그들의 생활 주기에 뚜렷한 발달 시기가 있다. 일부 유형의 곤충은 완전변태라는 과정을 겪는다. 이런 곤충들은 알에서 깨어나 애벌레 같은 유충이 되었다가 성충이 되면 완전히 다른 모습으로 변한다. 유충이 먹이를 먹고 성장해 번데기가 된다(곤충이 단단한 껍질로 자신을 뒤덮는 휴지기). 번데기에 잠시 머문 뒤엔 성충이 된다.

❍ 곤충의 발달 주기
곤충은 복잡한 발달 주기를 겪기 때문에 때로는 크기와 모양이 극적으로 변한다. 그림처럼 무당벌레와 주둥이 노린재 같은 익충들의 모든 발달 단계를 텃밭에서 볼 수 있다.

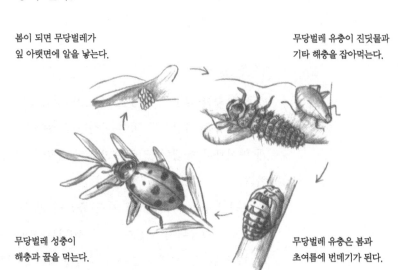

봄이 되면 무당벌레가 잎 아랫면에 알을 낳는다.

무당벌레 유충이 진딧물과 기타 해충을 잡아먹는다.

무당벌레 성충이 해충과 꿀을 먹는다.

무당벌레 유충은 봄과 초여름에 번데기가 된다.

봄과 여름에 주둥이노린재가 식물에 알을
낳는다.

주둥이노린재의 약충이 16점무당벌레의
유충 같은 해충을 잡아먹는다.

성충이 덮개 아래에서 월동한다.

성충이 꿀과 해충을 먹는다.

　　다른 유형의 곤충은 불완전변태로 알려진 과정을 겪는다. 이들은
알에서 깨어나 작은 성충과 비슷한 약충이 된다. 약충은 성충의 크기
와 모양에 이르기까지 먹이를 먹으며 여러 번 허물을 벗는다. 익충의
모든 발달 단계는 텃밭 농부에게 도움이 된다.

곤충 포식자

매우 친숙한 익충인 무당벌레와 사마귀는 모두 포식자다. 그들은 사
자가 영양을 사냥하듯 먹이를 사냥해 잡아먹는다. 포식성 곤충은 대
개 먹이보다 몸집이 크고, 애벌레나 유충뿐 아니라 성충도 사냥하곤
한다.

　　포식성 곤충은 보통 몇 가지 종류의 곤충을 사냥한다. 예를 들어
사마귀는 지상에서 맞붙는 모든 것(다른 사마귀까지)을 붙잡아 먹는
다. 많은 포식자에게는 그들의 행태를 예측할 만한 이름이 있다. 침노

린재(assassin bug), 매복노린재(ambush bug), 병대벌레(soldier beetle), 길앞잡이(tiger beetle)가 그러하다. 긴노린재(big-eyed bug), 잠자리(dragonfly), 풀잠자리(lacewing)처럼 곤충의 외양을 묘사하는 다채로운 이름도 있다. 가냘픈 풀잠자리는 사실 사나운 사냥꾼이기도 하다. 풀잠자리의 유충은 분명 탐욕스런 대식가다. 진딧물 늑대라고 불리는 이유이기도 하다!

쇠바더리 말벌이나 장수말벌도 훌륭한 사냥꾼이다. 사람들은 이런 말벌들을 두려워하지만 그들은 생명의 위협을 느끼지 않는 한 마구 달려들지 않는다. 이들이 찾는 건 새끼들에게 먹일 매미나방과 배추흰나비의 유충 같은 큰 애벌레다.

○ 일하고 있는 익충들
익충이 일하고 있다는 뚜렷한 표지는 토마토뿔벌레에 달라붙어 있는 하얀 번데기와 진디고치벌 애벌레가 먹고 남긴 죽은 진딧물 껍데기, 사마귀의 종이 반죽 같은 알 상자 등이다.

말총벌의 번데기가 붙어 있는 토마토뿔벌레

사마귀의 알 상자

양배추가루진딧물의 '미라'

곤충 기생자

기생자는 평생 숙주의 몸에서 사는 생물이다. 겨우살이(mistletoe)는 뿌리와 흡사한 모양의 특별한 구조로 나무껍질을 뚫고 다른 나무의 물과 양분을 빨아 먹는 기생 식물로 잘 알려져 있다. 벼룩과 빈대는 기생성 곤충이다.

기생자 중에서도 특별한 종류인 포식 기생자는 생애에 한때만 숙주의 몸에서 산다. 포식 기생자는 숙주가 되는 곤충과 유충 또는 알의 겉면이나 안에다 알을 낳는다. 포식 기생자의 유충이 알을 깨고 나와 숙주를 먹는다. 가장 흔한 포식 기생자는 말벌과 뚱보기생파리다. 말총벌은 토마토뿔벌레의 몸에 알을 낳아 그 유충이 토마토뿔벌레의 애벌레를 먹이로 삼는다. 생태텃밭에 토마토를 재배한다면 이 말벌의 번데기인 작고 하얀 혹을 달고 다니는 토마토뿔벌레를 볼 수 있을

것이다. 번데기는 뿔벌레가 죽음에 이르렀을 때 생긴다. 더 많은 말벌
이 번데기에서 나온 뒤 아직 남아 있는 토마토뿔벌레를 사냥할 준비
를 한다.

꽃가루 매개자

벌은 세계 식량 작물의 약 75%를 수분한다. 대부분의 텃밭 농부는 얼
마나 다양한 벌이 있는지 모를 것이다. 북아메리카에만 4천 종 이상이
있다고 한다. 뒤영벌과 가위벌, 뿔가위벌, 호박벌을 포함한 '무리 지어
살지 않는 단생 벌'이라 불리는 대규모 집단이 실제로 꿀벌보다 훨씬
많은 수분을 담당한다.

　파리는 두 번째로 중요한 꽃가루 매개자다. 또 다른 꽃가루 매개자
로는 나비와 딱정벌레, 나방, 말벌 및 총채벌레까지가 포함된다. 수분
을 돕기 위해선 벌과 파리 또는 말벌을 죽이면 안 된다. 여러분이 그
들의 침에 알러지가 있거나, 대모등에붙이나 말파리처럼 여러분을 물
려고 덤비는 경우가 아니라면 말이다!

흙 생산자와 쓰레기 수거자

자연과 텃밭에서 흙을 만들고 부패 물질을 분해하는 곤충과 기타 생
물은 칭찬할 점이 많다. 퇴비 더미를 만드는 사람이라면 누구나 노래
기, 지네, 딱정벌레, 쥐며느리, 집게벌레를 포함하여 여러 곤충들을 만
나게 된다. 곤충들은 각종 부산물을 '검은 황금'으로 바꾼다. 이러한
곤충과 기타 생물에 대해서는 8장 '생태텃밭 가꾸기의 네 가지 기초'
에서 더 찾아볼 수 있다.

좋은 녀석들을
행복하게 만들기

꽃과 허브, 지피식물을 뒤섞어 두둑에 심었다면 느긋하게 앉아 쉬며 텃밭에서 일어나는 일을 지켜보면 된다(무얼 심어야 할지 모르겠다면 4장 '나만의 특별한 체계'를 참조하라). 익충들이 해충을 통제할 테니 여러분이 할 일은 추가로 도울 일이 있는지 상황을 주시하며 전체적인 배치를 미세하게 조정하는 것이다.

익충을 돌보기 위해 추가로 해야 할 일이 좀 있긴 하다. 익충들은 모든 살아 있는 생명이 그렇듯 물과 먹이, 서식지와 보호(특히 번식을 위해)가 필요하다. 여러분의 텃밭이 익충에게 먹이를 제공하고 그들이 물과 서식지를 쉽게 찾게끔 도울 것이다.

익충이 마실 물

생태텃밭에는 두 단계의 높이에 항상 곤충이 이용할 물이 있어야 한다. 날아다니는 곤충을 위해서는 새 물통같이 허리 높이의 물그릇이 좋다. 그러나 새에게는 물그릇의 깊이가 적당해도 작은 곤충에겐 깊어서 이들이 빠져 죽을 수도 있다! 여러 돌과 자갈 등을 넣어 익충이 앉을 만한 장소를 제공하라(손님을 위해 해변과 수건을 제공한다고 생

각하라).

지상에서 살아가는 곤충을 위해서는 얕은 냄비를 여러 개 놓고, 텃밭에 물을 줄 때 같이 물을 채워준다. 낡은 쟁반, 플라스틱 접시부터 예쁜 도자기 그릇까지 어떤 용기여도 좋다. 경사가 있는 용기를 선택하고 그 안에 자갈을 넣어 작은 익충이 앉을 수 있게 한다. 모기가 번식하지 않을까 걱정된다면 고무관의 세찬 물줄기로 한 번씩 저어주거나 물을 자주 채워주면 된다.

개구리, 두꺼비, 새, 도마뱀이나 도룡농 같은 여러 이로운 동물들도 벌레 물통에 찾아올 것이다. 이들도 모두 벌레를 먹는다.

○ 벌레 물통을 설치한다
지상 곤충에게 물을 공급하기 위해서 안에 자갈과 돌멩이를 넣은 커다란 토분 물받침이나 알루미늄 쟁반을 설치한다. 돌이 거의 잠길 정도로만 물을 채워서 작은 익충이 내려앉을 장소를 남겨 놓는다.

익충을 위한 먹이

대부분의 익충은 두 가지 유형의 먹이 공급원이 필요하다. 하나는 해충으로, 텃밭에 있는 진딧물, 매미충, 장님노린재, 민달팽이 그리고 모든 종류의 애벌레를 말한다. 이들은 텃밭 농부로서는 받아들이기 힘든 존재다. 농산물에 벌레가 꼬이는 걸 바라는 사람은 없을 테니 말이다. 그런데 텃밭에 해충이 없다면 익충도 존재하기 힘들기 때문에 작물들이 공격에 취약해질 수 있다. 참을성 있게 보이지 않는 군대를 믿어야 한다.

익충들은 해충만으론 생존하기가 어려워지면 꿀과 꽃가루를 먹는다. 생태텃밭의 '꽃과 허브 친구들'이 이를 충분히 제공한다.

익충의 서식처

익충들이 일 년 내내 몸을 숨기고, 알을 낳을 만한 장소를 마당과 텃

◑ 익충을 위한 겨울철 덮개
익충은 월동을 위한 서식처가 필요하다. 그래서 나는 가을이면 텃밭 가장자리에 짚더미와 마른 잎을 놓아 곤충들이 겨울을 나게 한다.

밭 주변에 마련해야 한다. 농사철에는 텃밭의 새 물통 주위에 영속적인 여러해살이 식물의 군집 같은 걸 마련해준다. 영구적인 덮개로 통로를 덮어놔도 딱정벌레 같은 여러 곤충의 서식처가 되어준다.

수확이 끝난 작물을 뽑거나 베어버리는 가을과 겨울이 곤충들에게 서식처를 제공하기 어려운 시기다. 겨우내 여러해살이 식물의 일부를 남겨놓아야 한다. 익충들이 알을 낳을 수 있는 피난처가 되어줄 거다. 텃밭 가장자리의 경계에 파거나 갈아엎지 않는 특별한 덮개를 만들어도 좋다. 여러 익충은 덮개 밑이나 흙에서 월동하기 때문에 이 경계는 그들에게 숨을 곳이 되어준다.

익충 구매하기

농민과 텃밭 농부에게 판매하려고 익충을 사육하는 사업이 번창하고 있다. 여러 농사용품 판매 목록과 일부 종묘상에서도 판매용 곤충을 볼 수 있다. 익충을 사서 텃밭에 풀어놓아야만 할까? 나는 그렇지 않다고 말한다! 난 보통 가정에서 꾸리는 텃밭 정도의 규모라면 알맞은 유인식물을 심고, 물과 서식처를 제공하면 모든 조력자들을 끌어올 수 있다고 믿는다.

익충을 구매하는 게 도움이 되는 경우라면 가정용 온실이나 대규모 유리온실 정도겠다. 이와 같이 실내에서 텃밭을 가꾸는 농부라면 여러 효과적인 해충 통제자들을 구입할 수 있다. 그중 한 유형은 깍지벌레 파괴자라 불리는 깍지무당벌레(*Cryptolaemus montrouzieri*)다. 이 벌레의 유충은 하얗고 솜뭉치 같은 코트를 입은 커다란 깍지벌레처럼 보인다.

털이 덥수룩한 유충과 성충 모두 깍지벌레를 잡아먹는다. 그들은 13℃ 이상의 온도에서만 활동하며 습한 환경을 좋아한다.

익충의 친구들 조사하기

익충이 텃밭에서 활동하고 있는지 아닌지에 관해 어떻게 이야기할 수 있을까? 첫 번째 방법은 보이지 않는다고 말하는 것이다. 식물의 잎에 구멍이 보이지 않는다면 그건 아마 익충이 애벌레와 기타 해충 들을 궁지로 몰았기 때문일 거다.

또 다른 방법은 텃밭에서 익충을 탐구하는 것이다.

다음에 나올 '텃밭의 익충들'에서는 텃밭에 흔히 발견되는 31가지 종류의 익충에 대해 설명한다. 여기에서 익충들의 생김새와 그들의

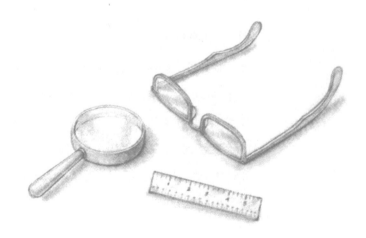

◑ 벌레 사냥도구
익충을 관찰하려면 돋보기와 자가 있어야 한다. 작은 익충들의 특징을 구별하고 크기를 잴 수도 있다.

변별적 특질 및 그들이 숨기 좋아하는 장소 등 그들을 구별하는 방법에 대해 알 수 있다. 바람이 심하지 않은 날을 골라 이 책 혹은 곤충도감, 돋보기(적어도 10배율)를 들고 텃밭에 나가보라.

어느 식물에 어떤 곤충들이 사는지 책에 기록하길 바란다. 곤충에 관한 의문점들을 적을 수도 있다. 한 가지 주의할 점은, 나처럼 텃밭을 열심히 가꾸지 말아야 한다는 것이다. 그래야 더 많은 익충들이 '풀' 위에 살고 있을 테니까!

텃밭의 익충들

생태텃밭을 조성하면 무슨 벌레인지 알든 모르든 일단 익충들이 생겨난다. 이번 부문에는 이 작고 부지런한 텃밭 조력자들을 구별하는 데 도움을 줄 정보와 도해를 실었다. 그들이 텃밭을 어떻게 돕는지도 알 수 있다. '알고 있나요?' 코너에서는 곤충들의 행동에 관한 조금은 비과학적인 나의 해석과 내가 발견한 재미있는 정보 및 소중한 곤충 손님과 함께 경험했던 몇 가지 사례를 확인할 수 있다. 여러분이 흥미를 가지고 곤충들을 과(科)별로 찾아보기 쉽도록('딱정벌레류'와 '말벌류'처럼) 곤충들을 분류했다.

딱정벌레 BEETLES

딱정벌레는 지구상의 모든 곤충 가운데 약 1/3을 차지할 정도로 가장 큰 곤충 집단이다. 대부분이 유익한 포식자이자 꽃가루 매개자다. 딱정벌레는 장차 애벌레로 부화하게 될 알을 낳는다. 유충이 먹이를 먹으며 번데기가 되면 거기에서 성충이 나온다. 등에 나타나는 머리부터 꼬리까지 이어진 똑바른 분할선으로 딱정벌레를 식별할 수 있다. 이는 날개를 접어서 생기는 선이다. 딱정벌레는 한 쌍의 날개가 있고,

◐ 성충   실제 크기

◐ 유충

성충과 유충 모두 먹이를 씹는 데 필요한 입이 있다. 딱정벌레 중에는 채식주의자도 있고 육식주의자도 있으며 동물에 기생해 살아가는 것도 있다.

○ 반딧불이 Lampyridae

🐛 **변별적 특질**: 개똥벌레라고도 불리는 반딧불이는 딱정벌레의 한 종류다. 성충은 갈색이나 검은색을 띠고, 길고 납작하며 배 끝에 빛이 깜박거리는 나는 기관이 있다. 유충도 빛을 내며, 그들은 인상적인 턱을 가진 납작한 딱정벌레를 닮았다. 성충의 크기는 약 1.2cm다.

🐛 **생활주기**: 반딧불이는 흙에 알을 낳고, 알에서 유충이 부화해 제자리에서 월동한다. 반딧불이의 빛은 짝짓기 행위의 일종이며, 종이 다르면 깜박이는 양상도 달라진다.

🐛 **발견 장소**: 반딧불이 유충은 나무껍질이나 정원 쓰레기 아래의 습한 장소를 좋아한다. 성충은 빛을 내기 때문에 여름밤에 발견하기 쉬운데 보통 숲이나 들판의 가장자리, 텃밭의 산울타리 및 잔디밭의 나무 밑에도 있다.

🐛 **도와주는 일**: 유충은 성충과 달리 다른 곤충과 민달팽이, 달팽이를 활발히 잡아먹는다. 그들은 텃밭의 민달팽이처럼 밤에 사냥을 한다.

🐛 **특기사항**: 반딧불이 유충 몸속에 작은 전구가 있는 건 물론 아니다. 그들이 내는 빛은 복부 끝에 있는 기관 안에서 특별한 화학물질이 반응한 결과다. 아이들

은 플라스틱 통 안에 반딧불이를 잡아넣어 가지고 노는 걸 좋아한다.

○ 성충
실제 크기다.

○ 딱정벌레 Carabidae

🌾 **변별적 특질:** 반짝반짝하고 검은색이나 갈색을 띤다. 몇몇은 돌출된 눈과 긴 더듬이, 잘록한 '허리'가 있다. 딱정벌레는 돌 밑에 숨어 있다가 방해를 받으면 빠르게 달린다. 유충의 몸은 구획이 뚜렷하고, 강한 다리와 먹이를 꽉 움켜쥐는 '턱'이 있다. 몇몇은 강한 냄새를 발산한다. 성충의 길이는 1.9~2.5cm다.

🌾 **생활주기:** 어떤 딱정벌레는 진흙과 잔가지, 낙엽으로 만든 작은 틈에 알을 낳는다. 유충은 약 1년 동안 왕성한 포식자로 활동하고, 성충은 2~3년 정도 산다.

🌾 **발견 장소:** 대낮에 바위와 통나무 또는 널빤지 밑에서 찾을 수 있다. 그들을 발견했다면 함부로 건드리지 마라. 또한 딱정벌레를 끌어들이는 식물로는 미역취, 명아주, 지피식물, 덤불이 있다. 이 대규모 딱정벌레 가족들은 북아메리카에만 3천 종 이상이 산다.

🌾 **도와주는 일:** 딱정벌레의 성충과 유충은 콜로라도감자잎벌레, 뿌리파리류, 배추흰나비 유충, 배추좀나방 유충, 거세미, 양배추은무늬밤나방 유충, 아스파라거스잎벌레, 진딧물, 벼룩잎벌레, 매미나방 유충, 잎진드기, 천막벌레나방 유충 등 여러 텃밭 해충들을 먹는 주요 포식자다.

🌾 **특기사항:** 딱정벌레를 응원하는 최선의 방법은 여러해살이 식물과 산울타리 또는 작은 나무더미 등의 환경을 텃밭 근처에 유지하는 것이다. 그들은 험악해 보이는 턱을 가졌으니 건드리지 않는 게 좋다(깨물 것이다). 예를 들어 목가는먼지벌레(*Brachinus* spp.)는 인간의 피부에 얼룩을 남기는 독성 액체를 내뿜는다. 녹색의 딱정벌레(*Chlaenius sericeus*)는 건드리면 가죽 냄새와 흡사한 향을 발산한다.

○ 무당벌레 Coccinellidae

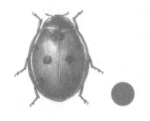

○ 성충   실제 크기

○ 유충

🌿 **변별적 특질:** 이들은 돔 모양으로 생겼고, 원형 또는 타원형이다. 그들은 빨강, 주황, 연노랑이나 노란색을 띠며, 검은 점이 여러 개 있다. 11점무당벌레처럼 몇몇 종은 등에 특정 개수의 점을 가지고 있다. 유충은 주황이나 노란색 표식이 있는 검은색이며, 다리는 여섯 개다. 유충은 악어를 닮아 앨리게이터라고도 불린다. 번데기는 보통 주황색 표식이 있는 검은색이다. 성충의 길이는 0.1~1cm다.

🌿 **생활주기:** 성충이 되면 보통 잎 아래나 나무더미 또는 작물 부산물에서 겨울을 난다. 성충은 끝이 뾰족한 노란색 알을 무더기로 낳는다. 유충 단계는 20~30일 정도 지속되며, 번데기 상태로는 3~12일 정도 지낸다.

🌿 **발견 장소:** 봄마다 쑥국화 아래 잔해물과 라일락 주변의 지피식물에서 여러 마리의 무당벌레를 발견한다. 초봄에 이들은 민들레와 여러 꽃들의 꽃가루를 먹는다. 또한 서양톱풀, 자주개자리, 미역취, 센티드 제라늄, 모든 종류의 데이지에서도 볼 수 있다. 북아메리카에는 450종 이상의 무당벌레가 있다.

🌿 **도와주는 일:** 이들은 일반적으로 진딧물과 기타 총채벌레, 잎진드기, 깍지벌레 등 여러 해충의 포식자다.

또한 해충들의 유충이나 알도 먹는다. 성충은 종에 따라 하루에 50~100마리의 진딧물을 먹을 수 있고, 유충은 그 이상도 먹는다 (흰목줄무당벌레의 유충은 하루에 자기 몸무게만큼의 진딧물을 먹는다).

🌾 **특기사항:** 무당벌레는 진딧물이 사라지면 없어지곤 하기 때문에, 너무 빨리 진딧물을 방제하진 말아야 한다. 살충성 비눗물 같은 유기적 방제법도 금물이다. 먹이가 부족해지면 쑥국화, 안젤리카, 봄에 꽃 피는 딸기나무를 지속적으로 심어 그들을 돕는다.

○ 성충
크기는 종에 따라 다양하다.

○ 반날개 Staphylinidae

🌾 **변별적 특질:** 더듬이가 짧고, 다른 곤충을 움켜쥘 때 쓰는 돌출된 턱이 있다. 집게벌레로 착각할 수도 있다. 집게벌레는 배 끝을 땅 위로 높이 들고서 빠르게 움직인다. 금색과 갈색을 띠는 반날개는 복부를 덮은 빛나는 금빛 털이 눈에 띈다. 성충의 길이는 0.2~2.5cm다.

🌾 **생활주기:** 반날개는 유충, 번데기 또는 성충으로 겨울을 난다. 그들은 흙이나 낙엽더미처럼 썩은 유기물에 알을 낳는다. 1년에 여러 번 알을 낳는다.

🌾 **발견 장소:** 반날개는 퇴비 더미나 낙엽, 돌 또는 널빤지 아래처럼 어둡고 축축한 곳을 서식처로 삼는다. 내 텃밭에 있는 목제 통로가 그들을 행복한 사냥터로 이어주는 가교 역할을 한다. 지피식물을 촘촘히 심고 덮개를 덮으면 그들에게 서식처가 되어줄 것이다. 이들은 북미에만 2,900종 이상이 산다.

🌾 **도와주는 일:** 성충과 유충 모두 활발하게 쓰레기를 청소하며 곤충의 유충이나 몸이 부드러운 곤충들을 가리지 않고 먹는다. 특

히 뿌리파리 종류와 기타 구더기들을 잡아먹기 때문에 가치가 높다.

🌿 **특기사항:** 보기만 해도 위협적인 매우 날카로운 턱이 있어 손으로 건드리면 꽉 꼬집는다. 또 다른 방어 도구로 꼬리가 가리키는 방향으로 강한 냄새가 나는 액체를 뿌리는 경우도 있다. 그러니 이 배고픈 구더기 사냥꾼을 만나게 된다면 너무 가까이 다가가지 마라!

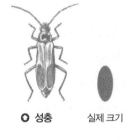

○ 성충　　실제 크기

O 병대벌레 Cantharidae

🌿 **변별적 특질:** 이 딱정벌레류는 반딧불이와 닮았다(빛나지는 않는다). 이들은 몸통이 가늘고 길며 갈색빛이 도는 노랑이나 황갈색을 띠고, 더듬이가 길다. 미역취병대벌레(*Chauliognathus pennsylvanicus*)는 각 날개의 맨 아래 부분에 길고 어두운 점이 있다. 솜털병대벌레(*Podabrus tomentosus*)는 푸르스름한 회색의 딱정벌레인데, 솜털이 보송보송하고 털이 많은 외모 때문에 그런 이름이 붙었다. 성충의 길이는 0.7~1.2cm다.

🌿 **생활주기:** 성충은 흙덩이에 알을 낳고, 유충은 흙에서 산다. 1년에 1~2번 알을 낳는다.

🌿 **발견 장소:** 박주가리과 식물, 미역취, 수국, 개박하 및 여러 종류의 꽃들이 병대벌레를 텃밭으로 유인한다. 늦여름에는 이들을 꽃에서 자주 볼 수 있다. 이들의 번데기는 여러해살이 식물이나 덮개작물같이 방해를 잘 받지 않는 영구적인 장소에 생긴다. 미역취병대벌레는 미시시피주 동부에서만 발견되지만 다른 종들은 북미 전역에서 흔하게 볼 수 있다.

🌿 **도와주는 일:** 보통 성충과 유충은 포식자로서 넓적다리잎벌레와 메뚜기의 알, 애벌레, 뿌리파리 구더기, 뿌리를 먹는 곤충의 유

충, 대부분의 몸이 부드러운 곤충 등 여러 종류의 곤충을 잡아먹는다.

🌿 **특기사항:** 텃밭에 심은 오이에 넓적다리잎벌레가 문제를 일으킬 때 이를 해결해줄 병대벌레를 유인할 특별한 방법이 있다. 개박하를 심거나 박주가리과의 식물 또는 미역취가 오이 사이에 싹을 틔우도록 놔둔다.

○ 길앞잡이 Cicindelidae

❂ 성충   실제 크기

🌿 **변별적 특질:** 눈이 커다란 길앞잡이는 더듬이가 길고, 색상은 구릿빛과 녹색부터 파랑과 검정까지 다양하다. 일부는 노란 줄무늬도 있다. 이들은 다리가 길고 빠르게 달릴 수 있으며, 잘 날아다닌다. 유충은 뚜렷하게 S자 모양이며 배에는 강력한 갈고리 모양의 돌기가 있어 먹이를 잡는 동안 몸을 흙에 고정시킬 때 사용한다. 성충의 길이는 1.2~2cm다.

🌿 **생활주기:** 성충과 유충은 흙에서 겨울을 난다. 암컷이 홀로 흙에 굴을 파고 알을 낳는다. 유충은 사냥을 하기 위해 맨흙에다 굴을 판다. 수명은 2~3년이다.

🌿 **발견 장소:** 길앞잡이는 움직임이 빠르지만 맑은 날 맨흙에서 포식자의 뒤를 따라 달리거나 나는 모습, 아니면 통로나 해변의 모래가 많거나 흙먼지 날리는 곳에서 햇볕을 받으며 졸고 있는 모습으로 발견된다. 또한 밤이 되면 불빛 주위로 몰려든다. 길앞잡이는 북미 전역에 100여 종 정도가 산다.

🌿 **도와주는 일:** 성충은 개미와 파리, 애벌레, 메뚜기, 진딧물 및 기타 곤충 등 잡히는 건 다 먹는다. 흉포한 이 벌레의 유충은 다른 곤충의 유충을 붙잡고, 때로는 먹이를 추격해 굴로 끌고 들어가 잡아먹는다.

🌿 **특기사항:** 이 딱정벌레와 유충은 추격 장면이 등장하거나 무술이 나오는 영화 속 스타가 될 자격이 있다. 그들은 꽤 난폭하다. 성충은 예리한 낫 모양의 턱으로 제물을 붙잡은 뒤 움직이지 않을 때까지 땅바닥에 후려친다. 포식자로서는 텃밭 농부의 진정한 동맹군이다. 그렇지만 대단한 야수이기도 하다! 이들에게 안전한 월동 장소를 제공하려면 텃밭 주변에서 방해받지 않을 만한 곳에 여러해살이 식물과 지피식물을 일부 유지하는 게 좋다.

벌레 BUGS

많은 사람들이 곤충을 일반적으로 '벌레(bugs)'라고 부르기 때문에 이들은 '진짜 벌레(true bugs)'라고 언급되곤 한다. 진짜 벌레의 몸통은 날개가 교차하는 지점의 상부가 삼각 방패 모양을 띤다. 이들의 입은 먹이를 빨아 먹기 좋은 구조로 되어 있다. 어떤 벌레는 창처럼 보이는 입을 몸 아래쪽에 숨기고 있다가 먹이를 먹을 때 앞으로 쭉 뻗는다. 포식성 벌레는 먹이를 찔러 체액을 빨아 먹는다. 이들은 알, 약충, 성충 단계를 거친다. 보통 약충일 땐 성충과 다른 색을 띠지만 날개가 있는 성충이 되기까지 허물을 여러 번 벗으며 점차 색이 변한다.

○ 성충　　실제 크기

○ 매복노린재 Phymatidae

🌿 **변별적 특질:** 공격적인 포식자인 이들의 몸은 연노랑이나 푸르스름한 노란색을 띠고, 배에 넓고 검은 띠가 있다. 특히 잘 발달한 앞다리로 먹이를 강하게 붙잡는다. 성충의 길이는 1.2cm 이하다.

🌿 **생활주기:** 이들의 생활주기에 대해선 많이 알려져 있지 않다. 성충은 잎에다 타원형의 검은 알을 붙인다. 알 끝을 뚫고 약충이

○ 성충   실제 크기

나온다.

- **발견 장소:** 이들은 위장술의 달인인데 난 텃밭 근처 들판에 있는 끈끈이쑥부쟁이에서 여러 번 발견했다. 또 미역취에서도 볼 수 있다. 매복노린재는 미국 전역에서 발견된다.

- **도와주는 일:** 매복노린재는 파리와 나비, 주행성 나방 및 다른 벌레를 잡아먹는다. 이들은 벌을 잡아먹기 때문에 양봉업자들에게 해충으로 간주된다.

- **특기사항:** 매복노린재는 꽃에서 먹이가 날아오길 기다렸다가 잡아채는 행동 때문에 이름 붙여졌다. 이들은 먹이를 마비시키는 타액을 주입해 별다른 싸움 없이 먹이를 먹는다.

○ **침노린재** Reduviidae

- **변별적 특질:** 긴 타원형의 이 벌레는 마치 잡아 늘린 것처럼 머리가 가느다랗다. 눈이 크고, 가시가 있는 강력한 앞다리로 먹이를 움켜잡는다. 성충은 머리 아래쪽에 숨겨둔 약간 휘어진 입이 있다. 몸 색깔은 연갈색부터 노랑, 녹색 또는 검은색까지 몇 가지 종류가 있다. 약충은 밝은 홍색이다. 성충의 길이는 대개 1.2~1.9cm다.

- **생활주기:** 침노린재는 성충, 약충 또는 알의 형태로 텃밭의 정원 쓰레기와 들판 또는 여러해살이 식물 아래에서 월동한다. 수명은 종에 따라 1년 이상이기도 하다.

- **발견 장소:** 침노린재는 목초지, 들판, 텃밭에 흔하다.

산울타리와 여러해살이 식물 또는 지피식물을 심어둔 곳에서
볼 수 있다. 녹색 빛이 나고 윗부분에 하얀 뚜껑이 있는 알 무더
기를 잎이나 흙에서 찾을 수 있다.

- ☙ **도와주는 일:** 이들은 진딧물, 매미충, 날아다니는 곤충(벌을 포
  함), 아스파라거스딱정벌레의 알과 유충 및 기타 딱정벌레의 유
  충을 잡아먹는다.
- ☙ **특기사항:** 침노린재는 보기엔 재밌지만 건드리지 않는 게 좋다.
  다칠 만큼 정말 세게 깨물어 아프기 때문이다.

○ **성충**　　실제 크기

○ 긴노린재 Lygaeidae

- ☙ **변별적 특질:** 타원형의 이 작은 벌레는 커다란 눈 때문에 '큰눈
  벌레'라고도 부른다. 이들은 머리와 흉부에 작고 검은 점이 있으
  며 황갈색, 회색, 갈색 때문에 옅은 황백색을 띤다. 건드리면 땅
  으로 떨어진다. 알은 붉은색이고 한 번에 하나씩 낳는다. 성충의
  길이는 0.3~0.6cm다.
- ☙ **생활주기:** 성충은 텃밭의 부산물에서 겨울을 난다. 먹이가 없으
  면 꿀과 씨앗을 먹는다. 1년에 여러 번 알을 낳는다.
- ☙ **발견 장소:** 감자와 토끼풀, 기타 낮게 자라는 지피식물이나 덮개
  작물에서 찾아볼 수 있다. 가장 잘 알려진 종인 딱부리긴노린재
  (*Geocoris* spp.)는 메릴랜드와 캘리포니아주에 흔하다.
- ☙ **도와주는 일:** 긴노린재는 곤충의 알과 진딧물, 가뢰, 매미충, 잎
  진드기를 먹는다. 약충과 성충이 하루에 몇 십 마리의 잎진드기
  를 먹을 수 있다. 큰담배나방의 알도 효과적으로 통제한다.
- ☙ **특기사항:** 내가 뉴욕 서부에 거주할 땐 이들을 보지 못했는데, 지
  금 사는 곳에선 긴노린재의 친척들이 다수 발견된다. 이들은 다
  노린재 가족이다. 다들 씨앗을 먹기 때문에 '씨앗 벌레'라고도

하는데, 대부분이 포식자이기도 하다. 박주가리과의 식물로 나비 텃밭을 만들면 검은색 몸에 붉게 X자가 보이는 자그마한 긴노린재(*Lygaeidae kalmii*)를 만날 수 있을 것이다.

○ 성충   실제 크기

○ 쐐기노린재 Nabidae

🌿 **변별적 특질:** 쐐기노린재는 움직임이 빠르고, 가느다랗고 흰 바늘 같은 부리가 달린 회색 혹은 갈색의 곤충이다. 강력한 앞다리와 가늘고 긴 더듬이를 가졌다. 날개가 없는 약충은 성충과 비슷해 보이지만 크기가 더 작다. 성충의 길이는 0.9~1.2cm다.

🌿 **생활주기:** 성충은 풀과 자주개자리 또는 곡식의 농지에서 월동하고 봄에 알을 낳는다. 약충은 일주일 뒤에 알에서 깨어나 다른 곤충을 잡아먹는다. 1년에 한두 번 알을 낳는다.

🌿 **발견 장소:** 지피작물이나 덮개작물 특히 자주개자리와 토끼풀을 잘 뒤져보면 조그맣고 별 특징 없는 이 곤충을 만날 수 있다. 쐐기노린재는 북미 전역에서 발견된다.

🌿 **도와주는 일:** 이 작은 사냥꾼은 영문 이름인 댐즐(Damsel)*이란 말뜻처럼 도움이 필요할 만큼 허약하진 않다. 사실 그들은 진딧물과 애벌레, 총채벌레, 매미충, 뿔매미, 진드기, 붉은머리솔잎벌(Neodiprion lecontei), 장님노린재를 괴롭힌다.

🌿 **특기사항:** 들판 근처에서 쐐기노린재를 발견하면 텃밭으로 옮겨라. 아마 토끼풀을 덮개작물로 심은 토마토밭이 좋을 것이다. 조심해서 잡아야 한다. 깨물면 아프다.

✦ 주로 'Damsel in distress'라고 쓰이는 말. 비탄에 빠진 소녀라는 뜻이다.—편집자

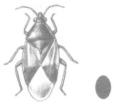

○ 성충   실제 크기

○ 약충

○ 애꽃노린재 *Orius* spp.

🌿 **변별적 특질:** 이 작은 벌레는 육안으로 보기에도 그저 까만 점 같다. 돋보기로 보면 검고 하얀 삼각형 무늬를 지닌 타원형의 까만 몸과 아주 작은 머리가 보인다. 약충은 분홍빛, 노랑 또는 황갈색을 띤다. 눈은 붉은색이다. 성충의 길이는 0.6cm다.

🌿 **생활주기:** 약충은 2~3주 동안 곤충을 잡아먹는다. 성충은 여러해살이 식물이나 덮개작물 아래에서 월동한다. 암컷은 1년에 세 네 번 줄기와 잎에 알을 낳는다.

🌿 **발견 장소:** 애꽃노린재는 옥수수, 자주개자리, 토끼풀, 살갈퀴 같은 서식처를 좋아한다. 흰색과 대비되어 잘 보이기 때문에 하얀 꽃에서 그들을 찾아보길 바란다. 난 텃밭의 데이지에서 애꽃노린재가 총채벌레를 게걸스럽게 먹는 모습을 보았다. 이들은 북미 전역에서 발견된다.

🌿 **도와주는 일:** 한 연구에 의하면, 이 활발한 포식자의 먹이 종류가 50가지 이상이라고 한다. 성충과 약충 모두 여러 마리의 진딧물과 총채벌레, 매미충, 큰담배나방의 알, 잎진드기를 죽인다.

🌿 **특기사항:** 애꽃노린재는 유럽과 미국에서 특히 온실에서 총채벌레를 통제하는 용도로 판매된다.

○ 성충   실제 크기

○ 북미의 주둥이노린재 *Podisus maculiventris*

🌿 **변별적 특질:** 이 방패 모양의 벌레는 몸에 검고 작은 반점이 있으며 노란색 또는 연노랑, 갈색을 띠기도 한다. 앞으로 쭉 뻗은 긴 주둥이도 있다. 견장이 달린 군복 같은 뾰족한 어깨가 해충인 방귀벌레와 구별되는 점이다. 성충의 길이는 1.2cm다.

🌿 **생활주기:** 성충은 여러해살이 식물 아래에서 월동하고, 봄에 잎에다 알을 낳는다. 약충은 식물의 즙이나 물을 먹기 시작하여 곧

포식자가 된다. 6~8주 뒤 성충 단계에 이르고, 이후 한두 달간 계속 다른 곤충을 잡아먹는다. 1년에 두 번까지 알을 낳는다.

- Ꙭ **발견 장소:** 텃밭의 쑥국화 주변에 널려 있다. 기타 꽃이 피는 여러해살이 식물에서도 찾아볼 수 있다. 이들은 북미 전역에서 발견된다.
- Ꙭ **도와주는 일:** 이 분주한 포식자는 많은 해충을 잡아먹는다. 특히 콜로라도감자잎벌레와 16점무당벌레의 애벌레를 좋아한다(농민들이 활용할 정도다). 다른 먹이로는 옥수수들명나방의 유충, 큰담배나방, 조밤나방, 배추흰나비 유충, 잎벌 유충 등이 있고, 안타깝게도 무당벌레 유충 같은 몇몇 익충도 잡아먹는다.
- Ꙭ **특기사항:** 이들을 텃밭으로 유인하는 페르몬을 구입할 수 있다. 그러나 생태텃밭에까지 쓸 필요는 없고, 쑥국화로도 충분하다.

❂ 성충　　실제 크기

○ 북미의 두점박이노린재 Perillus bioculatus[+]

- Ꙭ **변별적 특질:** 눈에 잘 띄어 찾기 쉽다. 방패 모양의 검은 몸에다, 등에는 넓은 곡선의 주황색 띠가 있어 정말 눈에 잘 띈다. 약충은 붉고 검다. 성충의 길이는 0.9~1.2cm다.
- Ꙭ **생활주기:** 암컷은 잎 아랫면에 무더기로 회색 알을 낳는다. 1년에 두세 번 알을 낳는다.
- Ꙭ **발견 장소:** 두점박이노린재는 식물의 즙을 먹을 수 있는 풀이 많은 곳에서 발견된다. 아스파라거스 두둑에서도 볼 수 있다. 이 벌레는 미국 전역에 있다.
- Ꙭ **도와주는 일:** 약충과 성충은 콜로라도감자잎벌레, 16점무당벌레, 아스파라거스딱정벌레, 양배추은무늬밤나방의 알이나 유충을

[+] 한국에는 존재하지 않아 이름도 없어 영문명을 적당히 옮겼다. ―옮긴이

먹는다.

🐛 **특기사항:** 두점박이노린재에 관한 한 연구에 의하면, 이들이 콜로라도감자잎벌레의 개체수를 60%까지 줄인다고 한다. 이 벌레를 감자와 아스파라거스 또는 양배추 이웃들이 있는 두둑으로 유인하면 도움이 될 것이다.

잠자리 DRAGONFLIES

잠자리는 길쭉하고 호리호리한 곤충이다. 머리 전체를 거의 뒤덮거나 옆으로 튀어나온 커다란 겹눈을 가졌다. 그들은 날아다니면서 예리하고 날카로운 입으로 먹이를 잡아먹는다. 독립적으로 움직이는 네 개의 강한 날개가 있어 곤충을 앞뒤로 몰고 갈 수 있다. 물의 정령(Naiad)이라 불리는 미숙한 잠자리 약충은 먹이를 붙잡을 때 빛의 속도로 나오는 꺼칠꺼칠한 아랫입술을 이용해 수생곤충(작은 물고기까지)을 잡아먹는 강력한 포식자다. 실잠자리도 이 곤충 집단에 포함된다. 전 세계에 약 5천 종이 사는데, 북아메리카에는 약 450종 정도가 있다.

○ 성충
실제 크기는 그림보다 세 배
크다.

○ 왕잠자리 Aeschnidae

🐛 **변별적 특질:** 왕잠자리는 잠자리 중에서 가장 크고 빠르다. 그들은 보통 녹색이나 갈색 또는 파란색을 띠며, 크고 뚜렷하며 섬세한 그물망 무늬의 날개가 있다. 어떤 종은 너비가 12cm에 달하기도 한다. 그들의 커다란 겹눈은 머리 꼭대기에 달려 있다. 움직이지 않을 때도 날개를 펴고 있다. 성충의 길이는 7~8cm다.

🐛 **생활주기:** 암컷이 물 위를 날다가 수면 아래, 보통 침수식물의 줄기 사이를 꼬리로 찌르며 알을 낳는다. 잠자리의 약충은 물에서

살다가 초봄이나 늦여름이 되면 성충으로 탈바꿈하려고 물 밖으로 기어 나온다.

🐚 **발견 장소:** 왕잠자리는 작은 연못이나 텃밭의 물웅덩이에 알을 낳는다. 돌 아래나 텃밭 근처 정원 쓰레기 또는 작은 시내에서 약충을 발견할 수 있다. 갈색왕잠자리(*Boyeria vinosa*)는 미국 동부 대부분의 지역에 있다. 짜깁기 바늘이라고도 부르는 녹색왕잠자리(*Anax junius*)는 북미 전역에 흔하다.

🐚 **도와주는 일:** 왕잠자리는 모기, 벌 등 날아다니는 여러 곤충들을 잡아먹는다. 약충은 모기의 유충이나 다른 수생생물을 잡아먹는다.

🐚 **특기사항:** 왕잠자리 약충이 성충으로 변하는 모습을 관찰할 기회가 있다. 약충이 물 밖으로 나와(때로는 물가에서 30cm 정도만 이동함) 몸의 가운데를 가르면 그 틈으로 성충이 나온다. 잠자리를 유인하는 데 관심이 있다면 약충이 생길 수 있도록 텃밭 한쪽에 작은 연못 같은 걸 만들어라.

○ 실잠자리 Coenagrionidae

○ 성충
종에 따라 크기가 다양하다.

🐚 **변별적 특질:** 실잠자리는 밝은 빛깔의 반짝이는 파란색 또는 청록색을 띤다. 몸통에 좁은 줄기같이 붙어 있는 두 쌍의 날개가 있다. 움직이지 않을 때는 몸과 수직이 되도록 날개를 접어둔다. 약충은 물에서 살며, 물고기처럼 아가미를 활용해 앞으로 나아간다. 성충의 길이는 2.5~5cm다.

🐚 **생활주기:** 암컷은 식물에 알을 낳는데, 수면을 기준으로 위나 아래에 낳는다. 약충은 완전히 자라기 전까지 올챙이와 수생곤충을 잡아먹는다. 여러 종의 성충들이 7월이나 8월쯤 물에서 나타난다.

🌱 **발견 장소:** 연못 또는 습지로 유인할 수 있다. 성충은 비행 능력이 좋지는 않아서 대개 물 주변에 머문다. 느리고 잔잔하게 흐르는 물에서 여러 종의 약충을 볼 수 있다.

🌱 **도와주는 일:** 약충은 모기 유충을 포함해 여러 수생곤충을 잡아먹는다. 성충은 여러 가지 다른 곤충을 잡아먹는 포식자다. 그들은 특히 진딧물을 효과적으로 통제한다. 북아메리카의 실잠자리 대부분이 이 종류에 속한다.

🌱 **특기사항:** 친숙한 실잠자리들은 빛깔에 따라 별명이 있다. 더블데이 블루렛(*Enallagma dubledayii*)은 밝은 파란색이다. 스칼렛 블루렛(*Enallagma pictum*)은 밝은 빨간색이다. 북동부에 산다면 종종 이들이 사람의 어깨에 내려앉아 옷을 부드럽게 야금거리는 모습을 맞닥뜨릴 수도 있다.

풀잠자리 LACEWINGS

이 곤충 집단의 학명(*Neuroptera*)은 그들의 투명한 날개에 있는 맥(脈)에서 따온 말이다. 북미에 300종 이상이 산다. 우리가 가장 흔히 만나는 것으로는 풀잠자리, 사마귀붙이, 개미귀신이 있다. 뱀잠자리붙이와 풀잠자리는 일반적으로 텃밭 해충이 가장 무서워하는 포식자다. 움직이지 않을 때 보면 몸에 텐트를 지고 다니는 것처럼 보이는 두 쌍의 긴 타원형 날개가 있다. 이들은 먹이를 입으로 씹어서 먹고, 유충 또한 포식자다.

흔히 불빛으로 벌레를 유인해 죽이는 살충 장치를 모기와 매미나방, 흑파리 및 기타 해충을 방제하는 기구라고 광고한다. 그러나 이 장치가 실제로 죽이는 건 무고한 야행성 날벌레들이다. 뉴햄프셔대학의 과학자들은 이 살충 장치가 매미나방과 기타 애벌레들을 통제하는 풀잠자리만이 아니라 기생성 말벌들도 죽인다고 결론을 내렸다. 또한 해충의 애벌레를 먹이로 삼는 포식성 딱정벌레도 죽인다는 사실을 발견했다. 또 다른 희생양은 날도래(연못과 하천의 생태계와 필연적으로 연관된다)와 멧누에나방과 누에나방같이 아름다운 나방들이다. 이들은 살충 장치에 날개가 타서 속절없이 땅바닥 위에서 털썩거릴 뿐이다.

역설적이게도 살충 장치는 모기나 매미나방의 개체수를 거의 줄이지 못한다. 그래서 살충 장치는 텃밭 근처 어디에도 설치하지 않는 게 좋다.

❖ 성충　　실제 크기

❖ 유충

○ 뱀잠자리붙이 Hemerobiidae

🌿 **변별적 특질:** 이 연약한 곤충은 고운 털로 덮인 갈색의 투명한 그물망 같은 날개가 있다. 그들은 연노랑의 타원형 알을 잎 아래쪽에 낳는다. 유충은 식물 부스러기로 자신을 위장해 별명이 '쓰레기 수집가'다. 성충의 길이는 0.6~0.9cm다.

🌿 **생활주기:** 봄이 되면 암컷은 잎 아래쪽에 수백 개의 알을 낳는다. 유충은 1~3주 동안 유기물 아래에서 먹을거리를 뒤진다. 어떤 종은 1년에 여러 번 알을 낳는다.

🌿 **발견 장소:** 성충은 저녁과 밤에 주로 숲과 과수원 또는 들판을 날아다닌다. 그들이 날아다니는 장소의 잎 아래를 찾아보면 유기물 쓰레기와 구분하기 힘든 막대 모양의 유충을 발견할 수 있다. 뱀잠자리붙이는 북아메리카 전역에 있다.

🌿 **도와주는 일:** 성충과 유충 모두 다방면으로 활동하며 진딧물 및 깍지벌레와 약충, 기타 몸이 부드러운 곤충들을 먹는다. 한 마리의 뱀잠자리붙이가 자라면서 100~600마리의 진딧물을 먹는다.

🌿 **특기사항:** 뱀잠자리붙이는 부끄러움을 타거나 비밀스러운 성격을 지녔다고 묘사되며, 그들이 텃밭에 있는 해충을 얼마나 효과적으로 통제하는지는 잘 알려져 있지 않다. 그러나 분명 그들은 효과적인 진딧물 포식자이며 어디에 있든지 유익하다.

알고 있나요?

풀잠자리는 명주잠자리 또는 개미 귀신으로 알려진 외모가 우스운 친척이 있다. 명주잠자리는 길이가 약 3.7cm 정도이고 잠자리를 닮았다. 유충인 개미귀신의 외모가 매우 재미난데, 머리가 크고, 다리는 짧고, 몸에 털이 많다. 또 뒤로 걷기까지 한다. 하지만 가시가 있는 이들의 긴 턱은 매우 치명적이어서 개미에게는 결코 우스운 존재가 아니다. 개미귀신은 모래에 구덩이를 만들고 거기에 누워 개미나 진드기가 지나가길 기다린다. 개미가 지나가거나 구덩이에 빠지면 그들을 잡아먹는다. 개미귀신은 주 서식지인 건조하고 모래가 많은 흙에서 발견된다.

O **성충**　　　실제 크기

O **유충**

O 풀잠자리 *Chrysopidae*

🖐 **변별적 특질:** 이 담록색의 곤충은 투명한 날개를 자신의 몸 위로 접는다. 또한 금빛이나 구릿빛 눈을 가졌다. 유충에겐 눈에 잘 띄는 집게가 있고, 분홍빛이 도는 갈색 몸통에 연노란 점이 있다. 성충의 길이는 0.9~1.6cm다.

🖐 **생활주기:** 암컷은 봄부터 여름까지 진딧물이 있는 잎에 알을 낳는다. 유충은 알에서 나오면 닥치는 대로 먹어치운다. 2~3주 뒤, 잎 아랫면에 붙은 둥글고 부드러운 고치에서 번데기가 된다. 1~2주 뒤에 성충이 나온다. 대부분 성충의 상태로 건조하고 어두우며 보호받을 수 있는 장소에서 무리를 지어 겨울을 난다. 이들은 1년에 두세 번 알을 낳는다.

🖐 **발견 장소:** 늦봄이나 늦여름 저녁에, 특히 목초지나 숲 가장자리에서 풀잠자리가 날아다니는 광경을 볼 수 있다. 옥수수밭에서도 보기 쉽다. 그들을 발견한 순간, 돋보기의 도움을 받아 주변을 관찰하면 연노란 시침핀 같은 알도 찾을 수 있다. 알은 각각 잎이나 잔가지에 섬세하고 가느다란 실처럼 매달려 있다. 풀잠자리는 곤충 대신 꿀을 먹기도 하기 때문에 서양톱풀과 안젤리카, 야생당근, 해바라기, 센티드제라늄 근처에서 발견되기도 한다. 풀잠자리는 북아메리카 전역에 있다.

🖐 **도와주는 일:** 어떤 연구에 따르면 풀잠자리의 유충이 성충 단계에 이르기까지 100~600마리의 진딧물을 먹는다고 조사한다. 그들은 총채벌레, 진드기, 가루

이는 물론 매미충, 양배추은무늬나방, 콜로라도감자잎벌레, 아스파라거스딱정벌레를 포함한 여러 해충의 알을 먹는다. 또한 작은 애벌레와 딱정벌레 유충도 먹는다. 이들은 온실과 포도밭, 농경지에서 상업적으로도 활용된다.

- **특기사항:** 풀잠자리 같은 적극적인 포식자는 장단점이 있다. 우선 그들은 알에서 나오기만 하면 모든 걸 먹어치운다. 심지어 서로 잡아먹기도 한다. 이러한 이유 때문에 자연이 풀잠자리의 알을 하나씩 군데군데 떨어뜨려놓는가 보다. 덕분에 그들은 형제자매를 게걸스럽게 먹기 전에 진딧물을 잡아먹을 기회를 얻는다. 시판하는 경우엔 도중에 알에서 깨어나 동족을 잡아먹는 걸 막고자 각각 따로 포장한다.

파리 FLIES

부엌에선 당연히 파리를 때려잡아야겠지만 텃밭에선 어떠한 파리도 죽이지 마라! 말파리와 대모등에붙이, 모기 같은 몇 가지를 제외하면 대부분의 텃밭 파리는 소중한 꽃가루 매개자이자 포식자요, 기생자다. 파리는 한 쌍의 날개가 있다. 그들의 생활주기는 알, 유충, 번데기, 성충 단계를 거친다. 포식성 파리는 먹이를 공격한 뒤 입으로 뚫어서 체액을 빨아 먹는다.

○ 혹파리 Cecidomyiidae

- **변별적 특질:** 혹벌이라고도 하는 이 작은 파리들은 모기와 닮았다. 길고 가느다란 다리, 긴 더듬이, 부수어지기 쉬운 몸을 가졌다. 유충은 밝은 주황색이다. 성충의 길이는 0.1cm다.
- **생활주기:** 혹파리는 흙 속의 작은 고치에서 유충으로 겨울을 나

○ 성충　　실제 크기

고, 진딧물을 찾아 늦봄에 나타난다. 암컷은 진딧물 근처의 잎 표면에 250개의 작은 주황색 알을 낳는다. 1년에 여러 번 낳는다.

🍃 **발견 장소:** 밝은 주황색인 작은 유충은 진딧물을 좋아하는데, 특히 한여름과 늦여름 사이에 모든 꽃에서 볼 수 있다. 성충은 아마도 꽃가루와 꿀을 찾아 밤에 날아다니기 때문에 손전등을 가지고 찾아다니는 게 좋다. 단단하고 작은 송이처럼 공중에 매달려 추는 '짝짓기 춤'을 포착할 수도 있다. 흑파리는 북아메리카 전역에 있다.

🍃 **도와주는 일:** 흑파리의 한 종류인 진디흑파리(*Aphidoletes aphidimyza*)는 유럽과 캐나다, 미국 일부 지역의 시설하우스 농업에서 여러 종류의 진딧물을 방제하는 데 널리 활용된다. 유충 한 마리가 번데기가 되기 전에 10~80마리의 진딧물을 먹는다. 흑파리의 유충은 텃밭에서 양배추가루진딧물 등을 먹는다. 관련된 종들도 진드기, 깍지벌레 및 몸이 부드러운 곤충을 공격한다.

🍃 **특기사항:** 흑파리는 한 계절에 여러 번 알을 낳기 때문에 '꿀'을 계속 유지해야 한다. 야생당근, 딜, 백리향, 들갓같이 오랫동안 꽃이 피는 다양한 허브와 꽃을 선택하라. 방해받지 않을 만한 흙이나 지피식물이 필요한 번데기에게는 야생화, 여러해살이 식물, 딸기나무 같은 영구적인 두둑을 제공한다. 흑파리는 습도가 높고 15~26℃ 정도의 온도에서 번성한다.

○ 꽃등에 Syrphidae

🍃 **변별적 특질:** 꽃등에는 꽃파리라고도 불린다. 이들은 검고 노란색의 혹은 흰색의 줄무늬가 있는 몸통 때문에 벌로 오인받곤 한다. 하지만 운동 양식에서 차이가 난다. 꽃등에는 꽃 주변

❖ 성충   실제 크기

을 맴돌며 빠르게 들락거리는 반면 벌은 꽃에 내려앉아 잠시 머문다. 유충은 연한 녹갈색으로, 민달팽이같이 구더기처럼 생겼다. 그들은 검고 기름기 덮인 배설물을 남긴다. 성충의 길이는 1.2~1.6cm다.

🌿 **생활주기:** 꽃등에는 식물에 붙거나 흙에 숨어서 번데기로 겨울을 난다. 암컷은 진딧물 군집 근처에 있는 잎에 개개의 알을 낳는다. 약 3일 뒤에 유충이 나온다. 진딧물을 얼마나 먹을 수 있는지에 따라 1년에 5~7번까지 알을 낳는다.

🌿 **발견 장소:** 진딧물이 많은 곳에서 민달팽이 같은 이들의 유충을 발견할 수 있다. 성충은 꿀과 꽃가루가 필요하기 때문에 서양톱풀과 야생당근, 들갓, 서양고추냉이, 피버퓨 같은 다양한 꽃을 피우는 식물과 허브로 이들을 유인한다.

🌿 **도와주는 일:** 성충은 중요한 꽃가루 매개자이고, 유충은 진딧물, 매미충, 깍지벌레, 총채벌레, 조명나방, 큰담배나방 등을 잡아먹는 효과적인 포식자다. 유충 한 마리가 1분에 진딧물을 한 마리씩 먹고, 유충 단계일 땐 종에 따라서 진딧물을 400마리까지 잡아먹는다.

🌿 **특기사항:** 꽃등에의 유충은 쓰레기 청소부이자 기생자이며, 식물을 먹기도 한다. 수선화꽃등에(*Merodon equestris*)라는 종은 봄꽃의 알뿌리를 손상시킨다. 그러나 이 골칫거리인 친척을 대신해 같은 과의 나머지 구성원들이 많은 일을 한다. 아메리카꽃등에(*Eupeodes americanus*)의 유충과 꽃파리(*Toxomerus* spp.)는 아마 무당벌레만큼 진딧물을 잘 통제할 거다.

✪ 성충   실제 크기

○ 파리매 Asilidae

- **변별적 특질:** 파리매의 몇몇 종들은 뒤영벌을 닮았으며, 실잠자리처럼 생긴 것도 있다. 모두 먹이를 붙잡는 강한 다리를 지녔다. 또한 눈 사이가 움푹하고, 얼굴에 털이 있다. 대부분 회색이고, 뻣뻣한 털이 있거나 털이 많다. 길쭉한 원기둥 모양의 유충은 양 끝으로 갈수록 가늘어진다. 성충의 길이는 1.2~1.9cm다.

- **생활주기:** 파리매는 유충으로 겨울을 난다. 유충은 흙에서 번데기가 된다. 성충이 되면 번식하기 전까지 꿀과 곤충을 모두 먹는다. 1년에 한 번 알을 낳는다.

- **발견 장소:** 썩고 있는 나무나 흙에서 파리매 유충을 확인할 수 있다. 텃밭에서 일하고 있을 때 공중에서 매처럼 다른 곤충을 향해 날아 내려가는 곤충이 바로 그들이다. 파리매는 북아메리카 전역에서 발견된다.

- **도와주는 일:** 파리매는 익충을 포함해 모든 종류의 곤충을 잡아먹는 적극적인 포식자다. 그들은 나비, 메뚜기, 말벌, 벌, 파리 등을 공격한다. 유충은 흙에서 땅벌레, 고자리파리 구더기, 곤충의 알 등을 공격한다.

- **특기사항:** 파리매(Robber fly)의 별명은 수염이 난 대담한 강도들이 순진한 행인들을 향해 뛰어내리는 장면이 나오는 로빈후드 이야기에서 영향을 받아 지은 것 같다. 실제로 보기에도 강도 같다. 어떤 종은 짧고 다부지며, 허리가 가늘고 야윈 종류도 있다. 그들 모두 털이 난 것 같은 얼굴을 하고 있다. 세 개의 눈 사

이에 쑥 들어간 부분이 악랄해 보이게 만든다. 먹이에게 뛰어드는 성격 탓에 강도가 등장하는 드라마에 섭외되면 좋겠다.

◐ 성충 실제 크기

○ 기생파리 Tachinidae

　🐛 **변별적 특질:** 여기 속한 파리들은 보통 배 둘레에 거칠고 억센 털이 있으며 땅딸막하다. 그들은 큰 집파리를 닮았다. 그들은 얼룩덜룩한 검은색, 회색, 황갈색 또는 적갈색을 띤다. 성충의 길이는 0.7~1.2cm다.

　🐛 **생활주기:** 성충은 다른 곤충의 몸에 알을 낳는다. 유충은 숙주 곤충의 몸을 먹으며 자란다. 그런 다음 번데기가 되려고 흙으로 떨어진다(일부 번데기는 숙주의 몸 안에 남는다). 성충은 꿀을 먹으며 보통 늦봄에서 늦여름 사이에 날아다닌다. 1년에 여러 번 알을 낳을 수 있다.

　🐛 **발견 장소:** 애벌레나 노린재류에서 이들의 하얀 알을 찾을 수 있다. 이 알들은 기생파리나 다른 기생곤충이 거기 있다는 증거다. 목초지와 들판의 야생화와 허브에서 성충을 볼 수 있다. 내 텃밭에서는 쑥국화와 야생당근에서 기생파리가 발견됐다. 이들은 북아메리카 전역에 있다.

　🐛 **도와주는 일:** 많은 기생파리들이 조명나방과 큰담배나방, 배추흰나비 유충, 양배추은무늬밤나방, 콜로라도감자잎벌레, 방귀벌레, 호박노린재, 장님노린재, 넓적다리잎벌레 같은 채소의 해충들에 효과적으로 기생한다.

　🐛 **특기사항:** 어떤 기생파리들은 꽤 광범위한 대상을 숙주로 선택하는 반면, 일부는 특정한 숙주만 노린다. 기생파리를 이용한 해충 통제에 관한 연구들을 보면 성공률이 다양하게 나타난다. 친환경적으로 해충을 통제하려면 여러 노력이 필요한 것과 마찬

가지로, 하나의 익충이나 해충 관리 전략으로는 부족할 수 있다.
기생파리는 성공 전략의 일부일 뿐이다.

사마귀 MANTIDS

북아메리카에 11종, 전 세계에 1,800종의 사마귀가 산다. 우리에게 가장 친숙한 사마귀는 항라사마귀다. 모든 사마귀는 몸이 길고, 먹이를 붙잡을 때 유용한 가시가 달린 '기도하는' 모양의 앞다리가 발달했다. 사마귀는 목이 잘 돌아가기 때문에 혼자서 뒤를 볼 수도 있다. 크기가 작은 건 0.9cm 정도이고, 큰 건 15cm까지 있다.

← 알집

○ 성충
실제 크기는 그림의 두 배 정도다.

○ 항라사마귀 *Mantis religiosa*

- **변별적 특질:** 텃밭에서 이들은 친숙한 곤충이다. 길이는 약 5cm 정도에 녹색이나 황갈색을 띠며 잘 날아다닌다. 위장술의 대가로 자신의 몸 색깔과 비슷한 식물을 서식처로 삼곤 한다.
- **생활주기:** 잔가지나 울타리 기둥 등지에 암컷이 종이 반죽 같은 납작한 알 덩어리를 붙이면 거기서 월동한다. 늦봄이 되면 거의 200마리 정도의 약충이 알을 깨고 나온 뒤 보이는 모든 걸(서로를 먹기도 한다) 먹어치운다. 운이 좋으면 바람에 날려 새로운 영역에 정착한다. 생활주기는 1년 정도다.
- **발견 장소:** 사마귀는 각자의 영역이 있기 때문에 텃밭에서는 한 마리 이상 보기가 힘들다. 난 보리지와 미역취에서 항라사마귀를 발견하긴 했지만 이들은 사냥터로 아무 텃밭이나 풀밭을 선택할 수 있다. 항라사마귀는 미국 남부와 동부 및 캐나다 온타리오 북부에서 발견된다.
- **도와주는 일:** 사마귀는 게걸스러운 사냥꾼으로서 강력한 앞발에

아마도 곤충 올림픽에선 분명 사마귀가 금메달을 딸 거다. 항라사마귀는 앞발로 1초 안에 두 방이나 때릴 수 있다. 사마귀의 턱은 대부분의 곤충 껍질을 부술 만큼 강력하다. 어떤 사마귀 종은 작은 개구리와 도마뱀, 벌새까지 잡는다! 운이 좋게도 그들은 텃밭에서 볼 수 있는 종이 아니다. 미국에서 가장 큰 사마귀는 왕사마귀다. 어쨌든 사마귀와 씨름할 일은 없겠으나 우리를 꼬집기는 한다. 그러니 존경심을 갖도록 하자.

잡히는 건 모조리 먹어치우는, 참으로 무차별적인 포식자다. 항라사마귀의 알을 직접 구매할 수도 있는데 좋은 방법이라고는 생각하지 않는다. 그러나 자연적으로 발생하는 사마귀는 해충 문제가 심각한 텃밭의 해충을 통제하는 데 많은 도움이 될 것이다.

🌿 **특기사항:** 일반적인 항라사마귀는 유럽이 원산인데, 이들이 1899년 묘목에 붙어 우연히 미국으로 들어왔다. 왕사마귀도 1896년 중국에서 들어와 미국 동부에서 발견됐다. 1933년 동남아시아에서 날개가 좁은 사마귀를 가져와 델라웨어와 메릴랜드주에 도입했다. 모두 다 소중히 여겨지는 익충이다.

응애 MITES

응애는 곤충은 아니지만 텃밭에서 중요한 역할을 수행하는 또 다른 유형의 작은 생물이다. 일부는 식물의 해충이지만 대부분은 텃밭 해충들을 먹는 중요한 포식자다. 응애는 다리가 여덟 개고, 몸이 평평한 생물로서 아주 작은 거미처럼 보인다. 전 세계에 약 3만 종의 이름을 가진 응애가 있다. 응애와 거미를 구별하는 방법 가운데 하나는 '허리'다. 거미는 상체와 복부가 나뉘지만, 응애는 몸이 두 부분으로 나뉘지 않는다.

○ 이리응애 Phytoseiidae

🌿 **변별적 특질:** 포식성 응애는 맨눈으론 거의 보이질 않는다. 돋보기로도 눈물 모양의 연하거나 붉은빛이 도

는 갈색 점으로만 보인다.

🌿 **생활주기:** 성충은 잔해물이나 나무껍질 아래에서 동면한다. 포식성 응애는 생활주기가 단 며칠이다. 그래서 1년에 여러 번 알을 낳는다.

🌿 **발견 장소:** 너무 작기 때문에 텃밭에서는 볼 수 없을 거다. 꽃가루가 풍부한 식물이 포식성 응애를 유지하는 데 도움이 된다. 한 연구에서는 피망이 응애의 한 가지 종을 유지한다고 밝혔다.

🌿 **도와주는 일:** 포식성 응애는 잎진드기, 총채벌레 또는 버섯파리를 공격한다. 그들은 해충의 성충과 약충, 유충 또는 알을 공격한다. 포식성 응애는 북아메리카 전역에 있다.

🌿 **특기사항:** 몇 종류의 포식성 응애는 해충 통제용으로 판매된다. 한 가지 성공 사례로는 귤응애(*Amblyseius fallacis*)가 있다. 이 다목적 응애는 여러 해로운 잎진드기를 잡아먹고, 딸기밭과 라즈베리밭, 과수원, 여러 밭과 화훼 시설 등에 이용할 수 있다. 올해 온실에서 텃밭용 식물을 산다면, 이 식물이 최근에 어떤 '강력한 응애'와 함께 일했는지 관리인에게 묻길 바란다.

거미 SPIDERS

많은 사람들이 거미를 무서워하지만 텃밭에서는 그럴 필요가 전혀 없다. 여러분이 우적우적 씹어 먹을 식물을 찾는 곤충이 아니라면 말이다. 거미류(Arachnid)라는 생물 집

○ 성충
크기는 종에 따라 다양하다.

단에 속하는 거미는 여덟 개의 다리와 두 부분으로 나뉜 몸을 가졌다. 대부분의 거미는 여덟 개의 소박한 눈이 있다. 북아메리카에는 약3,000종의 거미가 산다. 거미가 농작물에 미치는 영향을 연구한 보고에 의하면 이들은 감자와 벼, 목화 같은 다양한 작물의 해충을 통제하는 데 효과가 있다. 텃밭 농부는 덮개, 특히 짚 덮개와 다양한 꽃을 제공해 그들을 응원할 수 있다. 턱이 있긴 하지만 극소수의 거미만이 인간을 문다. 사실 타란툴라와 검은과부거미 같은 가장 무서운 거미들조차 인간을 공격하기보다는 피하고 도망가려 한다.

○ 게거미 Thomisidae

🌿 **변별적 특질:** 이 작은 거미는 게처럼 옆으로 혹은 앞뒤로 잽싸게 내달린다. 그들은 다른 다리보다 긴 두 쌍의 다리를 지녔고(생김새 때문에 게라고도 불린다), 몸통은 짧고 넓적하다. 북아메리카에 200종이 있다. 게거미는 색이 다양하고 대부분 자신이 선호하는 식물의 은신처에 맞춰 위장한다. 성충의 길이는 1.2cm다.

🌿 **생활주기:** 게거미는 거미집을 짓지 않는다. 대신 그들은 밤낮으로 먹이를 찾아 식물 사이를 돌아다닌다. 그들은 보통 꽃부리에서 먹이를 기다린다. 암컷은 부드러운 주머니에 알을 낳아 죽을 때까지, 대개 새끼가 부화하기 전까지 보호한다.

🌿 **발견 장소:** 이 거미는 날아다니는 곤충을 기다리며 꽃부리에 숨곤 한다. 여러 종들이 코스모스와 데이지,

미역취 같은 노랑, 흰색 꽃을 좋아한다. 게거미는 북아메리카 전역에서 발견된다.

- 🌿 **도와주는 일:** 지나가는 어떠한 곤충이든 가리지 않고 잡아먹는다.
- 🌿 **특기사항:** 어떤 게거미들은 외모에 따라 이름이 붙여졌다. 민꽃게거미(*Misumena vatia*)는 위장하기 위해 몸 색을 노랗게 바꾼 뒤 미역취나 데이지에 숨곤 한다. 좀게거미(*Xysticus triguttatus*)는 배 아래쪽에 점선이 있고 갈색과 검은색, 흰색을 띤다.

❖ 성충
크기는 종에 따라 다양하다.

○ 왕거미 Araneidae

- 🌿 **변별적 특질:** 왕거미는 진갈색의 띠와 무늬를 지닌 갈색과 주황색의 다양한 색조를 띤다. 그들은 큰 거미집(최대 가로 50cm)에 거꾸로 매달려 있다. 배에 십자가 모양의 무늬가 있어 '십자가거미'라고도 불린다. 왕거미는 수평으로 네 개씩 두 줄로 된 눈이 있다. 성충의 길이는 0.1~2.8cm다.
- 🌿 **생활주기:** 왕거미는 밤마다 다섯이나 여섯 번의 대칭적인 거미집을 만든다. 전날 밤 거미집에 걸린 먹이를 먹는다. 암컷은 거미집 옆에 있는 식물에 알 덩어리를 붙인다.
- 🌿 **발견 장소:** 텃밭이나 떨기나무, 집 곳곳에서 이들이 쳐놓은 거미집을 발견할 수 있다. 이 커다란 거미 가족에 속하는 수백 종의 거미들이 북미에 산다.
- 🌿 **도와주는 일:** 텃밭 거미들은 모든 종류의 곤충을 잡는다.
- 🌿 **특기사항:** 어떤 왕거미는 어두운 장소나 굴에 숨는 은둔자다. 이들 가운데 하나가 헛간, 굴이나 다른 그늘진 곳에 집을 짓는 헛간거미(*Araneus cavaticus*)다. 또 다른 거미는 건드리면 땅으로 떨어지는 검은색과 노란색을 띠는 호랑거미(*Argiope aurantia*)다. 양지

바르고 바람이 없는 조용한 곳을 좋아한다. 따뜻한 한낮, 텃밭에 있는 여러해살이 식물들의 경계에서 본 적이 있다.

○ 성충
크기는 종에 따라 다양하다.

○ 늑대거미 Lycosidae

🌿 **변별적 특질:** 갈색 혹은 회색을 띠는 이 거미는 색깔과 사냥 기술 때문에 늑대거미라고 불린다. 그들은 세 줄로 배열된 여덟 개의 검은 눈이 있는데, 첫 번째 줄에 네 개의 눈이 있다. 크기는 종에 따라 다른데 성충의 길이는 0.3~2.8cm다.

🌿 **생활주기:** 늑대거미는 거미집을 짓지 않고 주로 땅에서 산다. 일부는 후퇴하기 위한 굴을 판다. 암컷은 알 주머니나 새끼를 등에 지고 나르거나 끌고 다닌다.

🌿 **발견 장소:** 꽃이나 채소의 덮개를 옮길 때 이 거미를 자주 본다. 알 주머니를 가진 어미를 건드리기도 한다. 햇볕을 쬐고 있거나 알 주머니를 가지고 굴 입구에 앉아 있는 모습을 볼 수도 있다. 북아메리카 전역에 200종 정도가 산다.

🌿 **도와주는 일:** 이들은 곤충의 종류를 가리지 않고 밤에 사냥하는 포식자다. 진딧물, 진드기, 파리, 나방, 딱정벌레류를 먹는다.

🌿 **특기사항:** 늑대거미(*Pardosa* spp.)는 늑대거미의 가장 큰 집단(북아메리카에 약 100종류)으로 오직 전문가만이 그들을 구분할 수 있다. 긴 다리와 가느다란 생김새, 어두운 색상, 머리부터 배에 나 있는 길쭉하고 연하며 어두운 줄무늬로 늑대거미를 구분할 수 있다.

말벌 WASPS

말벌은 벌과 개미, 잎벌이 속한 곤충 집단에 포함된다. 모든 말벌은 좁은 '허리'와 막 모양의 날개가 두 쌍 있다. 성충은 씹을 수 있는 입이 있는데 일부는 꿀을 마실 때 사용하는 혀 같은 구조다. 종 대부분의 암컷은 침이 있다. 생활주기는 알, 유충, 번데기, 성충 단계다. 대부분의 말벌은 꽃가루 매개자 혹은 해충의 포식자나 기생자로서 유익하다. 북아메리카에는 수천 종의 말벌이 있기 때문에 이들 가운데 걸출한 익충만 여기에 소개하겠다.

○ 진디고치벌 Aphidiinae

🐛 **변별적 특질:** 더듬이가 길며 크기가 작고 검다. 성충의 길이는 0.3cm다.

🐛 **생활주기:** 대부분의 종이 진딧물의 몸에 각각 수백 개의 알을 낳는다. 유충은 진딧물을 먹고, 죽은 진딧물의 몸 안에서 번데기가 된다. 새로운 성충이 진딧물의 몸에 구멍을 뚫고 나와 껍데기만 남긴다. 성충은 1~3주 정도 살고, 1년에 여러 번 알을 낳는다.

🐛 **발견 장소:** 진디고치벌은 진딧물과 먹이를 보충할 꿀과 꽃가루가 있는 곳이라면 어디든 나타나지만 찾기 힘들 수 있다. 식물의 잎에서 연노랑색의 얇은 진딧물 껍데기를 찾으면 된다. 진디고치벌은 미국 전역에서 발견된다.

🐛 **도와주는 일:** 과학자들은 진디고치벌이 진딧물이 생기는 초기보다 여름과 가을, 진딧물이 더 많아졌을 때 그들을 효과적으로 통제한다고 보고한다. 일부 종들의 암컷은 하루만에도 진딧물 수백 마리에 알을 낳을 수 있다. 그 진딧물의 대부분은 번식하기 전에

알고 있나요?
60년 이상 온실의 영웅으로 광고지의 최상단을 차지하던 한 작은 말벌이 있다. 바로 온실가루이좀벌 (Encarsia formosa)이다. 이 핀 머리 크기 정도의 말벌은 미국 토종은 아니지만, 상업적인 목적으로 사육되고 있으며 미국의 일부 지역에 자리를 잡았다. 그들에겐 따뜻하고 습한 기후가 필요하며 어떠한 농약에도 저항성이 없고, 많은 온실에서 가루이좀벌이 공급되어야 한다.

❂ 성충　　실제 크기

죽는다. 연구에서 진디고치벌은 완두, 강낭콩, 멜론, 감자, 양배추, 복숭아의 진딧물을 통제하는 데 상당한 성과를 보였다.

🐛 **특기사항:** 많은 진디고치벌이 상업적으로 판매되는데, 가장 성공한 사례는 유기적으로 해충 관리를 하는 유럽과 미국의 온실에서다. 콜레마니진디벌(*Aphidius colemani*)과 복숭아혹진디벌(*Aphidius matricariae*)은 40종류의 진딧물이 일으키는 문제를 막을 수 있다. 무엇보다 그들은 미국 전역에 살며 월동할 수 있다. 텃밭에서 그들을 도우려면 딜, 야생당근, 회향, 고수 같은 당근 가족에 포함되는 허브를 포함한 여러해살이 식물과 야생화를 유지해야 한다.

○ 고치벌 Braconidae

◑ 성충　　실제 크기

🐛 **변별적 특질:** 크기가 작고 검거나 갈색을 띠는 이 말벌은 날아다니는 개미처럼 보인다. 이들은 몸 밑에 긴 산란관이라 불리는 돌출부가 있다. 애벌레의 몸에 붙어 기생하는 고치는 하얀 혹처럼 보인다. 성충의 길이는 0.9cm다.

🐛 **생활주기:** 이들은 숙주의 알, 유충, 번데기 또는 성충 속에 알을 낳는다. 유충은 숙주의 몸속에서 성장한 뒤 고치를 만든다. 전체 생활주기는 20~50일이다.

🐛 **발견 장소:** 애벌레와 딱정벌레 유충, 파리의 유충에 붙어 있는 하얀 고치가 보인다면 그건 고치벌이 텃밭에서 일하고 있다는 증거다. 북아메리카에 1,900종 이상의 고치벌이 있다고 추정된다.

🐛 **도와주는 일:** 옥수수와 양배추에 있는 고치벌에 관한 연구들에서 이들이 조명나방, 자리파리 구더기, 배추좀나방을 방제하는 데 효과적이라고 밝혀졌다. 고치벌은 천막벌레나방, 매미나방, 토마토뿔벌레, 조밤나방을 포함한 다른 것들도 잡아먹는다. 고치

벌 가운데 어떤 종은 상업적으로 판매된다.

◍ **특기사항:** 고치벌에겐 향기알리숨처럼 봄에 꽃이 피는 식물이 도움이 된다.

○ 수중다리좀벌 Chalcididae

◍ 성충   실제 크기

◍ **변별적 특질:** 수중다리좀벌은 크기가 작고 검은 말벌이다. 돋보기로 보면 광택이 나는 파란색, 녹색 또는 노란색의 몸을 볼 수 있다. 산란관이 없는 게 고치벌과 구별되는 점이다. 어떤 수중다리좀벌은 건드리면 '죽은 척'한다. 성충의 길이는 0.1~0.9cm다.

◍ **생활주기:** 암컷은 애벌레의 피부에 한두 개의 알을 낳는다. 유충이 애벌레 안으로 들어가 이를 먹고 번데기가 된 다음 성충이 된다. 어떤 종은 최대 1,000마리의 유충이 될 알을 낳기도 한다. 성충은 꿀이나 진딧물 등이 분비하는 단물을 먹는다.

◍ **발견 장소:** 텃밭이나 여러해살이 식물이 있는 곳이라면 어디에서나 볼 수 있다. 수중다리좀벌은 북아메리카 전역에 있다.

◍ **도와주는 일:** 이들은 진딧물, 가루이, 매미충, 애벌레와 깍지벌레를 포함한 다양한 해충을 먹는다.

◍ **특기사항:** 일부 전문가들은 수중다리좀벌이 고치벌이나 맵시벌보다 해충 통제력이 더 뛰어나다고 평가한다. 알 하나에서 여러 유충이 나오기 때문이다. 과변태라고 부르는 특이한 무성생식을 한다.

○ 맵시벌 Ichneumonidae

◍ **변별적 특질:** 쉽게 볼 수 있는 기생자들 가운데 하나다. 암컷에게는 자신의 긴 더듬이보다도 기다랗고 달랑거리는 큰 산란관이 있다. 몸 색깔은 빨간색과 갈색으로 다양하다. 성충의 크기는 0.3cm부터 4cm까지 다양하다.

○ 성충
크기는 종에 따라 다양하다.

🦋 **생활주기:** 암컷이 숙주(보통 애벌레) 안에 알을 주입한다. 유충은 성충이 될 때까지 천천히 숙주를 먹어 치운다.

🦋 **발견 장소:** 나는 창문의 방충망이나 여름밤 현관의 전등 근처에서 이들을 발견한다. 말라 죽은 애벌레나 다른 고치 안에서 맵시벌의 고치를 발견할 수 있다. 고치의 내부가 맵시벌의 보금자리다. 성충은 꿀과 물이 필요하다. 그들은 벌레 물통뿐 아니라 쑥국화, 러비지, 딜, 스위트시슬리 같은 파슬리 가족에 속하는 식물에 흔하게 있다. 북아메리카에 3,300종 이상이 있다.

🦋 **도와주는 일:** 맵시벌은 여러 채소와 열매 작물의 해충을 잡아먹는다. 배추좀나방, 조명나방, 도둑나방 같은 해충을 통제하는 데 상업적으로 활용된다.

🦋 **특기사항:** 자연계에서는 곤충을 '좋은 놈' 또는 '나쁜 놈'으로 나누지 않는다. 그저 각자의 자리에서 독특한 생존법으로 살아가는 존재일 뿐이다. 맵시벌은 우리가 선호하는 일부 나방과 나비뿐 아니라 거미의 알 주머니에까지 기생할 수 있다. 그러나 이들은 우리에게 문제를 일으키는 더 많은 곤충들을 표적으로 삼기 때문에 확실히 '익충'이라 부를 수 있다.

○ **알벌** *Trichogramma* spp.

🦋 **변별적 특질:** 이들은 연필심만 하고 매우 작다. 현미경으로 보면 붉은 눈과 짧은 더듬이를 지닌 노란빛이나 갈색의 땅딸막한 말벌을 볼 수 있다. 성충의 길

알고 있나요?

믿지 못하겠지만 우리가 흔히 아는 공격성이 강한 일부 말벌(Hornet)도 익충이다. 많은 사람들이 그런 말벌을 두려워하지만 참말벌은 메뚜기와 말파리, 땅벌 등의 포식자다. 장수말벌과 북아메리카 말벌(Dolichovespula maculata)도 여러 곤충들을 죽인다. 그러니 가능하면 이들을 평화롭게 놔두어 쏘이지 말고, 익충으로서의 임무를 수행할 수 있게끔 하자.

이는 0.05cm다.

◉ **생활주기:** 암컷은 다른 곤충의 알에 자신의 알을 낳는다. 숙주의 알 안에서 번데기가 되고, 일주일 정도 되면 한 마리 혹은 여러 마리의 성충이 나온다. 계절마다 여러 번 알을 낳는다. 숙주의 알에서 번데기로 겨울을 난다.

◉ **발견 장소:** 텃밭에서 알벌을 찾기엔 크기가 너무 작다. 그러나 야생당근, 쑥국화, 고수, 파슬리 같이 우아한 꽃이 피는 식물에 흔히 살고 있을 것이다. 알벌은 미국 전역에서 발견된다.

◉ **도와주는 일:** 이 말벌은 상업적 농업에서 생물학적 방제를 위해 가장 널리 활용되는 종류다. 배추흰나비 유충, 조명나방, 큰담배밤나방, 양배추은무늬밤나방 등의 여러 해충을 통제하기 위해 방출한다. 넓은 지역에 방출할 때만 효과가 있으며 방출 시기가 알맞아야 한다. 텃밭에서는 해충을 잡는 토종 알벌에 의지한다.

◉ **특기사항:** 해충을 통제하기 위해 익충을 유인하거나 구매하는 등의 생물학적 방제는 단일 조치만으론 효과가 거의 없다(대신 현명한 텃밭 농부는 주변에 항상 여러 익충을 준비시키는 등 긍정적인 몇 가지 조치를 동시에 실시한다). 그러한 점에서 알벌은 좋은 예다. 알벌 중 일부 종들은 따뜻한 날씨에 나타나기 때문에 초봄에는 별로 효과적이지 않다. 그러므로 해충 문제 때문에 그들의 도움을 받으려면 더 늦은 시기에 방출해야 한다.

6장

호박밭에는 여러해살이 식물,
옆에는 떨기나무

호박밭에 여러해살이식물들이 사는 걸까? 아니다. 난 여러해살이 식물들 사이에 호박이 자라게끔 한다! 나는 여러해살이 식물과 야생화들이 심긴 영구적인 두둑을 채소 텃밭에 설치해두었다. 때때로 호박 덩굴이 통로 건너편의 과꽃과 삼잎국화 쪽으로 기어간다. 여러해살이 식물과 떨기나무는 이로운 곤충과 동물들을 유인하고 그들에게 서식처를 제공하는 강력한 식물이다. 그래서 나는 그들을 채소 텃밭과 그 주변에 함께 키울 방법을 찾았다. 나는 텃밭 서쪽에다가 떨기나무와 여러해살이 식물로 된 작은 산울타리를 가꾸고 있기도 하다. 이번 장에서는 농촌에 있는 생태텃밭이든 아니면 도시 뒷마당이든 이를 보완해줄 여러해살이 식물과 야생화, 떨기나무를 심는 방법에 관한 나의 의견을 공유하려 한다.

채소들 사이에
여러해살이 식물

내 텃밭 안쪽과 주변의 여러해살이 식물들은 익충을 위한 '건강한 휴양 시설'이다. 여러해살이 꽃과 딸기나무는 다리가 여섯 개와 여덟 개인 나의 조력자들에게 먹이와 물, 예쁜 집과 안전한 환경을 제공한다. 물론 특정한 누군가가 '투숙하도록' 조절할 수 없고, 손님들 가운데 일부는 해충일 수도 있다. 그럼에도 불구하고 대부분의 시간에는 내가 텃밭 농부로서 선호하는 자연적인 균형 상태를 이룬다. 사실 나의 건강한 휴양 시설은 해충에겐 위험한 장소가 되어버린다!

여러해살이 식물들의 낙원

나는 여러해살이 꽃과 딸기나무를 심는 게 익충을 유인한다는 점 이외에 또 다른 혜택이 있다는 걸 발견했다. 사실 딸기나무와 여러해살이 식물은 채소 텃밭에 매우 유익하기 때문에 모든 텃밭에다 이들의 영구 재배 구역을 마련해야 한다고 생각한다. 몇 가지 이유를 들자면 다음과 같다.

○ 새를 유인한다

새는 자연의 훌륭한 곤충 통제가다. 특정 딸기나무와 몇몇 나무들은 다른 무엇보다 새를 유인하는 데 도움이 되긴 하지만 어떤 유형의 산울타리나 나무(물도 포함)라도 상관없다. 이들은 새들에게 텃밭을 매력적으로 보이게 할 것이다.

해충을 먹이로 삼는 야생생물

익충과 새들만 유익한 동물이 아니다. 다른 몇몇 종류의 야생생물도 해충이나 설치류를 먹는 포식자다. 이러한 조력자들을 유인하고 지원하기 위한 간단한 몇 가지 조치를 취하자.

· **박쥐**
흔한 갈색박쥐는 하룻밤에 3천 마리의 곤충(많은 모기를 포함하여)을 잡아먹을 수 있다. 박쥐가 쉴 만한 집을 특별히 만들어도 좋다. 이들은 연못이 있어도 유인된다.

· **도마뱀과 도룡뇽**
이 생물들은 엄청난 숫자의 곤충을 잡아먹으면서 아무에게도 해를 끼치지 않는다. 그들은 돌무더기같이 차고 축축한 장소에 유인된다.

· **뱀**
위험한 뱀은 드물다. 미국에서 위험한 뱀은 네 가지 정도이며, 그마저도 텃밭엔 잘 찾아오지 않는다. 당신은 뱀이 설치류와 곤충은 물론 민달팽이와 달팽이까지 통제하는 걸 보게 될 거다! 그들은 돌과 나무더미 또는 텃밭 근처의 덤불을 서식처로 삼길 좋아한다.

· **두꺼비와 개구리**
두꺼비 한 마리는 1년에 1만 마리의 곤충(민달팽이도!)을 잡아먹는다. 돌을 이용해 차고 어두운 두꺼비 서식처를 만들거나 이가 빠져 '출입문'이 생긴 토분을 뒤집어놓아라.

· **두더지**
봄철 잔디밭의 해로운 습격자인 이들조차 텃밭에서는 이로운 존재다. 두더지는 알풍뎅이 유충 같은 많은 유충을 잡아먹는다. 그들은 텃밭을 일부 헤집고 다니긴 하지만 작물을 심을 땐 더 깊고 축축한 곳으로 이동한다! 그러니 자연의 살아 있는 선물을 '제거하려 하기' 전에 큰 그림을 그려보라. 모든 것이 서로 어떻게 연관되어 있는지 말이다. 여러분이 알고 있던 것보다 더 많은 친구들을 발견하게 될 것이다.

○ 야생생물의 서식처를 제공한다

혹시 야생생물 하면 떠오르는 이미지가 상추를 야금야금 먹는 피터래빗의 모습이라면 그들이 텃밭에서 우리를 돕는다는 나의 말이 이상하게 들릴지도 모르겠다. 만약 그렇다면 '해충을 먹이로 삼는 야생생물'을 먼저 확인하라. 그리고 기억하라. 다양하고 자연적인 균형을 이룬 텃밭에서 우리는 포식자와 먹이, 사냥꾼과 사냥감 사이의 복잡한 연결망과 함께 일해야 한다. 여러분은 분명 피터래빗과 그의 친구들을 텃밭에 부르는 건 싫겠지만 아마도 두꺼비와 개구리, 도마뱀 같은 야생생물에겐 서식처를 제공하고 싶을 것이다. 텃밭에 울타리를 칠 수도 있으니 걱정하지 마라! 토끼와 마멋이 텃밭에 오지 못하도록 막는 울타리를 작고 이로운 동물들은 대부분 드나들 수 있으니 말이다.

○ 바람을 막는다

바람은 덮개를 벗기고 검정비닐을 찢으며 노출된 흙을 침식한다. 방풍 대비책은 나비들을 위해 꼭 필요하고, 많은 익충을 도우며 옥수수가 쓰러지는 걸 막아준다! 수확과 정리가 끝나기도 전에 쌀쌀한 가을바람이 불어올 때 바람막이는 텃밭 농부도 지켜준다. 바람이 불어오는 쪽(대개 서쪽) 텃밭에 떨기나무와 여러해살이 식물로 산울타리를 만들면 흙과 수확은 물론 안락함에도 도움이 된다.

○ 아름다운 풍경을 만든다

텃밭 주변의 아름다움을 더욱 돋보이게 할 방법은 많다. 텃밭에서 산울타리 그늘에 앉아 잠시 휴식을 취하는 게 얼마나 즐거울지 상상해보라. 긴 시간 강낭콩을 따거나 감자를 캔 뒤 나의 아름다운 여러해살이 식물들을 가만히 바라보면 항상 기분이 풀어진다. 산울타리나 여러해살이 식물은 멋진 텃밭 사진을 찍는 데 근사한 배경이 된다.

○ 서식처를 제공해주는 산울타리

내가 텃밭 서쪽에 심은 산울타리는 두 종류의 생물에게 서식처를 제공한다. 새와 익충에게는 집이 되고, 차가운 봄바람으로부터 어린 채소들을 보호한다.

해충을 죽이려고
약제를 살포하기보단
통제에 도움이 되도록
여러해살이 식물을
심을 겁니다!

아름다운 가능성들

채소 텃밭에 여러해살이 식물을 위한 공간을 마련하자고 결심하자 텃밭 가꾸기에 새롭고 엄청난 몇 가지 가능성이 창출된다는 사실을 깨달았다.

갑자기 내게 여러해살이 식물의 경계에 쉽게 섞여들지 않는 크로코스미아와 칼케도니아동자꽃 같이 밝은 빛깔의 여러해살이 식물을 심을 장소가 생겼다. 나의 채소 텃밭을 새로운 여러해살이 식물들의 시험장으로 활용하면서 그들을 본격적으로 투입할 준비가 될 때까지 두둑에 둔다. 여러해살이 식물들이 각각 잘 계획된 설계에 완벽히 들어맞는지 아닌지는 중요하지 않다. 어쨌든 채소 텃밭은 해마다 모습이 변하기 때문이다.

나는 여러해살이 식물과 채소, 허브를 조합하면 꽃에게 완전히 새로운 차원이 열린다는 걸 발견했다. 다른 여러해살이 식물들에 비해

별로 인상 깊지 않게 공간을 채우는 노란서양톱풀은 딜 혹은 고추와 훌륭한 짝을 이룬다. 텃밭의 경계에서 강력한 존재감을 과시하기에는 너무 짧고 작은 빨간 꽃 금계국(Red Coreopsis)은 담청색 꽃의 보리지와 짝을 이루었을 때 환하게 빛난다.

○ 여러해살이 식물은 어디에다 심어야 할까

채소 텃밭에는 여러해살이 식물에게 좋은 장소가 여러 군데 있다. 여러분도 나처럼 텃밭의 앞뒤에 또는 양쪽에 여러해살이 식물과 허브를 심어 경계를 만들어도 좋다. 181쪽에서 이와 같은 사례를 찾아볼 수 있다.

텃밭 한가운데에 여러해살이 식물을 원형이나 삼각형으로 심고, 해마다 그 주변에 작물 이웃들을 돌려짓기할 수도 있다(바퀴 텃밭의 설계는 202쪽을 확인하라). 난 의자가 놓인 작은 여러해살이 식물의 텃밭을 좋아하는데, 텃밭 한가운데에는 작은 탁자를 놓을 수도 있다. 실제로 거기에 앉아 농사와 관련된 도서를 읽거나 생태텃밭의 배치와 설계를 궁리하고 농사일지를 작성하기도 한다!

여러해살이 식물을 조금이라도 심고자 한다면 178쪽의 모퉁이 텃밭을 시도해보라. 이 두둑은 텃밭에 발랄하고 다채로운 공간을 더하고 익충들에게는 안전한 천국을 제공할 것이다. 하지만 너무 많은 공간을 차지하거나 농사를 짓는 데 방해가 되지 않도록 주의해야 한다.

○ 무경운 선택권

만약 당신이 텃밭을 갈아엎지 않고도 틀밭을 만들거나 흙을 건강하게 관리해왔다면 어느 곳에든 여러해살이 식물을 심어도 된다. 두둑 끝에 몇 가지 발랄한 여러해살이 식물과 관상용 풀, 야생화를 심어보라. 똑같은 식물을 반복해 심거나 강렬한 색상의 식물들을 선택해서 심어보라. 두둑 전체에 성기게 심어도 좋다. 당신이 키우는 각양각색의 채소들 덕에 두둑은 계절마다 색다른 모습을 보여줄 것이다.

여러해살이 식물 조력자 선택하기

나는 한해살이 식물과 허브를 선별하는 것과 똑같은 방식으로 채소 텃밭의 여러해살이 식물 조력자를 선택한다. 우선 과꽃과 당근 가족 중에서 장기간 꽃을 피우는 품종들을 선별한다. 또한 땅에 거주하는 익충들에게 서식처를 제공하기 위해 키가 작게 자라나는 식물들도 더한다. 그런 뒤 초봄부터 늦가을까지 지속적으로 꽃이 피게 유지하려고 노력한다.

샐리의 유용한 조언

**내가 좋아하는
여러해살이 식물들**

나는 채소 텃밭에 마음에 드는 몇몇 여러해살이 꽃과 허브들을 몇 년에 걸쳐 정착시켰다. 책에는 꽃이 피는 계절에 따라 가장 권장하는 식물들을 소개하겠다. 만약 여러해살이 식물 두둑을 넣기에 텃밭이 너무 작다면 텃밭의 모퉁이마다 한두 가지 정도의 여러해살이 식물을 심어도 좋다. 선택의 폭을 더 넓히고 싶다면 379~392쪽의 '익충을 위한 식물들'에서 좋은 벌레들을 유인하는 더 많은 여러해살이와 한해살이 식물, 허브 목록을 살펴보라.

봄에 꽃이 피는 식물	쪽파	캅카스장대나물
	패랭이꽃	라벤더
	데이지	해당화
여름에 꽃이 피는 식물	노랑데이지	이질풀
	헬레니움	쑥국화
	금계국	삼잎국화
	샤스타데이지	서양톱풀
가을에 꽃이 피는 식물	과꽃	등골나물
	미역취	대국
	볼토니아	

익충을 위한 천국을 조성하려면 여러해살이 식물을 심어둔 두둑을 맨흙이 드러나게 노출하거나 식물들 사이에 아무것도 심지 않은 채로 휑하게 내버려두면 안 된다. 돌무더기, 널빤지, 낙엽 덮개 같은 몇몇의 '벌레 서식처'도 유용하게 쓰인다. 손님들의 요구를 만족시키려면 물과 먹이, 서식처와 번식처를 제공해야 한다는 걸 기억하라.

익충을 위한
여러해살이 식물 텃밭

나는 어떠한 채소 텃밭에도 잘 들어맞는 세 가지 유형의 여러해살이 식물 두둑을 설계했다. 내가 좋아하는 여러해살이 식물 조력자들도 이 두둑에 여럿 포함했다. 이들은 보기에도 좋고 익충을 유인해내는 힘도 있다. 세 가지 유형의 텃밭 모두에서 유익한 방문자들에게 물을 공급해줄 새 물통이나 벌레 물통을 볼 수 있다. 모퉁이 텃밭은 채소 텃밭의 바깥쪽 모퉁이에 맞춰 설계됐다.

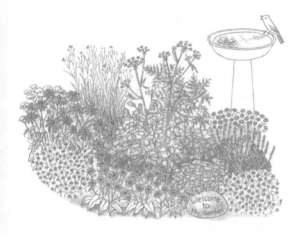

❁ **모퉁이 텃밭**
늦여름이 되면 이 여러해살이 식물의 모퉁이 텃밭에 우거진 꽃들이 가득 차오르고 새와 익충들이 함께 살아간다. 다음 페이지에 이 텃밭을 계획하는 방법이 나와 있다.

중심부 여러해살이 식물 두둑은 텃밭 한복판에 여러해살이 식물 두둑을 두고, 그 주변에 채소 텃밭을 배치하는 타원형 두둑이다. 여러해살이 식물의 경계는 사각형이나 직사각형 텃밭의 가장자리를 따라 여러해살이 식물을 길고 좁게 심은 두둑이다.

모퉁이 텃밭 설계 방법

이 생기 넘치는 모퉁이 두둑은 텃밭에 찾아온 손님들 즉 인간과 곤충(익충들!) 모두를 맞이한다. 이 텃밭은 좁은 공간에서 오랜 시간 다양한 꽃을 피우는 데 중점을 두고 러비지와 스위트시슬리 같은 몇 가지 허브를 더해 다양한 여러해살이 식물이 하나씩 군락을 이루도록 설계했다.

여러해살이 식물 두둑에서 저절로 자라나 익충을 유인하는 야생당근과 야생 데이지 같은 몇몇 '풀'은 그냥 나둬도 된다. 내가 선별한 여러해살이 식물들은 풀과도 경쟁할 만큼 드세다. 새 물통에 익충이 내려앉을 작은 돌들을 넣어두는 것도 잊지 마라.

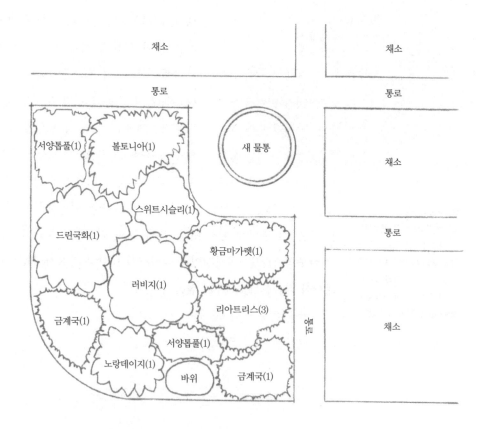

○ 모퉁이 텃밭에 심기 좋은 식물들

노랑데이지(*Rudbeckia fulgida*)

볼토니아(*Boltonia asteroides*)

금계국(*Coreopsis verticillata*)

황금마가렛(*Anthemis tinctoria*)

러비지(*Levisticum officinale*)

드린국화(*Echinacea purpurea*)

리아트리스(*Liatris spicata*)

스위트시슬리(*Myrrhis odorata*)

서양톱풀(*Achillea*)

중심부 여러해살이 식물 두둑 설계 방법

나는 여러해살이 식물 군락을 채소 텃밭의 중심부에 두고 텃밭을 설계했다. 텃밭의 한가운데에 이들을 심고, 그 주변에 채소 두둑을 배치한다. 이 텃밭에 익충을 유인하는 여러 식물을 더한다. 일을 하다가 꽃과 나비들에게 둘러싸인 벤치에 앉아 있으면 너무 행복하다. 안젤리카는 2.4m까지 자랄 수 있기 때문에 늦은 오후가 되면 의자에 그늘을 드리운다. 계획표를 보면 식물 이름 뒤에 괄호로 심어야 할 식물의 개수를 숫자로 기입해놓았다.

○ 중심부 여러해살이 식물 두둑에 심기 좋은 식물들

안젤리카(*Angelica archangelica*)

자주꽃방망이(*Campanula glomerata*)

리아트리스(*Liatris* sp.)

센토레아(*Centaurea macrocephala*)

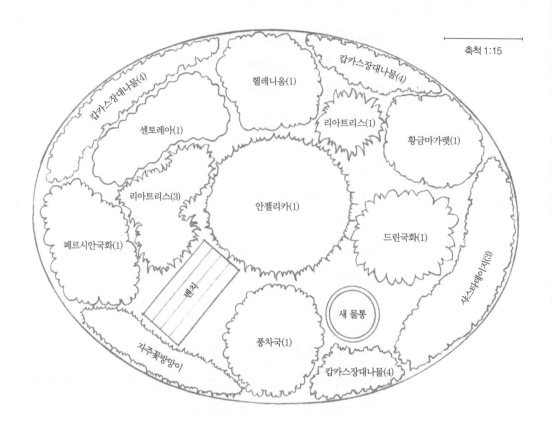

축척 1:15

캅카스장대나물(4)

헬레니움(1)

캅카스장대나물(4)

센토레아(1)

리아트리스(1)

황금마가렛(1)

리아트리스(3)

안젤리카(1)

페르시안국화(1)

드린국화(1)

벤치

샤스타데이지(3)

자주꽃방망이

풍차국(1)

새 물통

캅카스장대나물(4)

황금마가렛(*Anthemis tinctoria*)

헬레니움(*Helenium autumnale*)

페르시안국화(*Chrysanthemum coccineum*)

드린국화(*Echinacea purpurea*)

캅카스장대나물(*Arabis caucasica*)

샤스타데이지(*Chrysanthemum × superbum*)

풍차국(*Stokesia laevis*)

여러해살이 식물의 경계 설계 방법

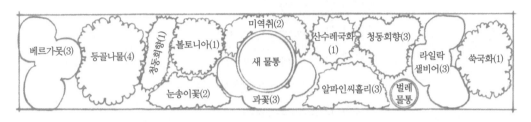

축척 1:45

나의 낭만적인 감성이 자꾸만 채소 텃밭 전체를 여러해살이 식물 두둑으로 꾸미고 싶게 만든다. 하지만 나의 실용적인 면모가 텃밭의 많은 공간을 꽃에 할애하지 못하도록 막을 거다!

이 둘을 타협시켜 채소 텃밭의 한쪽에 여러해살이 식물의 경계를 설계했다. 이 경계의 길이는 4.8m인데, 텃밭의 길이가 이것보다 더 길다면 몇 가지 식물들을 반복해 심는 방식으로 경계를 확장할 수 있다. 만약 텃밭이 그보다 짧다면 텃밭의 한쪽 면을 따라서 일부를 심고, 나머지는 두 번째 면을 따라 심는다. 텃밭의 남쪽에 이 여러해살이 식물의 경계를 만든다면 일부 키가 큰 여러해살이 식물들이 그늘을 드리운다는 걸 감안해야 한다. 그늘을 이용해 상추와 브로콜리 같은 호냉성 작물의 농사철을 연장할 수 있다는 장점이 있다. 계획표를 보면 식물 이름 뒤에 괄호로 심어야 할 식물의 개수를 숫자로 기입해놓았다.

○ 여러해살이 식물의 경계에 심기 좋은 식물들

알파인씨홀리(*Eryngium alpinum*)

과꽃(*Aster novae-angliae* 또는 *A. novi-belgii*)

베르가못(*Monarda didyma*)

볼토니아(*Boltonia asteroides*)

청동회향(*Foeniculum vulgare var. purpureum*)

눈송이꽃(*Iberis sempervirens*)

등골나물(*Eupatorium maculatum*)

산수레국화(*Centaurea montana*)

라일락 샐비어(*Salvia verticillata*)

쑥국화(*Tanacetum vulgare*)

새와 야생생물 유인하기

유기농 텃밭 농부의 관점에서 볼 때 텃밭 주변에 새가 많을수록 좋다. 새들은 콜로라도감자잎벌레와 16점무당벌레, 양배추은무늬밤나방, 토마토뿔벌레, 알풍뎅이 유충, 벼룩잎벌레, 모기 등을 잡아먹는다(몇

새를 위한 식물들[+]

새를 유인하는 식물에 관한 책도 있으니 조류를 관찰하는 게 흥미롭다면 먼저 자신이 사는 지역에 가장 적합한 나무가 무엇인지 찾아보기를 권한다. 아래에 소개한 식물들은 새를 유인하는 데 좋다고 입증된 것들이다.

호랑가시나무 종류(*Ilex opaca*)

가막살나무 종류(*Viburnum dentatum*)

소귀나무 종류(*Myrica pensylvanica*)

벚나무 종류(*Prunus* spp.)

산수유나무(*Cornus mas*)

섬개야광나무(*Cotoneaster adpressus var. praecox*)

꽃사과나무 종류(*Malus* spp.)

층층나무 종류(*Cornus* spp.)

연필향나무(*Juniperus virginiana*)

스트로부스소나무(*Pinus strobus*)

피라칸다 종류(*Pyracantha* spp.)

산사나무 종류(*Crataegus* spp.)

블루베리나무(*Vaccinium corymbosum*)

백당나무 종류(*Viburnum trilobum*)

인동덩굴(*Lonicera* spp.)

아그배나무 종류(*Malus sargentii*)

채진목 종류(*Amelanchier* spp.)

옻나무 종류(*Rhus* spp.)

미국낙상홍(*Ilex verticillata*)

[+] 정확한 수목명을 찾을 수 없는 경우엔 한국에 존재하는 같은 종의 나무 이름으로 대체했다. 학명을 병기했으니 해당 수목을 찾아보기 바란다. —옮긴이

가지만 꼽자면). 새들은 해충을 게걸스럽게 먹어치울 뿐만 아니라 일부 익충과 지렁이를 잡아먹기도 한다. 몇몇 새들은 어린 상추와 완두 잎을 야금야금 먹기도 하지만 작물을 한랭사로 덮기만 하면 쉽게 막을 수 있다. 전체적인 균형으로 볼 때 새들은 해로운 동물이라기보다는 이로운 동물이다.

익충을 돕는 기술은 대부분 야생생물에게도 도움이 되는데, 이 둘 사이에는 약간의 차이가 있어서 추가적인 조치가 필요하긴 하다. 지금부터 이로운 동물들을 유인하는 방법에 대해 설명하겠다.

○ 물을 제공하라

연못이나 작은 수생정원을 만들어 새를 유인할 수 있다. 마당에 습한 땅이 있다면 굳이 잔디밭으로 유지한다거나 정원으로 바꾸려고 애쓰지 말길 바란다. 대신 습한 곳을 좋아하는 여러해살이 식물을 심으면 된다. 1년 내내 깨끗한 물을 채워둘 새 물통과 땅 위에 둘 물그릇도 잊지 마라.

○ 다양한 식물을 재배하라

둥지를 짓기 좋은 장소와 열매, 씨앗을 제공하여 새를 유인하는 식물들이 여럿 있다. 앞의 '새를 위한 식물들'에서 가장 좋은 나무들과 떨기나무, 지피식물을 소개했다.

○ 일부 잔디는 자연스럽게 놔두라

단 몇 종의 새들만이 사방이 뻥 뚫린 잔디밭을 좋아한다. 잔디밭을 야생화로 뒤덮인 초지로 전환하면 새들의 훌륭한 서식처로 만들 수 있다. 또한 새들은 떨기나무와 지피식물이 뒤섞인 식생을 좋아한다.

○ 야생도 조금 필요하다

작은 초지부터 나무 아래 그늘진 모퉁이나 풀밭이 이에 해당된다. 사방이 넓고 휑한 경작지를 만들지 말라. 이웃이 허락하는 한도 내에서 말이다(이웃에게 야생생물이 번성해야 하는 이유를 알려주고 그들도 야생화(化)되도록 도와라!)

○ 산울타리를 심어라

나무와 떨기나무, 야생화, 여러해살이 식물 및 풀들이 뒤섞인 공간은 야생생물에게 환상적인 서식처다. 뒤뜰의 가장자리나 채소 텃밭의 바로 옆에 구획을 나눠둔 담장을 이용해 산울타리를 만들 수 있다(188쪽에서 산울타리 설계 방법을 찾아보라).

○ 농약을 살포하지 마라

채소 텃밭은 말할 필요도 없고 마당 어디에도 농약을 살포하지 마라. 또한 마당 주변에서 사용하는 모든 독성 제품들을 조심하라.

◐ 뒤뜰의 야생생물 서식처
숲 근처에 살지 않더라도 몇 가지 떨기나무와 지피식물, 여러해살이 식물들을 조합해 새들과 이로운 야생생물들이 쉬어 갈 아름다운 숲을 조성할 수 있다.

○ 새들에게 먹이를 주어라

간소한 모이통은 새들을 끌어모은다(모이통에 놀러와 곤충들도 잡아먹는다). 어떤 자연주의자들은 새들에게 조, 해바라기, 백일홍 같은 먹이밭도 만들어준다.

○ 가장자리를 많이 만들어라

가장자리는 가령 초지와 숲이 뒤섞이듯이 한 종류의 초목을 심어둔 곳에 다른 종류의 초목을 뒤섞은 구역이다. 열매를 맺고 낮게 자라나는 떨기나무의 본고장이기도 한 가장자리들은 여러 새들과 동물들에게 이상적인 서식처이기도 하다. 마당이 작다 하더라도 190쪽에 나오듯이 여러 가지 떨기나무와 여러해살이 식물, 지피식물을 섞어 심어서 야생생물을 위한 가장자리를 마련할 수 있다.

○ 덤불더미를 만들어라

가지치기한 잔가지와 마당의 부산물, 다 쓴 크리스마스트리로 덤불더미를 만든다(작은 통나무를 깔아 더미를 만들면 꿩이나 칠면조 같은 큰 새들뿐만 아니라 작은 동물들에게도 먹이와 서식처가 된다). 눈에 거슬리지 않게 터를 잘 잡아야 한다.

○ 자연 서식지를 보호하라

여러 농촌 지역에서는 토지를 개발하기 위해 야생생물을 서식지에서 내쫓는다. 야생의 텃밭 조력자들을 마당에 받아들여 서식지를 잃어버린 야생생물을 도울 수 있다. 또한 가능하면 숲과 습지를 보호하자는 목소리를 내야 한다.

새와 야생생물을 위한
식물 재배

내가 생태텃밭에서 서쪽으로 약 1.8m 떨어진 자리에 산울타리를 심은
주요한 목적은 야생생물을 유인하기 위해서다(이 계획에 관한 내용은
바로 아래에 등장한다). 나는 익충과 새들을 유인하거나 그들에게 도움
이 될 만한 나무와 떨기나무, 지피식물을 조사하고 선별하며 행복한
시간을 보냈다. 또한 지역의 조경사에게도 자문을 구했다. 여러분도
이러한 프로젝트를 시도하기 전에 자문을 구하길 권한다.

여러분이 선택한 식물들이 관리하기 용이하고, 심으려는 장소의 환
경과 흙 상태에 적합한지 확인하라(흙의 산도나 배수 문제 등은 없는지
말이다). 그리고 동물 피해를 견딜 수 있는 식물을 선택해야 한다. 뒤
늦게 야생생물을 위해 조성한 떨기나무 경계에 사슴과 토끼를 막을
장애물을 설치하고 싶진 않을 테니까 말이다!

만약 대규모의 산울타리 프로젝트를 시작할 준비가 되지 않았다면
190쪽의 그림처럼 키가 작은 나무와 떨기나무들을 심어도 좋다.

새를 위한 산울타리 설계 방법

나는 튤립나무 주변에 이 작은 산울타리를 설계했다. 자라고 있는 나무가 없다면 신나무를 심는 걸 추천한다. 강인하고(영하 40도까지 견딘다) 향기로우며, 꽃을 일찍 피우고 씨를 맺어 새를 유인하기 때문이다.

설계도에 '여러해살이 식물'이라고 적힌 곳에는 익충을 잘 유인한다고 입증된 여러해살이 꽃들을 혼합해 심는다. '야생화'라고 적힌 곳에는 박주가리와 과꽃, 미나리아재비, 미역취 같은 야생화를 심거나 그 식물들이 자연히 싹이 나 자라도록 놔둔다. 내가 추천하고 싶은 아름다운 두 가지 지피식물은 풀산딸나무와 베어베리(*Arctostaphylos uva-ursi*)다.

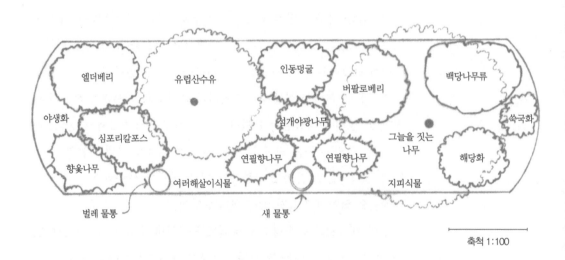

○ 새를 위한 산울타리에 심기 좋은 식물 목록

버팔로베리(*Shepherdia argentea*)

유럽산수유(*Cornus mas*)

섬개야광나무(*Cotoneaster*)

향옻나무(*Rhus aromatica*)

연필향나무(*Juniperus virginiana*)

엘더베리(*Sambucus canadensis*)

○ 지피식물

백당나무 종류(*Viburnum trilobum*)

인동덩굴(*Lonicera*)

○ 여러해살이 식물

해당화(*Rosa rugosa*)

○ 그늘을 짓는 나무

심포리칼포스(*Symphoricarpos albus*)

쑥국화(*Tanacetum vulgare*)

○ 야생화

쉼터 설계 방법

완벽한 산울타리를 만들려고 골머리를 앓을 필요는 없다. 작은 규모로라도 산수유나무 주변에 떨기나무와 여러해살이 식물을 심어 이로운 생물들에게 서식처를 제공할 수 있다. 지피식물로 풀산딸나무가 자리를 잡도록 30~60cm 간격으로 심는다. 나의 산울타리보다 반쯤 작은 크기지만, 야생생물들에게는 똑같은 혜택을 제공한다.

마당에 이로운 야생생물을 위한 공간을 창출했다면 깔끔하게 유지

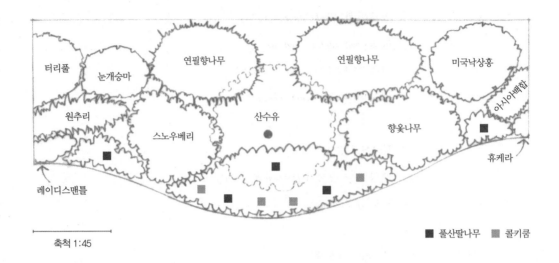

터리풀
눈개승마
연필향나무
연필향나무
미국낙상홍
아시아백합
원추리
스노우베리
산수유
향옻나무
휴케라
레이디스맨틀

축척 1:45

■ 풀산딸나무　■ 콜키쿰

하려고 애쓰지 마라. 떨어진 나뭇가지와 낙엽 부산물, 심지어 풀도 덮개로 쓰이고, 익충들의 먹이가 된다는 사실을 기억하라. 그러니 가능하면 자연스럽게 놔두라.

○ 쉼터에 심기 좋은 식물 목록

　아시아백합(*Lilium* Asiatic)

　콜키쿰(*Colchicum speciosum*)

　풀산딸나무(*Cornus canadensis*)

　스노우베리(*Symphoricarpos x chenaultii*)

　산수유나무(*Cornus mas*)

　원추리(*Hemerocallis*)

　눈개승마(*Aruncus dioicus*)

　휴케라(*Heuchera*)

　연필향나무(*Juniperus virginiana*)

레이디스맨틀(*Alchemilla mollis*)

터리풀(*Filipendula rubra*)

향옻나무(*Rhus aromatica*)

미국낙상홍(*Ilex verticillata*)

7장

생태텃밭 가꾸는 재미

텃밭 가꾸기가 재미있다는 건 모두가 아는 사실이다. 텃밭 가꾸기는 미국에서 급성장하고 있는 여가 활동이다! 하지만 여전히 텃밭 가꾸기가 잡일처럼 느껴질 때가 있다. 풀이 밭을 온통 뒤덮었을 때나 거친 흙에 퇴비를 줬는데도 여전히 흙이 부드럽지 않아 파는 데 힘이 많이 들 때, 밖에 나가 물을 주기엔 너무 더운 날에도 그렇다. "기운 내! 재밌게 해보자!"라고 외쳐볼 순간이다.

이번 장에서 내가 하려는 일이 바로 이것이다. 실용적인 이야기보다는 재미있는 조언과 기술들을 공유하겠다. 조금은 엉뚱한 텃밭을 설계하는 방법은 물론 텃밭에서 발생하는 문제들을 해결할 아기자기한 재배 기술 몇 가지를 이야기하겠다. 이 내용들이 여러분에게 아주 재밌는 아이디어가 샘솟도록 영감을 주었으면 좋겠다. 그럼 책장을 넘기기 전에 질문에 먼저 답해보자. 여러분, 이젠 좀 재미있나요?

즐거움이
시작되는 곳

생태텃밭과 함께 재미있게 놀긴 쉽다. 요컨대 텃밭 가꾸기는 채소를 심는 게 다가 아니다. 향기로운 허브와 다채로운 꽃들도 함께 심어 새와 나비, 여러 야생 친구들을 텃밭으로 유인해 재미를 배가한다! 이미 배웠듯이 꽃과 허브는 정말 많은 일을 수행한다. 작물을 분류하고 식물 친구들을 선택하는 작업을 마쳤다면 이제는 배치를 구상하고 식물들이 자라는 모습을 관찰하는 일들이 진정한 기쁨이 되어줄 것이다.

간단한 텃밭 프로젝트는 여러분의 텃밭에 새로운 활기와 흥분을 더할 것이다. 두꺼비 서식처 또는 박과작물이나 꽃이 피는 덩굴을 위한 격자구조물 만들기 같은 재밌고 실용적인 프로젝트를 시도해보자. 화려하고 독창적인 허수아비를 만들어보자. 해로운 동물들이 허수아비를 무서워하진 않더라도 여러분을 즐겁게 만들어줄 것이다!

직사각형 텃밭 계획은
창밖으로 던져버려요.
재미있게 원형이나 삼각형
텃밭을 만들어봐요.

텃밭의 주제 구상하기

생태텃밭을 즐기기 위한 아주 많은 방법이 있다. 난 여러해살이 식물의 두둑이나 경계를 설계해 텃밭에 강렬한 색상을 입히길 좋아한다. 여러분도 텃밭의 구역별로 주제를 정하거나 여러 격자구조물을 활용해 채소 정글을 만들 수 있다. 일단 해보면 새롭고 재미난 아이디어가 떠오를 것이다. 시도해볼 만한 몇 가지 방법을 소개하겠다.

○ 칠리소스 텃밭

할머니께서 맛있는 스위트칠리소스를 만드시기 때문에 나는 텃밭 농사가 힘이 드는 해에도 양파와 파프리카, 고추, 토마토 같은 칠리소스 재료들을 항상 재배했다. 여러분에게도 텃밭의 신선한 재료들을 이용한 나만의 조리법이 있을지 모른다. 아직 없다면 조금씩 실험하여 자신만의 조리법을 만들어보자!

○ 양배추의 멋진 조합

나는 눈에 확 띄고 선명한 색깔들로 텃밭을 빛내며 농사철을 마무리하는 걸 좋아한다. 빨간색과 파란색, 보라색을 혼합하고자 3-2-3 형식(118쪽에 등장)으로 적채를 심고, 일부 양배추들의 앞쪽에 푸른종지꽃(*Nierembergia* spp.)과 흑종초(*Nigella damascena*), 참제비고깔(*Consolida ambigua*)을 심는다. 각 두둑의 끝에는 보라색 국화를 심는다. 이 조합을 이루는 모든 꽃들이 조력자로서 유용할진 모르겠지만, 화창한 가을날 나의 영혼을 고양하는 데에는 도움이 된다!

○ 볶음용 채소

중국산 채소들은 주로 호냉성 작물이라 특별히 가을과 초겨울용 샐러드나 볶음 또는 중국요리를 위한 두둑을 만들 수 있다. 배추, 청경채, 무, 카이란, 경수채*, 공심채 같은 중국 채소들을 심어볼 수 있다.

＊ 경수채는 미즈나(水菜)라는 일본의 채소 품종인데 저자가 중국 채소로 착각한 듯하다. ―옮긴이

○ 누군가는 뜨거운 걸 좋아한다!

타는 듯이 더운 '뜨거운 텃밭'을 만들기 위해 조합할 만한 멋진 색의 꽃과 작물들이 있다. 두둑에 빨간 샐비어와 티토니아, 키가 큰 주홍색 천수국과 함께 토마토와 고추를 심어보라. 키가 큰 붉은 코스모스도 곳곳에 흩뿌린다. 적채와 차즈기, 홍화채두도 일부 섞어 심은 다음 모든 경계에 새빨간 피튜니아를 심는다.

○ 호화스러운 콩 울타리

강낭콩과 콩깍지가 노란 강낭콩, 제비콩을 활용해 다양한 색상의 울타리를 재배한다. 울타리나 격자구조물을 따라 약 20cm 간격으로 씨앗을 차례대로 심는다. 익음때가 비슷한 품종을 활용하면 한 번에 다채로운 세 가지의 콩 샐러드를 수확할 수 있다.

◐ **모든 아이들을 위하여**
아이가 있든 없든 텃밭에 특별한 장소를 마련해두면 앉아서 새소리를 듣거나 책을 읽거나 박이 자라는 모습을 관찰하기 좋은 장소가 된다.

재미 삼아 만들어보는 텃밭

생태텃밭을 만들 땐 크기와 모양, 식물 조합이 어떠하든 상관없다. 나는 여러분에게 영감을 주기 위해 매우 색다르고 재미있는 세 가지의 생태텃밭을 설계했다.

식물들이 숲이나 초원에서 얼마나 함께 잘 자라는지 공부해보면 최초의 조력자 농부는 대자연이라는 사실을 알게 될 겁니다.

재미있고 환상적인 텃밭 설계 방법 세 가지

나는 다른 텃밭과 마찬가지로 채소는 앞마당에 심는 게 가장 적합하다고 생각한다. 그래서 나의 설계 방법 가운데 하나는 눈에 잘 띄도록 샐러드용 텃밭에게 전원주택의 부지와 통행로를 내어준다.

채소 텃밭은 특히 조력자가 되어줄 꽃들과 혼합하면 더욱 예뻐진다. 또한 성공한 텃밭 농부는 자신이 재배한 작물을 누구에게나 자랑하고 싶어 한다(유기농으로 재배했다면 더욱더). 게다가 앞마당은 채소 텃밭에게 알맞은 햇빛이나 흙을 제공하는 장소이기도 하다.

이 텃밭에는 맛있는 샐러드에 필요한 모든 채소와 허브들이 자라고, 심지어 식용 꽃들도 있다.

앞마당에 먹을거리를 심을 땐 한 가지만 주의하라. 제설용 염화칼슘이나 자동차 배기가스에 오염될 수 있는 차도나 거리에서 멀리 떨어뜨려야 한다.

두 번째 설계 방법은 옛날 마차의 바퀴살같이 생겨 바퀴 텃밭이라 부르는 원형 텃밭이다. 바퀴살 사이사이에 채소와 허브, 꽃 등을 멋지게 조합한다.

세 번째 특별한 텃밭 설계 방법은 공간이 한정된 텃밭 농부에게 알맞다. 협소한 공간에서 생산을 최대화하기 위해 여러 가지 격자구조물과 지주대, 탑 등을 활용하기 때문에 '작고 높은 텃밭'이라고 부른다.

이 텃밭들은 모두 생태텃밭의 기본 정의를 충족한다. 작물은 가족들과 한 집합을 이루고, 텃밭에는 여러 꽃과 허브가 함께하며 모든 것들을 두둑에 집약적으로 심는다. 먹을거리 생산이 텃밭의 주요 목표지만 꽃을 몇 가지 더 추가하느라 뒤로 조금 물러섰다. 또한 일부 설계 방법들은 돌려짓기가 좀 더 까다롭다. 하지만 이러한 설계 방법 덕분에 텃밭이 나에게 또 다른 재미를 제공하니 충분히 가치가 있다.

○ 품종 고르기

대부분의 경우 특별한 몇 가지 품종을 제외하고는 재배할 작물이나 꽃의 품종을 특정하지 않았다. 예를 들어 시암퀸(Siam Queen) 바질은 어여쁜 보라색 꽃을 피워 감동을 더하고, 퍼플웨이브(Purple Wave) 피튜니아는 잘 퍼지는 습성 때문에 지피식물로 적합하다. 채소 작물의 경우 거주 지역에서 잘 자라나고, 본인이 좋아하는 품종을 선택하는 게 중요하다! 먹고 싶지 않은 채소를 다른 작물로 대체하길 두려워하지 마라. 예를 들어 나는 근대를 정말 좋아하기 때문에 텃밭에 자주 심는다. 하지만 많은 사람들이 식탁에 근대가 있으면 점잖게 지나쳐 버린다. 여러분이 근대를 싫어한다면 평소에 즐겨 먹는 다른 잎채소로 이를 대체하면 된다.

○ 앞마당의 샐러드용 텃밭

앞마당에 양지바른 잔디밭이 있다면 식용 꽃과 샐러드 재료들로 가득한 두둑으로 활기를 띠게 하라. 200~201쪽에서 이 텃밭에 관한 계획을 살펴볼 수 있다.

앞마당 샐러드용 텃밭 설계 방법

위 그림이 나의 앞마당 샐러드용 텃밭의 설계도다. 네 개의 두둑으로 구성되며 각 두둑은 너비 90cm, 길이는 6m다. 두둑들은 현관으로 향한 통로 측면에 배치되어 있다. 두둑은 앞마당 형태에 맞게 어떠한 방향으로 배열해도 괜찮다. 예를 들어 차도에서 현관까지 나 있는 통로가 휘어진 모양이라면 통로의 한쪽 혹은 양쪽으로 배치해도 좋다.

텃밭을 더욱 특별하게 만들고자 나는 식용 꽃을 이용해 누구든지 이곳에서 저녁거리를 수확할 수 있게 구성했다. 식용 꽃에는 팬지, 제비꽃, 피튜니아, 원추리가 있다. (이 텃밭에서는 데이지도 먹는다!)

○ 텃밭에 식재하기

심기 좋은 식물 목록에서 괄호 안의 숫자는 몇 개의 모종과 알뿌리를 옮겨 심어야 하는지를 가리킨다. 씨앗으로 심을 경우에는 한 봉지면 충분하다.

○ 앞마당 샐러드용 텃밭에 심기 좋은 식물들

채소류	허브와 식용 꽃
덩굴콩	바질(3)
당근	시암퀸 바질(3)
방울토마토(1)	베르가못(1)
오이(1)	보리지(2)
케일	금잔화(10)
잎상추	골파(2)
메스클랭	원추리(2)
번행초	딜
양파(24~36)	글라디올러스(6~12 알뿌리)
완두(키가 큰 품종)	접시꽃(5)
무	삼색제비꽃(12)
로메인상추	국화(2)
시금치	한련
근대	팬지(20)
토마토(4)	파슬리(2)
주키니호박(1)	퍼플웨이브 피튜니아(2)
	요정의 장미 또는
	기타 떨기나무 종류(2)
	서양오이풀(1)
	수염패랭이꽃(8)
	제비꽃(9)

바퀴 텃밭 설계 방법

모든 원형 텃밭은 돌려짓기를 실행하기 좋은 완벽한 장소다. 모양이 둥근 텃밭의 경우, 나는 지름이 6m인 원형 텃밭에 폭이 1.2m인 중심 원을 조성했다. 이 텃밭은 쐐기 모양인 여섯 개의 두둑으로 나뉘며, 각 두둑 사이에 45cm 너비의 통로를 냈다. 텃밭의 크기를 줄이거나 넓히려면 두둑의 길이만 조정하면 된다.

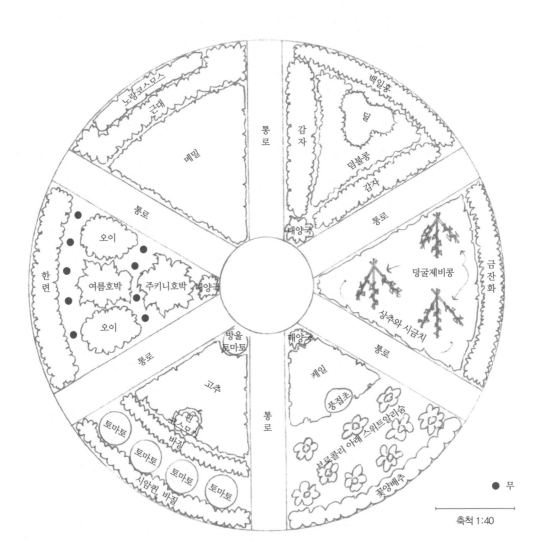

● 무

축척 1:40

🌿 텃밭 관리하기

이 텃밭을 관리하기 위한 최선의 전략은 두둑 모양을 잡기 전에 흙을 잘 다져놓고 그 뒤로는 갈아엎지 않는 것이다. 흙은 덮개나 덮개작물로 덮어두고, 두둑 사이의 통로에는 나뭇조각(우드칩)을 깔아놓는다. 나선형으로 중심부에서부터 바깥쪽으로 흙을 갈아엎어도 되지만, 이는 베어낸 풀이나 짚 같은 걸 임시로 덮어놓았을 때만 가능하다. 흙을 재건하기 위해 이렇게 기발한 텃밭에도 몇 년에 한 번씩 메밀 같은 덮개작물을 심으라고 권장한다.

🌿 텃밭의 중심부

반드시 풀이나 덮개로 둥근 텃밭의 중심부를 밋밋하게 놔두어야 하는 건 아니다. 그 공간을 활용하여 재미난 텃밭 프로젝트를 실행하자. 나는 새 물통을 두고, 그 옆에 편안한 접이식 의자를 놓는다거나 억새처럼 키가 큰 관상용 풀로 꾸미는 상상을 해본다. 그늘이 지도록 작은 사과나무를 심을 수도 있겠다.

또한 중앙부 장식으로 수생 식물원을 설치하거나 박하로 둘러 돼지감자를 심어도 좋다(식물들이 서로 몸싸움을 하며 자라나는 동안 박하 향을 즐기며 돼지감자의 아삭한 덩이줄기를 수확한다). 중심부에 이들을 심을 땐 김을 매고, 물을 주고, 수확할 수 있도록 충분한 공간만 남겨놓으면 된다.

🌿 텃밭에 식재하기

식물 목록에서 괄호 안의 숫자는 몇 개의 모종을 옮겨 심어야 하는지 또는 직접 심어야 하는지를 가리킨다. 직접 심어야 하는 작물은 씨앗 한 봉지면 충분하다.

○ 바퀴 텃밭을 위한 식물들

채소류

강낭콩(덩굴 혹은 키가 작은 품종)

브로콜리(9)

오이(2)

케일

잎상추

완두(키가 큰 품종)

고추(12)

감자(16)

무

시금치

여름 호박(1)

근대

토마토(4)

방울토마토(1)

주키니호박(1)

꽃

메밀

금잔화(10)

풍접초(3)

코스모스(3)

노랑코스모스(5)

태양국(2)

꽃양배추(7)

한련(5)

스위트알리숨(12)

백일홍(9)

허브류

바질(12)

시암퀸 바질(8)

딜

작고 높은 텃밭 설계 방법

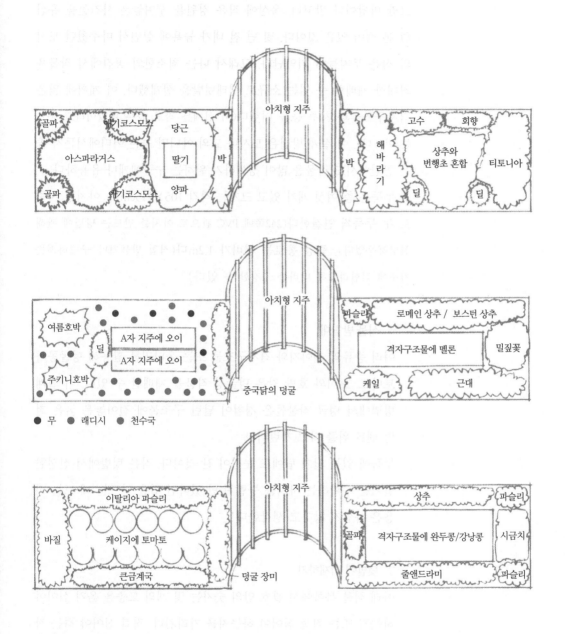

첫 번째 설계

골파 / 애기코스모스 / 당근 / 박
아스파라거스
딸기
골파 / 애기코스모스 / 양파

아치형 지주

고수 / 회향
해바라기 / 박
상추와 번행초 혼합 / 티토니아
딜 / 딜

두 번째 설계

여름호박
딜
A자 지주에 오이
A자 지주에 오이
주키니호박

아치형 지주

중국닭의 덩굴

파슬리
로메인 상추 / 보스턴 상추
격자구조물에 멜론
밀짚꽃
케일 / 근대

● 무 ● 래디시 ● 천수국

세 번째 설계

이탈리아 파슬리
바질
케이지에 토마토
큰금계국 / 덩굴 장미

아치형 지주

상추 / 파슬리
골파
격자구조물에 완두콩/강낭콩
시금치
줄앤드라미 / 파슬리

축척 1:40

205

텃밭 가꾸기와 관련한 잡지에서 도시 농부들이 창의적인 방법으로 조그만 마당이나 발코니, 옥상에 작은 정원을 꾸며놓은 사진들을 유심히 본 적이 있을 것이다. 몇 년 전 내가 뉴욕에 살면서 마주쳤던 도시의 작은 부지들이 기억난다. 그래서 나는 최소한의 공간에서 작물을 최대한 재배할 수 있는 소규모 생태텃밭을 설계했다. 이 계획에 많은 격자구조물과 지주 등을 더했다(이 설계를 작고 높은 텃밭이라고 부르는 이유다). 이 설계 방법은 도시나 교외 아니면 농촌 어디에서든지 좁은 공간에서도 작물을 많이 생산하기 원하는 누구에게나 유용하다.

두둑은 총 여섯 개가 있고 크기는 각각 105×215cm다. 아치형 지주로 두 두둑씩 연결한다(242쪽에 PVC 관으로 아치를 만드는 방법에 관해 설명해두었다). 중앙 통로는 너비가 1.2m다(직접 만들거나 구매하려는 지주에 적합하도록 너비를 조정할 수 있다).

🌿 식물 받침대

여러 종류의 케이지와 격자구조물 또는 울타리를 활용해 덩굴콩과 토마토, 오이와 호박 같은 덩굴성 작물을 재배할 수 있다. 이 설계 방법에서 덩굴 작물들은 경첩이 달린 구조물에 걸어놓은 굵은 철망 텐트 위를 타고 자란다.

두둑에 있는 딸기 탑에도 눈길이 갈 것이다. 작은 텃밭에서 신선한 딸기를 수확하는 사치를 누릴 수만 있다면 탑을 만드는 데 드는 비용은 아깝지 않다고 생각한다!

🌿 텃밭에 식재하기

아래 식물 목록에서 괄호 안의 숫자는 몇 개의 모종을 옮겨 심어야 하는지 또는 직접 심어야 하는지를 가리킨다. 직접 심어야 하는 작물은 씨앗 한 봉지면 충분하다.

○ 작고 높은 텃밭을 위한 식물들

채소류

아스파라거스(5)

덩굴콩

당근

오이(3)

무

박(4)

케일

상추(품종 혼합)

멜론(3)

번행초

양파(24~36)

완두(키가 큰 품종)

래디시

시금치

여름 호박(1)

딸기(16~20)

근대

토마토(3)

주키니호박(1)

허브류

바질(7)

골파(2)

고수(3)

딜(3)

회향(3)

파슬리(2)

이탈리아 파슬리(6)

꽃

큰금계국(6)

줄맨드라미(3)

천수국(5~9)

티토니아(5)

해바라기

애기코스모스(2)

관상용 덩굴식물

덩굴장미

중국닭의덩굴(*Polygonum aubertii*)

○ 특별한 두 덩굴식물

작고 높은 텃밭에는 두 가지의 특별한 관상용 꽃이 포함된다. 바로 덩굴장미와 중국닭의덩굴이다. 이 두 가지 식물은 아름다울 뿐만 아니라 재배하기도 쉽다.

🌱 덩굴장미

덩굴장미에 관해 찾아보면서 해충이 없고, 질병 저항성과 영하 28도(가급적이면 영하 34도 정도)까지 견딜 수 있는 내한성이 있길 바랐다. 입맛에 맞는 장미가 별로 없었다. 많은 장미 애호가들이 조건에 맞는 장미들 중에서도 북부 지역에 가장 적합한 덩굴장미라 일컫는 '헨리 켈시(Henry Kelsey)'라는 품종을 고른다. 이 장미는 샛노란 수술과 대비되는 진홍빛 꽃잎을 지닌 꽃봉오리가 건강하게 올라온다. 헨리 켈시는 여름부터 첫서리가 내릴 때까지 꽃이 핀다.
조건에 맞는 또 다른 후보로는 '윌리암 배핀(William Baffin · 진분홍, 내한성, 영하 37도)'과 '레버쿠젠(Leverkusen · 연노랑, 내한성, 영하 26~31도)', '존 캐벗(John Cabot · 빨강, 내한성, 영하 37도)'이 있다.

🌱 중국닭의덩굴

중국닭의덩굴을 심으면 여름이 끝날 무렵 덩굴의 길이가 7.5~9m에 이르게 된다. 추운 지역에서는 겨울철에 잎이 지고 이듬해에 4.5m 정도만 자랄 것이다. 이 활기찬 덩굴은 햇빛이 잘 들거나 그늘이 조금 지는 걸 좋아하고, 물이 잘 빠지고 건조한 흙을 선호한다.
중국닭의덩굴의 맛이 너무 자극적이라면 다른 순한 덩굴식물을 시도해보라. 담뱃대 덩굴(*Aristolochia macrophylla*)은 4.5~6m 정도의 크기로 자라는데, 겨울마다 가지치기를 해서 통제하기 쉽다. 큰 심장 모양의 잎이 달리며 연약한 관처럼 생긴 약 7cm 크기의 노란 꽃이 핀다. 사계절 내내 사는 식물이나 덩굴성 인동은 향기로운 꽃을 오랫동안 피우고, 물이 잘 빠지는 비옥한 흙과 해가 잘 들거나 그늘이 조금만 지는 환경을 좋아한다.

나만의 설계를 창조하다

나의 재미난 설계와 발상이 여러분의 창의성을 촉발하길 바란다. 단숨에 텃밭을 확 바꾸지 않아도 된다. 두둑을 새로운 장소로 옮기거나 새로운 모양으로 심는 등 간단한 일부터 시작하는 게 좋다. 타원형이나 삼각형 두둑도 시도해보라. 아니면 앞마당의 잔디밭 일부에 작은 생태텃밭을 만들어보라. 채소 사이에 여러 다채로운 꽃과 허브 들을 섞어짓기하는 건 어떠한가!

8장

생태텃밭 가꾸기의
네 가지 기초

고백하건대 나는 퇴비에 매우 집착한다. 퇴비가 되는 새로운 재료들을 구상하고, 황금시간대에 이를 모으러 돌아다니며, 항상 양동이와 삽, 자루 등을 차에 가지고 다닌다. 다른 사람들이 쓰레기라고 생각하는 낙엽과 솔잎이 나에겐 보물이다. 길가에서 이런 퇴비 재료들을 발견하게 되면 너무나도 기쁜데, 사람들은 이를 내다버리기 바쁘니 놀라울 따름이다. 유기물을 퇴비로 전환해 이를 덮개로 활용하는 게 내 텃밭 가꾸기의 핵심이기 때문이다. 퇴비와 덮개, 덮개작물은 모두 훌륭한 흙을 만드는 데 기본적인 요소이고, 이는 곧 건강하고 생산적인 텃밭으로 이어진다. 그뿐만 아니라 덮개와 덮개작물을 활용하면 김매기를 덜 해도 되고, 물을 덜 줘도 되기 때문에 나처럼 바쁜 텃밭 농부에게는 혜택이 크다.

텃밭에는
유기물이 필요하다

생태텃밭의 특별한 비법은 채소와 함께 꽃과 허브를 섞어짓기하는 것이다. 그런데 식물들을 섞어짓기할 두둑을 마련하는 것만큼이나 중요한 텃밭 가꾸기의 네 가지 기본 원칙이 있다. 유기물 모으기, 퇴비 만들기, 덮개 사용하기, 덮개작물 심기가 바로 그것이다. 모두 흙을 보호하고 향상하는 일과 관련이 있다.

흙 돌보기는 할 일의 절반을 차지하는 만큼 텃밭 가꾸기의 성패를 좌우한다. 흙을 잘 만들면 부수적으로 여러 이익을 얻는다. 거름주기, 김매기, 해충 통제, 경운 및 물주기에 드는 시간과 노력이 절감된다.

수집가가 되자

나는 유기농으로 텃밭을 가꾸는데, 이는 흙에 끊임없이 유기물을 공급해야 한다는 뜻이기도 하다. 난 일 년 내내 퇴비와 덮개를 만들고, 새로운 두둑에 채울 유기물을 수집한다. 가을이면 다람쥐처럼 분주하게 움직인다. 다람쥐가 도토리를 모으고 나르고 파묻느라 바쁜 것처럼 나는 낙엽을 모으고 나뭇가지를 주워 더미로 쌓고, 음식찌꺼기를 파묻는다.

○ 좋은 재료 모으기

봄가을이면 길가에 차를 세우고 자루에다 낙엽과 베어낸 풀 더미 또는 내가 좋아하는 솔잎을 주워 담는다. 나는 저렴하고 쉽게 구할 수 있는 재료를 수집하는 데 전적으로 찬성하며, 필요한 것들을 주로 길가에서 찾는다. 별 수고를 들이지 않고도 내가 사는 지역의 도로 가장자리에서 수백 개의 낙엽 자루를 모을 수 있다. 여러분도 아마 상황이 비슷할 거다.

베거나 뽑아낸 풀, 음식찌꺼기는 모든 텃밭 농부들이 쉽게 모을 수 있는 재료다. 가족 가운데 사무실에서 일하는 직원이 있다면 탕비실에서 나오는 커피찌꺼기를 페트병에 담아 가져다 달라고 부탁한다. 퇴비에 넣거나 식물 주변에 뿌릴 거름으로 활용할 수 있다.

신문지는 훌륭한 유기물이다. 사무실에서 신문지를 비축하는 친구도 있다. 일주일치 정도의 뉴욕타임스면 새로운 텃밭 두둑을 덮는 데 충분하다. 그리고 파쇄한 신문지는 연중 활용할 수 있는 아주 좋은 퇴

○ 인간 세단기
텃밭 근처에 조부모와 아이들, 다른 가족들이나 친구들이 앉을 의자를 놓는다. 그들이 말벗이 되어주고 신문지를 조각조각 찢는 등의 도움을 줄 수도 있다. 보통 한 번에 여섯 장까지 찢을 수 있다. 난 2~3cm 너비로 찢는 걸 좋아한다.

비 재료다. 난 신문에 끼워진 전단지의 코팅된 종이가 아니라 일반적인 신문지를 활용한다.

여러분이 사는 지역에서 무료로 혹은 저렴하게 유기물을 공급 받을 수 있는 곳을 확인하라. 건강원이나 한의원 근처에 사는 텃밭 농부라면 찌꺼기를 가져가도 되는지 물어보라. 축사 근처에 산다면 공짜로 분뇨를 얻을 수도 있다. 뉴욕주 한복판에 사는 어느 유기농 농부는 호수 바닥을 준설할 때마다 나오는 톤 단위의 수초를 배달해 받도록 조치했다.

지방자치단체들이 여럿 참가하여 자원순환센터에 베어낸 풀과 낙엽, 기타 유기물 등을 비축하고, 이를 지역민이 쓸 수 있게 하거나 완숙퇴비를 무료로 나누어 주기까지 한다.

○ 재료 비축하기
유기물을 모은 다음 어디에 보관해야 할까? 보관하기 쉬운 유기물들

❂ 유기물 수집하기
퇴비와 덮개에 쓸 유기물에는 낙엽과 덤불, 찢은 신문지, 음식찌꺼기(겨울철 우유갑에 얼린 것), 외양간과 마굿간의 깔짚 등이 있다.

이 있다. 낙엽 자루는 언제까지고 마당 한쪽에 놓아도 되고, 나무와 떨기나무를 손질한 가지 등도 그렇다. 베어낸 풀은 최대한 빨리 덮개로 뿌리거나 퇴비로 만드는 게 최고다. 그냥 수북하게 쌓아두면 며칠 만에 마르고 상해버린다.

병해충을 옮기거나 풀 문제를 일으켜 그대로 비축하거나 덮개로 활용할 수 없는 유기물도 있다. 씨앗을 맺은 풀, 곤충의 알이나 유충이 붙어 있는 텃밭의 폐기물과 잔해들 그리고 씨앗으로 가득한 건초 등이 그렇다. 이런 재료는 수집하자마자 부식되고 있는 퇴비 더미에 넣는 게 상책이다.

퇴비 더미를 사랑하라

퇴비는 식물에게 최고의 천연 거름이다. 퇴비는 여러 가지 유기물이 뒤섞여 분해되면서 만들어진다. 분뇨처럼 질소질이 풍부한 재료와 낙엽처럼 탄소질이 풍부한 재료를 넣는 게 중요하다.

재료를 뒤집으면 퇴비화 과정을 촉진할 수 있다. 퇴비 더미의 수분 함량을 적절하게 유지하는 것도 분해를 돕는다.

나는 농사철마다 음식찌꺼기와 텃밭의 부산물 또는 신선한 분뇨를 퇴비 더미로 나르기 시작한다. 이건 텃밭 농사 최고의 신체적, 정신적 준비운동이다.

퇴비 만드는 방법

퇴비를 만드는 방식은 사람마다 다르다. 어떤 텃밭 농부는 마당 한쪽에 유기물을 쌓아놓기만 한다. 또 어떤 이는 퇴비화 과정을 촉진하려고 일주일마다 퇴비를 뒤집는다. 시판되는 퇴비를 선호하는 사람도 있을 것이다. 어떤 방식으로 만드느냐보다 결과가 더 중요하다.

◔ 퇴비 더미에서의 삶

퇴비 더미 안이나 근방에는 여러 곤충과 동물들이 산다. 텃밭에서와 마찬가지로 이 생물들 대부분은 이로운 존재이기 때문에 걱정할 필요가 없다. 그들은 퇴비화 과정을 돕거나 즐길 뿐이다.

나는 목제 팔레트를 재활용해 퇴비를 만든다. 공간이 더 필요할 땐 임시로 지름 1.2m짜리 철망으로 둥글게 울타리를 만든다. 때로는 텃밭에 바로 퇴비 더미를 만들어서 다음 농사철에 사용할 마법의 물질을 마련한다. 보통 가을과 봄에 퇴비 더미를 새로 만든 다음 6~8개월 뒤에 사용한다.

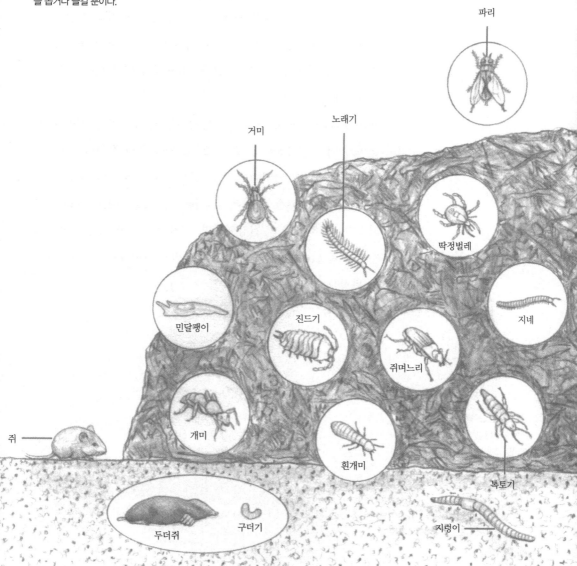

217

○ 새로운 퇴비 더미 만들기

가을에 새로운 퇴비 더미를 만들려면 굵은 덤불과 가지치기한 나뭇가지 혹은 옥수숫대를 바닥에 깐 다음 구멍을 낸 PVC 관을 퇴비 더미 한가운데 세운다(이 관은 퇴비 더미 안에 공기가 드나들도록 돕는다). 다음으로 15cm 두께로 나뭇잎을 깔고, 그 위에 음식찌꺼기(육류나 지방이 없는)와 커피찌꺼기 등을 3~5cm 정도 넣는다. 또 뿌리에 흙이 묻은 풀도 조금 던져 넣는다. 마지막으로 약 8cm의 신선한 말똥(또는 분뇨)을 넣는다. 그런 다음에 모든 재료를 활용해 높이가 1.5m 정도 될 때까지 반복해서 켜켜이 쌓는다.

완벽한 상태라면 퇴비 더미가 스펀지처럼 물기를 머금어야 한다. 퇴비 더미가 너무 건조하다면 고무관으로 물을 뿌려 적신다. 너무 습하다면 약간 뒤집으며 낙엽이나 찢은 신문지를 더 넣는다. 수분 관리가 잘됐다면 방수포로 잘 덮고 뒤집지 않는다. 그냥 저절로 요리가 되게끔 놔둔다. 내 허리가 더 건강했다면, 시간이 많다면 또는 서둘러야 한다면 열이 확 발생한 뒤 퇴비 더미를 뒤집고 나서(4~5일 만에) 이후엔 매주 뒤집을 것이다.

○ 훌륭한 은폐물
나는 가을에 빈 텃밭 두둑에 퇴비를 흩뿌리고 오래된 샤워커튼 같은 것을 구해 덮어놓는다. 그런 다음 보기 좋지 않은 덮개를 가리려고 그 위에 짚을 뿌려둔다. 봄이 되면 작물을 심기 알맞은 새로운 퇴비가 완성된다!

봄이면 가을에 만든 퇴비 더미(아래쪽 절반이라도)를 사용해도 된다. 아직 무르익지 않은 재료들은 꺼내서 새로운 퇴비 더미에 넣는다. 봄에도 할 수 있을 때마다 베어낸 풀을 5cm 두께 정도로 넣고, 낙엽과 마당의 부산물을 가져다가 같은 방식으로 퇴비 더미를 만든다. 풀은 3cm 두께 이하로 넣는다. 그러지 않으면 풀이 말라버리거나 악취가 나기도 한다! 베어낸 풀을 구하기 어렵다면 찢은 신문지나 마른 낙엽, 약간의 흙으로 대체한다. 퇴비 더미에서 열이 빠르게 발생할 것이다. 낙엽 층에 흙을 몇 줌 넣으면 10cm 두께의 낙엽 층과 5cm 두께의 풀만으로도 퇴비 더미를 만들 수 있다.

수분 관리 및
다목적용 덮개

덮개는 흙의 수분과 온도를 일정하게 유지하고, 침식을 막으며 풀을 억제한다. 토양 생물들은 촉촉하고 보호받을 수 있는 환경에 매우 행복해하며 흙에 공기가 통하게 만들고 유기물을 분해하며 식물의 뿌리가 흡수할 양분을 생산하는 데 전념한다.

덮개 선택하기

나는 모든 작물 주위에 몇 센티미터 두께의 덮개를 덮는 걸 좋아한다. 끝도 없이 풀을 뽑기엔 인생이 너무 짧고, 점토질인 나의 흙은 최대한 도움을 받길 바란다.

다년간의 경험으로 나는 덮개마다 좋아하는 활용법이 생겼다. 아래는 덮개 종류에 따라 어떻게 활용하고 있는지에 관한 설명이다.

○ 짚

한 연구에서는 감자 주변에 짚을 덮으면 콜로라도감자잎벌레가 흙에서 기어 나오는 걸 막는다는 사실을 입증했다. 짚은 온기를 유지하여 작물을 따뜻하게 해주기 때문에 틀밭과 여닫이식 작은 온상(cold frame)에 활용할 수 있는 훌륭한 덮개다. 또한 짚을 흙에 갈아엎어 넣으면 분해가 잘 돼 좋은 통로용 덮개로 사용하기도 한다. 건초가 아니라 짚으로 덮개를 만들어야 한다. 둘은 비슷해 보이지만, 건초에는 씨앗이 붙어 있어 덮개로 활용했다가는 심각한 풀 문제를 겪을 수도 있다.

○ 베어낸 풀

베어낸 가느다란 풀은 상추와 당근처럼 촘촘하게 재배하는 작물들 사이에 쉽게 쓰기 좋다. 나는 베어낸 풀을 고추 같은 다비성 작물에 질소를 더해주고자 활용하기도 한다.

신문지 덮개 아래에서
지렁이 떼를 발견하곤 해요.
왠지 지렁이에게 신문지는 마치
십대들의 포테이토칩 같아요.

○ 신문지

그림에서처럼 신문지 4~6장을 겹쳐 깔아 모종을 옮겨 심을 때 덮개로 활용한다. 신문지는 호박 가족 작물을 심을 때 덮개로 활용하면 좋다.

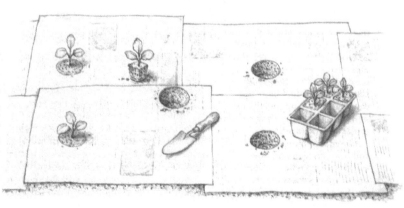

❖ 신문지를 덮개로 활용하기
신문지로 텃밭 두둑을 덮은
다음 바람에 날리지 않도록
촉촉하게 적신다. 그런 다음
신문지에 구멍을 내고 모종을
옮겨 심는다. 작업을 마치면
낙엽이나 베어낸 풀로 신문지
를 덮는다.

○ 낙엽

어린 호박들이나 덩굴성 작물 주변에 뻥 뚫리고 휑한 공간을 채울 때 활용한다. 가을마다 낙엽을 수집하러 다니는데, 많이 구하면 텃밭을 좀 더 예쁘게 보이려고 신문지 덮개를 숨기는 데 활용하기도 한다.

○ 살아 있는 덮개

토끼풀같이 살아 있는 덮개는 지표면을 넓게 뒤덮어 풀을 억제한다. 그래서 나는 넓은 공간을 차지하도록 토끼풀을 옥수수와 토마토 아래에 심는다. 통로를 아름답고 폭신하게 덮는 데 사용해도 좋다.

○ 솔잎

솔잎은 흙을 약간 산성화해 감자와 딸기, 라즈베리를 더 잘 자라게 한다. 또한 아스파라거스나 꽃 주변을 세심하게 덮는 용도로도 활용한다. 나는 스트로부스 소나무가 자라는 마당에서 갈퀴질하기를 좋아하는 나의 이웃 덕분에 솔잎 공급원을 확보할 수 있었다. 어떤 농촌 지역에서는 사람들이 하도 숲에서 솔잎을 긁어모아 문제가 심각하다고 하니 야생 구역의 솔잎은 그냥 두라고 하고 싶다.

비닐을 위한 공간?

검정비닐은 상업농에서 흔히 사용하는 덮개다. 하지만 어떤 텃밭 농부들은 검정비닐이 합성물질이기도 하고, 보기에도 흉하다며 유기농 텃밭에는 적합하지 않다고 생각한다. 난 검정비닐(알맞은 자리에 놓인)을 좋아하며 다용도로 활용한다. 예쁘지 않다는 건 동의하지만, 솔잎과 베어낸 풀 또는 낙엽 같은 보기 좋은 덮개로 비닐을 덮으면 된다.

검정비닐만큼 풀을 잘 제압하는 건 없다. 나는 텃밭에서 돌피와 개밀 등과 씨름하는데, 이놈들은 언제나 슬금슬금 나타난다. 나는 풀이 싹을 내밀면 그냥 덮어버린다. 여러 해 사용하려고 두터운 고품질의 비닐을 구입한다.

또한 봄에 작물을 심을 여유가 안 생기면 텃밭 전체에 커다란 비닐을 덮기도 한다. 풀이 많은 두둑에는 겨우내 검정비닐을 덮어둔다. 보온이 필요한 경우 토마토 주변에 검정비닐을 덮기도 하고, 양배추 가족이나 호박 가족이 작을 때 주변에 흙을 덮는 데 활용하기도 한다.

검정비닐을 사용할 때마다 보온과 풀 억제, 흙 개선이라는 세 가지 임무를 수행하게 한다. 비닐 아래에 12cm 두께로 낙엽과 찢은 신문지, 덜 부숙된 퇴비, 풀 또는 음식찌꺼기(썩을까 봐 걱정된다면 잠시 묻어두었던 것)를 채워 넣는다.

덮개 이상의 일을 하는
덮개작물

나는 꽃을 사랑하기 때문에 채소 텃밭에 꽃을 심는 걸 좋아한다(사실 내가 채소 텃밭을 더 좋아하는지 그늘진 여러해살이 식물의 텃밭을 더 좋아하는 건지 결정하기 어렵다)! 덮개작물을 처음 심을 땐 잘 몰라서, 먹지도 못하고 예쁜 꽃도 피지 않는 걸 심겠다고 작물을 더 심을 수 있는 채소 텃밭의 공간들을 포기하는 것만 같았다.

덮개작물을 심으면 흙이 얼마나 많이 좋아지고 풀 문제가 줄어드는지 확인한 뒤에야 이런 상황을 자연스레 받아들일 수 있었다. 게다가 일부 꽃을 피우는 덮개작물들이 나의 친구인 익충들을 유인한다는 사실도 배웠다. 나에겐 메밀꽃이 텃밭을 화사하게 만드는 백일홍과 과꽃만큼이나 예뻐 보인다.

난 다양한 방식으로 덮개작물을 활용한다. 여름엔 사용하지 않는 텃밭을 덮어두기 위해, 겨울에는 두둑을 보호하려고, 새로운 두둑의 풀을 억제하려고 채소 작물 아래에 살아 있는 덮개를 활용한다.

덮개작물은 토양침식을 막고, 배수를 돕는다. 덮개작물을 깎거나 베어내면 바로 작물을 위한 유기물 덮개로 사용할 수 있다. 덮개작물은 침출될 수도 있는 흙의 양분을 보존하는 역할도 한다.

덮개작물 심기

덮개작물 씨앗을 심는 건 쉽다. 품질이 좋은 씨앗은 싹이 빨리 잘 튼다. 다른 씨앗과 마찬가지로 심기 전에 흙을 부드럽게 준비해야 한다. 그러나 나는 꽤 질척한 점토질 흙에 메밀을 심는데도 좋은 덮개를 생산하고 있긴 하다(사실은 점토질 흙 때문에 덮개작물이 필요했던 거다)!

텃밭을 살짝 갈아엎거나 파고, 가능하다면 퇴비를 좀 넣어 작업을 한다. 그런 다음 파종일에 마지막으로 얕이갈이나 쇠갈퀴질을 하여 새로 나오는 풀의 싹을 없앤다.

스스로 청춘은 다 지났다고 인정하는 나의 엄마는 덮개작물 씨뿌리기를 좋아한다. 마치 가볍게 팔 운동하면서 산책하는 것 같기 때문이다! 씨앗을 담은 봉투나 들통을 들고 텃밭을 슬슬 걸어 다니면서 씨앗을 흩뿌린다. 씨앗이 얼마나 고르게 떨어지는지 볼 수 있기 때문에 완두나 콩을 심는 방법으로도 괜찮다. 완두나 강낭콩은 7~8cm 간격으로, 대부분의 다른 씨앗은 2.5~5cm 간격으로 심는 걸 목표로 한다. 첫 번째 단계를 마친 뒤 직각으로 다시 텃밭을 걸어가면서 두 번째 씨뿌리기를 한다. 씨가 뿌려지지 않은 곳을 잘 살피며 살짝살짝 씨를 뿌린다. 고르게 뿌려지지 않았다면 촘촘하게 보이도록 씨앗을 뿌려 채운다(아니면 나중에 씨앗을 더 뿌리든지, 배게 자란 곳은 모종을 떠서 옮겨 심는다). 촘촘히 잘 뿌려야 풀을 더 잘 억제할 수 있다!

텃밭의 두둑을 따라 한 번 파종을 마치고 나면 씨를 뿌리는 기술이

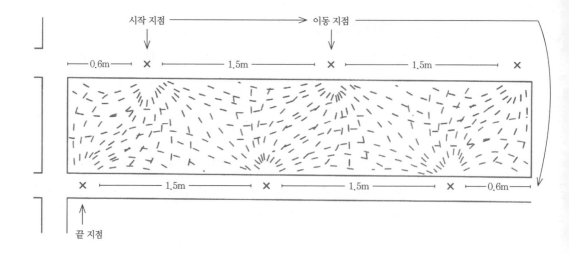

시작 지점 → 이동 지점

0.6m × 1.5m × 1.5m ×

끝 지점

⬦ 덮개작물을 심는 방법
좁은 두둑에 덮개작물의 씨앗을 심으려면 씨앗을 한 움큼 쥐고서 두둑의 한쪽 끝에서 작업을 시작하면 된다. 두둑의 양쪽에 1.5m 간격으로 씨앗을 뿌린다.

조금 달라진다. 팔을 흔드는 동작은 똑같은데, 두둑을 따라 간격을 더 두고 씨앗을 뿌려야 한다. 그림처럼 한 두둑의 옆면을 따라 걸어가며 씨를 뿌린 다음, 두둑의 반대쪽을 따라 씨를 뿌리면서 되돌아온다.

일반적인 덮개작물

선택할 만한 덮개작물은 많지만 나는 이들 가운데 몇 가지를 선호한다. 여러분이 사는 지역에 가장 적합한 덮개작물에 관한 정보는 지역 농업기술센터 등에 문의하면 된다. 풀을 억제하려는지, 흙을 개선하려는지 아니면 익충을 유인하려는지 목적에 따라 선택해야 할 덮개작물이 달라진다. 덮개작물에 따른 활용 방법을 덧붙였으니 참고하길 바란다.

○ 자주개자리
자주개자리는 여러해살이 콩과식물이라 흙을 비옥하게 만든다. 또한 깊게 뻗는 곧은뿌리가 흙의 배수를 돕고 속흙에서 양분을 끌어 올린

○ 덮개작물 씨뿌리기
덮개작물의 씨앗을 흩뿌리는 일은 간단하다. 씨앗을 한 움큼 쥐고, 앞에 있는 두둑에 팔을 살살 흔들며 씨앗을 뿌린다.

다. 익충들도 자주개자리의 꽃을 좋아한다.

마멋이 자주개자리를 좋아한다는 사실을 알게된 뒤로는 이들이 드넓고 뻥 뚫린 공간을 가로질러 텃밭으로 오지 않고도 만족스럽게 먹이를 먹으며 쉴 수 있는 장소로 그들을 유인하는 데 이 식물을 활용하기도 한다.

봄이나 늦여름에 자주개자리를 심고 1년 혹은 그 이상 자라도록 놔둔다. 텃밭 세 평에 15~30g의 씨앗을 심는다. 자주개자리는 인력 농기구만으로는 흙에서 제거하기가 어려워 텃밭 농부에겐 다루기 힘든 작물일 수도 있다.

○ 한해살이 독보리
한해살이 독보리는 추운 지역에서 가을에 심을 수 있는 몇 안 되는 식물 가운데 하나다. 서리를 맞아 죽기 전에 싹을 틔워 자라나기 때문이다. 이 작물은 얼마나 배게 심느냐에 따라 풀을 통제할 수 있다. 또한 이들은 토양침식을 방지한다.

초가을에 한해살이 독보리를 심는다. 세 평에 80~140g의 씨앗을 심는다. 편하게 관리하려면 너무 크게 자라기 전인 봄에 갈아엎거나 베어내야 한다.

메밀

한해살이
독보리

자주개자리   토끼풀

❖ 최고의 덮개작물 조력자들
열두 개 이상의 덮개작물이
있지만 위 네 가지 식물이 가
장 널리 활용된다.

○ 메밀

메밀은 내가 가장 좋아하는 덮개작물이기도 하지만 익충들도 매우 좋아한다! 메밀은 값도 싸고 재배하기도 쉬우며 아름답다. 약 7주 동안 꽃을 피우며 풀도 억제하고, 인력으로도 쉽게 뽑아내 흙에 넣을 수 있다. 서리를 견디지 못하기 때문에 겨울용 덮개작물로는 활용하지 못한다.

나는 텃밭의 가장자리 경계에 메밀을 심어 농사철에 두둑이 비면 두둑의 덮개작물로도 활용한다.

봄이나 여름에 메밀을 심는데 세 평에 80~140g 정도의 씨앗을 뿌린다. 자연히 씨가 뿌려지는 걸 원치 않는다면 꽃이 피고 이틀 정도 뒤에 메밀을 갈아엎는다. 메밀은 얕은뿌리라서 원하지 않는 곳에 자라나면 괭이질이나 손으로 쉽게 제거할 수 있다.

○ 토끼풀

토끼풀은 종류가 여러 가지인데 모두 질소를 고정하고 익충을 유인하고 보호하며 토양침식을 막는다. 봄이나 늦여름에 심는다. 대부분 겨울을 넘겨 살 수 있다. 꽃이 피는 시기에 토끼풀을 베어내 죽일 수도 있다. 나는 때때로 토끼풀이 월동하여 다시 자라도록 놔두고, 토끼풀 사이에 구멍을 파서 채소를 심곤 한다. 풀을 통제하는 데 활용하는 붙박이 식물이다!

☘ 흰토끼풀

흰토끼풀은 통로 혹은 작거나 중간 크기의 텃밭 채소 아래에 살아 있는 덮개로 활용하기 최고로 좋다. 토끼풀은 양분을 놓고 작물과 치열하게 경쟁하지 않으면서도 확실하게 풀을 억제하고, 벌과 다른 익충을 유인하며 농사철 막바지에 갈아엎어 땅속에 넣으면 흙을 비옥하게 한다. 봄이나 8월에 심는다. 세 평에 15~30g 정도의 씨앗을 심는다.

☘ 붉은토끼풀과 전동싸리

이들의 깊고 곧은뿌리가 배수에 도움이 된다. 옥수수처럼 키가 큰 작물 사이에 옥수수를 파종하고 약 한 달 정도 지나서 혹은 옥수수가 30cm 정도 자라면 붉은토끼풀과 전동싸리를 심는다. 세 평에 15-20g 정도의 씨앗을 심는다.

☘ 크림손클로버

크림손클로버는 영하 17도에서는 죽기 때문에 추운 기후의 지역에 살면서 봄에 쉽게 갈아엎을 수 있는 작물을 원한다면 선택하기 좋은 작물이다. 세 평에 20~40g 정도의 씨앗을 심는다.

덮개작물 심기는 토양을 개량하기 위한 가장 가치 있고 잘 활용되지 않는 기술의 하나입니다. 시도해보세요!

○ 털갈퀴덩굴

콩과식물인 털갈퀴덩굴은 질소와 기타 양분을 제공하고 풀을 억제하며 익충을 유인한다. 하지만 관리기나 인력 농기구로는 관리하기 어렵고, 씨앗이 맺히도록 놔두면 잡초가 될 수도 있다.

8월에 심고 봄에 베거나 갈아엎는다. 세 평에 40~85g 정도의 씨앗을 심는다. 꽃이 피었을 때 베어내면 좋은 덮개가 된다.

○ 귀리

귀리는 흙에 많은 부산물을 더하여 흙 구조를 향상한다. 중점토를 개선하는 데 좋지만 흙에 넣을 땐 관리기를 사용해도 힘들 수 있다.

초봄이나 8월에 심는다. 세 평에 85~140g의 씨앗을 심는다. 귀리는 겨울에 죽는다. 초여름에 갈아엎는다.

○ 겨울 호밀

겨울 호밀은 다소 늦은 9~10월에 심을 수 있어 추운 지역에서 매우 유용하다. 겨울 호밀은 풀을 잘 억제하고 흙에 많은 유기물을 더하며 침식을 막는다. 4월이나 5월에 베어내면 훌륭한 덮개가 된다.

가을에 겨울 호밀을 심는데, 세 평에 85~140g 정도 되는 씨앗을 뿌린다. 이 작물은 관리기나 인력 농기구로는 다루기 힘들 수 있으며, 때로는 갈아엎은 뒤 다시 자라기도 한다.

유기농 농민들이 성공적으로 활용하는 다양한 덮개작물들이 있다. 이들은 종묘상에서 찾아보기 힘들거나 특별한 재배 기술이 필요하다거나 갈아엎는 데 대형 농기계가 필요할 수도 있다. 하지만 실험해보고자 한다면, 라이밀과 브롬그라스, 피, 수단그라스, 루핀, 겨울 밀 등을 시도해보라. 어떤 덮개든지 없는 것보다는 있는 게 훨씬 낫다는 사실만 기억하라!

우리가 예상할 수 있는 결과

생태텃밭 가꾸기의 네 가지 기초를 실천하면 곧바로 여러 혜택을 얻게 될 것이다. 덮개가 없는 작물과 비교하면 주변을 덮개로 덮은 작물은 첫해부터 더 잘 자라고 수확량도 좋다. 1~2년 지나면 풀이 덜 나고 흙일을 하기 더 수월해지며 물을 덜 주어도 되는 등 또 다른 혜택도 발견하게 될 거다. 결국 유기물을 수집하고 그걸 흙에 넣어주는 일을 중심으로 텃밭의 일상이 바뀔 것이다. 그 시기를 능숙하게 조절하는 데 다소 시간이 걸릴 것이다. 다음 장의 '시기별 돌봄'에서는 이를 위해 무얼 해야 하는지에 관한 더 많은 비법을 얻게 될 것이다.

9장

시기별 돌봄

사람들이 울타리 너머로 당신의 텃밭을 몰래 엿보도록 만들고 싶지 않은가? 지금까지 심기부터 물주기까지 텃밭을 가꾸는 여러 가지 기술과 비결을 살펴보았다. 나는 확실히 기발하고 손쉽고 이상한 방법으로 텃밭에 성과를 이루었다. 내방식들은 관련 도서에서 읽었던 내용과는 많이 다르다. 특히 그 책이 텃밭을 깔끔하고 보기 좋게 가꾸기 위한 방법과 관련 있다면 말이다. 또한 대부분 제한된 예산으로 텃밭을 조성하는 경우가 많으며, 그렇기 때문에 무언가를 구매하기보다는 직접 만들거나 다른 방법을 찾아보는 게 더 낫다고 생각한다. 겨울부터 정신없이 바쁜 시기까지 일 년 내내 내가 텃밭을 관리하는 방법에 관해 솔직하게 보여주겠다. 이 외에도 여러분이 일을 더 쉽게 하도록 다른 텃밭 농부에게 배운여러 가지 조언을 추가하겠다.

텃밭 가꾸기의
일 년 살이

텃밭 농사의 시작이 언제인지를 결정하는 문제는 닭이 먼저냐 아니면 달걀이 먼저냐 하는 논쟁과 비슷하다. 아마도 봄에 씨앗과 모종을 심는 것부터가 시작일 것이다. 하지만 다음 농사철에 대비해 퇴비 더미를 준비하고 흙을 갈아엎는 가을이 농사의 시작점일 수도 있겠다.

나는 60cm나 되는 눈에 흙이 파묻혔을 때도(에리호(Lake Erie)의 영향권인 이곳에선 꽤 흔한 일이다) 머릿속에 오직 텃밭 생각만 가득했던 농부들 중 하나다. 텃밭 농사의 시작은 실내에서 씨앗을 주문하고 농기구를 정비하는 1월이고, '끝'은 마지막 당근과 잎채소들을 수확하는 늦가을이다.

이것만 기억해요,
새들이 노래하고 토마토가
자라는 한 옳은 방법도,
그른 방법도 없답니다.

다섯 시기로 나누는 텃밭 가꾸기

나는 텃밭의 일 년 농사를 겨울, 초봄, 늦봄, 여름, 가을 이렇게 다섯 시기로 구분한다. 시기별 시작과 끝은 여러분이 사는 지역의 기후에 따라 달라진다. 나에게 늦봄은 5월 중순이지만 추운 해에는 6월 중순에 가까워진다. 노스캐롤라이나에 사는 텃밭 농부에게 늦봄은 4월 말쯤일 것이다. 알아서 달력을 보며 이 시기들을 결정해야 한다.

이번 장에서는 일 년이란 시간 동안 텃밭에서 하는 일들을 요약하여 시기별로 이야기하겠다. 세세한 사항은 책 이곳저곳에 이미 설명해두었다. 해당 부분을 찾아볼 수 있게 '해야 할 일' 목록을 정리해두겠다.

이번 장을 둘러보면서 텃밭 농사를 늘 '계획에 맞춰' 지을 수 없다는 사실을 명심하길 바란다. 농부는 날씨에 휘둘린다. 예를 들어 흙을 경운하기 딱 좋을 시기여도 관리기 등을 빌리지 못하거나 일주일 내내 비가 예보됐을 수도 있다. 이런 경우만 보아도 완벽한 계획을 그대로 실천하기는 어렵다. 하지만 이웃 청소년을 고용해 도움을 받아 텃밭의 흙을 갈거나 폭우가 내리기 전에 일부라도 파종을 마친다든지 상황을 극복할 다른 전략을 찾을 수도 있다.

텃밭 가꾸기는 항상 재미있어야 한다. 할 일 목록들이 또 다른 스트레스가 되어서는 안 된다는 걸 기억하라. 맹세컨대 나의 텃밭이 늘 최상의 상태인 건 아니지만 농산물과 만족감은 해마다 풍년이다.

겨울철 텃밭 가꾸기

겨울은 날씨가 풀리기 전에 미리 텃밭 프로젝트와 과제를 짜는 시간이다. 텃밭과 관련한 도서와 씨앗, 모종 판매 목록들을 읽고 살펴보는 시기이기도 하다.

판매 목록 보고 구매하기

우편함을 확인한 뒤 손에 펜을 쥐어라. 1월에 우편으로 오는 농자재 판매 목록은 이상한 나라의 농장에 한바탕 소동을 일으킨다. 하지만 난 흥분을 가라앉히는 법을 배웠다. 자칫하다간 과소비하기 쉽기 때문이다. 여기에서는 농자재를 현명하게 구매하는 요령에 대해 몇 가지 조언하겠다.

○ 행간을 읽는다

판매 목록은 판매가 목적이기 때문에 기본적으로 각 식물의 장점만 언급한다. 말하지 않은 것을 살펴야 한다. 예를 들어 토마토의 '좋은 저장성'만 언급하고 맛에 관해서는 이야기하지 않았다면 그 토마토는 맛이 없을 수도 있다!

**겨울에
해야 할 일**

- 종자 회사에 씨앗과 모종을 주문한다.
- 텃밭 농사에 필요한 지주를 만든다.
- 8장에서 이야기한 것처럼 신문지를 찢어둔다.
- 농기구를 닦고 기름칠하고 벼린다.
- 4장에 나오는 나의 지침에 따라 텃밭 계획을 조정한다.

○ 가격을 비교한다

살고 있는 지역 안에서 씨앗과 모종을 사더라도 판매 목록에 나오는
가격대를 확인하고 재고 할인을 기다린다.

○ 지역의 공급원을 활용한다

여러분과 비슷한 기후에서 모종을 기르고 씨앗을 받는 회사가 적합한
품종을 판매할 가능성이 높다.

○ 일찍 주문한다

원하는 제품을 선택한 뒤 겨울이 끝나기 전에 주문한다. 평판이 좋은
회사는 식물을 심기 좋은 때에 맞춰 제품을 발송할 것이다.

텃밭 농기구 제작하기

자기만의 프로젝트를 실행하는 일은 비용도 아끼고 쓰레기나 재활용
품으로 유용한 도구를 만들 수도 있고 재미도 있기 때문에 무척 매력
적이다. 여러분에게도 자기만의 특별한 자가 제작 농자재가 있을 것
이다. 토마토 우리와 식물의 지주는 내가 좋아하는 농자재 가운데 하
나다.

○ 토마토 우리 만드는 방법

나는 최소 1.2m 높이의 튼튼한 토마토 우리를 좋아한다. 만족스러운 기성품을 찾지 못했기 때문에 울타리 철망으로 직접 제작한다. 10~15cm의 구멍이 있는 14 또는 16게이지의 철망으로 만든 울타리 재료를 활용한다. 이는 9m짜리 두루마리인데, 이걸로 6~7개의 토마토 우리를 만들 수 있다. 어떻게 만드는지 설명하겠다.

○ 1단계

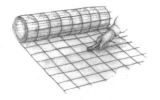

1단계. 철망을 마루에 펼친다. 절단기로 만들고자 하는 우리에 맞게 철망을 1.2m 길이로 자른다. 수직 철사 바로 옆에 있는 수평 철사를 자른다.

○ 2단계

2단계. 잘라낸 울타리 철망 가운데에 2.4m 길이의 목재 지주를 댄다. 스테이플 건을 이용해 지주에 철망을 고정한다. 지주의 뾰족한 끝이 철망 밖으로 45cm 정도 나와야 한다.

○ 3단계

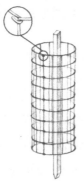

3단계. 철망의 끝이 맞닿도록 둥글게 말고 수평의 철사를 구부려 고정한다. 손이 다치지 않도록 장갑을 끼고 한다.

만든 지주는 모든 토마토 품종에 활용할 수 있다. 어떤 철망을 사용해 만들었으며 겨울철에 어떻게 보관했는지에 따라 6년 이상 사용할 수 있다.

○ 값싼 지주

친구들과 나는 텃밭의 지주와 푯말 만드는 일을 좋아한다. 예를 들어 텃밭 농부인 존 호른벡 씨는 목제 간판을 너비 4cm, 길이 30cm 조각으로 잘라서 작물 푯말로 재활용한다. 그런 다음 하얀 페트병을 길이 7.5cm, 너비 2cm의 가느다란 조각으로 자른다. 그는 지주에 이 조각들을 고정한 뒤 유성펜으로 글씨를 쓴다. 정말 '값싼 지주'가 된다.

나는 한 달에 한 번 중국요리점에서 외식하고 얻은 젓가락으로 작물의 푯말을 만든다. 젓가락을 페인트에 살짝 담그거나 크레용으로 색을 구분해 칠한다. 아니면 넓은 면에 유성펜으로 글씨를 적을 수도 있다.

요구르트 용기와 세제 통, 플라스틱 주스 통을 잘라 식물의 이름표를 만들어도 좋다.

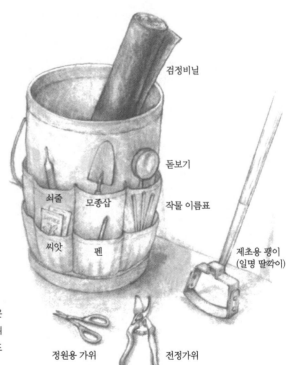

검정비닐

돋보기

쇠줄   모종삽   작물 이름표

씨앗   펜

제초용 괭이
(일명 딸깍이)

정원용 가위   전정가위

◑ 위대한 농기구 모음
내가 선물 받은 농기구들 중 가장 멋진 건 믿음직스러운 도구 통이다. 겨울에 농기구를 정비하면서 다가올 봄을 위해 나의 농기구와 용품을 정리한다. 내가 할 일은 오직 도구 통을 들고 밖으로 나가는 것이다!

농기구 정비하기

농사철에는 농기구를 손볼 시간이 별로 없기 때문에 겨울에 닦고 벼린다.

둔하고 더러워진 농기구들을 손보는 날, 기구들을 집 안으로 가져온 다음 먼저 신문지나 종이를 바닥에 깐다. 그래야 나중에 바닥을 청소하기가 수월하다. 마른 철사 솔을 사용해 농기구에 붙은 흙을 털어낸다. 그런 다음 철수세미를 비눗물에 담갔다가 꺼내 농기구를 닦는다. 농기구를 말리고 목제 손잡이에 아마씨 기름이나 동유를 먹인다.

마지막 단계로 벼리는 작업을 한다. 농기구를 벼릴 땐 25cm 쇠줄을 사용한다. 괭이와 삽, 모종삽 등에 있는 날의 비스듬한 면을 쇠줄로 벼린다.

초봄 텃밭 가꾸기

미국 남부에 산다면 늦봄이 될 때까지 조바심 내며 기다릴 필요가 없을 것이다. 그러나 북부에 산다면 초봄이 좌절할 만큼 길게 느껴질 것이다. 마침내 밖에 나가 일할 정도로 따뜻해졌다고 해도 흙일을 하기엔 여전히 흙이 너무 축축하고, 작물 대부분이 서리 피해에 노출되어 있다. 나는 밖에 나가고 싶은 욕구를 충족해줄 초봄 수리 작업 프로젝트를 찾았다.

격자구조물 설치

초봄은 덩굴콩과 완두, 박처럼 수직으로 재배하고자 하는 작물을 위한 격자구조물을 설치하기 좋은 시기다. 나는 덩굴콩에는 원뿔형 지주를, 완두에는 닭장 철망으로 만든 격자구조물을 활용한다.

　뉴욕주 마릴라에 사는 텃밭 농부인 내 친구 메리 지암브라 씨는 PVC 관으로 아치형 격자구조물을 포함하여 튼튼한 다용도 구조물을 설계했다. 시설하우스의 뼈대를 만들기 위해 아치형 구조를 이어서 붙일 수도 있다. 이 아치형 구조를 만들려면 11m 길이의 PVC 관과 T자관 6개, 엘보우관 8개가 필요하다.

○ PVC 아치 만드는 방법

PVC 아치로 격자구조물을 만들기 위해서는 쇠톱을 이용해 PVC 관을 76cm짜리 8조각과 60cm짜리 7조각, 15cm짜리 4조각으로 잘라 준비한다.

1단계. 그림처럼 관을 연결하여 두 개의 아치를 만든다.

2단계. T자관의 구멍에 60cm짜리 관 세 개를 끼워 아치를 연결한다.

3단계. 텃밭이나 틀밭의 흙에 아치형 구조를 30cm 정도 파묻는다. 식물이 타고 오르기에는 PVC 관이 너무 미끄러우니 두 아치형 구조물 사이에 그물망이나 성긴 노끈을 지그재그로 짜서 격자구조물을 덮는다.

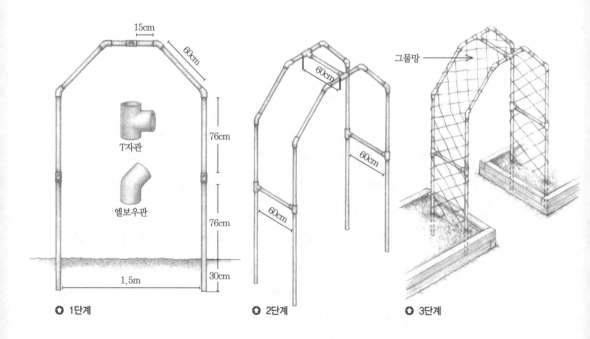

❶ 1단계   ❷ 2단계   ❸ 3단계

덮개 벗기기

화창한 봄날에 두둑의 덮개를 걷으면 흙을 데우고 말리는 데 도움이 된다. 파종을 마친 뒤에는 다시 덮어도 된다(파종하기 전에 가벼운 괭이질로 지표면의 풀을 잡아야 한다). 물빠짐이 나쁘거나 중점토인 곳은 비에 흙이 흠뻑 젖기 전에 비닐이나 방수포같이 빈틈없는 덮개로 흙을 덮어주는 게 중요하다.

나는 고추와 호박, 바질 같은 호온성 채소를 심으려는 두둑이나 여러해살이 식물 텃밭에 있는 덮개는 벗기지 않는다. 덮개를 그대로 두면 작물들을 심기 적당한 온도가 될 때까지 흙이 자연스럽게 따뜻해질 텐데 덮개를 벗기면 풀 문제만 발생할 것이다.

덮개를 벗겨 두둑의 바깥쪽이나 옆에 놔두면 그 아래에서 겨울을 나려는 거미와 딱정벌레, 기타 익충들이 서식처로 삼는다.

추운 날씨에 김매기

농사짓기에 너무 추운 날이라는 생각이 들 땐 김매기를 시도해보라. 좋은 운동도 되고 나중에 풀 때문에 골치 앓을 일도 사라질 것이다. 땅이 녹아 축축할 때마다 풀을 뽑는다. 풀은 보통 꽤 쉽게 뽑힌다. 뽑아낸 풀이 씨앗을 맺지 않았으면 퇴비 더미에 던져 넣는다.

초봄에 김매기를 할 때 특별히 주의할 사항이 하나 있다. 나중에 찾아 헤매지 않도록 조력자 식물은 뽑지 마라! 텃밭의 두둑에는 여러 풀과 야생화 및 지난해에 자연스럽게 씨앗이 떨어진 한해살이 식물과

○ 새싹들을 구하라!
김을 맬 때 그림의 새싹들을 잘 살펴보고 텃밭에 일부 남겨둔다. 꽃이 피면 익충을 유인하는 데 도움이 될 것이다.

미역취

코스모스

보리지

야생당근

야생 데이지

야생 과꽃

허브들이 있을 수도 있다. 유용한 식물들의 새싹을 구별하는 법을 배워라. 앞 그림은 가장 흔한 새싹들의 일부다.

여러해살이 식물 단장하기

여러해살이 식물들이 여름철에 꽃을 오래 피우려면 봄부터 이들을 돌봐야 한다. 겨울에 관상용으로 혹은 새의 먹이로 이삭을 남겼다면 이제 베어내도록 한다. 오래된 잎이나 식물의 잔류물도 제거한다. 새와 익충, 기타 야생생물을 위해 살살 걷어야 한다.

여러해살이 식물의 두둑에서 일할 땐 이들 중 일부는 늦봄까지 다시 자라지 않는다는 사실을 염두에 두어야 한다. 빈 곳에 무언가를 채우려고 조급하게 파헤치지 마라! 아스클레피아스와 도라지, 부들레야는 싹이 늦게 나온다. 새싹이 나오기 전에 파헤치면 식물들을 파괴하기 십상이다.

간단하고 작은 여닫이식 온상 활용하기

여닫이식 온상은 봄과 가을에 재배 기간을 늘려주는 좋은 도구다. 어떤 작물을 일찍 심을 수 있게 하고, 모종이 추위에 서서히 적응하도록 돕기도 하며 파종일 전에 옮겨 심을 수 있게 돕고, 늦가을까지 여러 작물을 보호한다. 영구적인 여닫이식 온상을 만들거나 구입할 계획이 없다면 임시로 설치해봐라. 한 가지 방법은 짚단을 구입해 직사각형으로 놓고 작은 온실처럼 꼭대기에 창유리나 투명한 비닐을 설치하는 것이다. 나는 두 틀밭 사이를 가로지르게끔 낡은 덧문의 유리를 걸쳐서 모종을 보호하는 구역을 마련했다. 낡은 방풍창도 단기간 보호막 역할을 해 계절을 살짝 건너뛸 수 있게 한다.

채소 모종 키우기

많은 텃밭 농부가 자기만의 씨앗으로 직접 모종을 키우는 데서 큰 만족감을 얻는다. 반면 야단을 떨며 시도했다가 결과가 형편없어 좌절하는 사람들도 많다. 충고하건대 실내에서 모종을 키우려면 광원이 확보된 곳에서만 해야 한다(북동쪽 창 턱은 빛이 충분히 들어오지 않는다).

씨앗으로 모종을 키우는 방법에 관한 참고자료는 많은데, 나는 특히 낸시 부벌(Nancy Bubel) 씨의 『신규 씨앗 재배자의 핸드북*The New Seed-Stater's Handbook*』을 좋아한다.

난 운이 좋게도 고품질의 모종을 생산하는 좋은 육묘장 근처에 살기 때문에 실내에서 모종을 키우는 데 시간을 들이지 않아도 된다. 나도 실내에서 키우기 가장 쉬운 양배추 가족과 호박 가족의 작물에 집중하며 모종 키우기에 도전해보았다. 여러분도 토마토와 고추, 가지 씨앗으로 시작해볼 수 있겠지만 손이 더 가긴 한다. 과정을 즐기겠다면, 모종을 키울 준비를 완료했다면 도전해도 좋다!

초봄에 해야 할 일

- 격자구조물과 지주를 준비한다.
- 이 책 3장에 나오는 틀밭을 만든다.
- 화창한 날에 덮개를 벗겨 흙을 데운다.
- 흙을 밟아 다지지 않으며 일찍, 자주 김을 맨다.
- 여러해살이 식물과 산울타리를 베고 정리한다.
- 두둑과 임시 여닫이식 온상에 일부 작물을 재배한다.
- 실내에서 모종을 키운다.
- 퇴비 재료를 가져와 새로운 퇴비 더미를 만든다. 8장을 참고하라.
- 고무관과 관개 시설을 설치한다. 3장을 확인하라.

늦봄 텃밭 가꾸기

‘늦봄’이라 부를 수 있는 시기는 해마다 다르다. 늦봄이 돼봐야 안다. 이 시기는 실제로 흙일을 하고, 몇 가지 중요한 농사일을 할 수 있는 적기다.

흙일하기

흙의 구조가 손상되지 않고, 흙일할 준비가 되었는지 알고 싶다면 손에 흙을 꼭 쥐어보아라. 흙이 바스러지면 뒤집어도 된다. 뭉치거나 떡이 지면 너무 축축하다는 뜻이니 기다려야 한다.

흙을 관리기로 로터리를 치든지 아니면 손으로 일하든지 과하게 뒤집어엎지는 마라. 파종하기 약 2주 전에 20cm 미만의 깊이로 흙을 갈아엎거나 뒤집는다. 단순히 흙의 딱딱한 표면을 부수고, 지표면의 풀싹을 없애고, 새들을 위해 풀의 씨앗과 유충을 겉으로 드러내기 위한 목적으로 작업한다. 그런 다음 파종하는 날 다시 5cm 정도의 깊이로 지표면을 고르며 새로운 풀싹을 없앤다.

옮겨심기에 관한 조언

직접 모종을 키웠든 아니면 종묘상에서 사왔든 이제 여러 작물을 옮겨 심을 때가 되었다. 옮겨심기에 성공하려면 아래 지침들을 기억하라.

- ❦ 심기 1~2주 전부터는 낮에 모종을 바깥에 꺼내두어 서서히 추위에 적응시킨다. 밤에는 다시 안에 들여놓거나 여닫이식 온상 안에 넣는다.
- ❦ 덥고 화창한 날이 아니라 흐리고 서늘한 날 옮겨 심는다.
- ❦ 옮겨 심는 동안 모종을 바람으로부터 막아준다.
- ❦ 옮겨심기 전에도 모종에 물을 흠뻑 주고, 그 후에도 물을 잘 준다.
- ❦ 심기 전에 빙빙 감기거나 엉겨 붙은 뿌리를 떼어내거나 자른다.
- ❦ 서리가 내리고 바람이 심하게 불거나 폭우가 쏟아지면 양동이와 빈 깡통, 우유갑이나 작은 지주에 종이를 걸쳐 새로 심은 모종을 보호해준다.

늦봄에 해야 할 일

- 흙을 갈아엎거나 판다.
- 심는다! 가지와 고추, 바질, 호박 같은 매우 연약한 작물 이외에는 다 심어도 안전하다. 작물에 따른 심기 방법은 10장을 참고하라.
- 작물을 심지 않은 부분의 모든 흙은 덮개로 덮는다. 구체적인 조언들은 8장과 10장을 참고하라.
- 해충 문제를 예방하기 위해 일부 작물은 한랭사로 덮는다.
- 민달팽이를 덫과 손으로 잡는다.
- 익충과 새를 위해 물그릇과 물통을, 두꺼비와 개구리를 위해 두꺼비집과 돌더미를, 새를 위해 횃대를 놓는다.
- 8장에서 설명한 것처럼 여름용 덮개작물의 씨앗을 심는다.

해충 문제 예방하기

식물을 망치기 전에 본격적으로 해충을 차단해야 할 시기다. 생태텃밭에서 가장 중요한 해충 예방책은 식물을 심는 것이다. 하지만 나중에 문제가 될 소지를 예방하기 위해 늦봄에 시도해볼 만한 다른 몇 가지 기술도 소개하겠다.

○ 한랭사 활용하기

한랭사는 가벼운 합성섬유로 만들어져 물과 공기가 통하고, 해충이 들어오지 못하게 막는다. 그림처럼 작물 위로 한랭사를 덮으면 벼룩잎벌레, 배추흰나비 유충, 양배추은무늬밤나방, 호박노린재 같은 일반적인 해충이 일으키는 문제를 예방할 수 있다.

한랭사는 종묘상 등에서 구입할 수 있다. 나는 1.5~1.8m 너비의 한랭사를 구입하라고 권한다. 그래야 두둑을 덮고도 여유가 남아 가장자리에 흙을 얹을 수 있다. 품질이 좋은 제품을 선택하면 크기가 작은 해충도 잠입하지 못한다. 또한 쉽게 찢어지지 않는다.

나는 브로콜리와 양배추 같은 작물은 옮겨 심고 수확할 때까지 한랭사를 덮어놓곤 한다. 또 호박노린재를 막고자 호박 같은 덩굴성 작물을 덮기도 한다. 대신 수분(受粉)에 신경을 쓰지 않으면 호박이 달리지 않는다는 걸 기억하라. 꽃이 활짝 필 때 한랭사를 걷어주기만 하면 된다.

○ 심고 덮기
양배추은무늬밤나방과 벼룩잎벌레의 목표물인 브로콜리 같은 작물을 보호하기 위하여 1.2m짜리 터널용 철사를 박고 한랭사를 덮는다. 두둑을 따라 1.8m 간격으로 철사를 박고, 한랭사 가장자리는 흙과 돌멩이 또는 통로의 덮개로 묻는다.

○ 민달팽이 차단하기

어떤 조력자 식물이 민달팽이를 쫓아내는지 모르겠지만 그런 게 있으면 좋겠다. 민달팽이는 특히 습한 봄철에 골칫거리다. 텃밭의 다양한

작물 특히 상추와 시금치, 양배추 가족의 작물을 먹어치운다.

민달팽이는 손으로 잡아서 해치워도 된다. 그리 유쾌한 일이 아니긴 하지만 도움이 많이 된다. 민달팽이는 내가 텃밭의 통로로 활용하는 널빤지 아래에 모여든다. 나는 낮에 널빤지를 홱 뒤집어서 새들의 만찬으로 제공한다. 또는 흙 위에 얕은 접시를 두고, 거품이 빠진 맥주나 물과 이스트의 혼합액을 채운다. 맥주와 이스트가 민달팽이를 유인한다. 가느다란 생물이 이 액체를 마시려고 기어 와서 빠진다.

○ 조력자들 환영하기
생태텃밭의 봄은 텃밭 조력자들을 환영하고자 카펫을 까는 계절이다. 익충과 새, 기타 유익한 동물을 마당으로 유인하는 방법을 상기해보자.

🌿 텃밭에 새가 내려앉아 쉬며 주위를 둘러볼 만한 위치에 높다란 횃대를 박는다. 횃대는 작은 가로대를 붙인 기다란 지주로도 만들 수 있다.

- 자갈을 여러 개 넣은 새 물통을 놓아둔다.
- 민들레가 꽃을 피우게 두어 무당벌레에게 얼른 꿀을 제공한다. 그리고 씨앗을 맺기 전에 뽑아낸다.
- 일찍 꿀을 공급하려면 흙에 한해살이 식물을 묻고, 다른 꽃들이 텃밭에 자리 잡으면 제거한다.
- 출입구로 삼을 만한 구멍이 생긴 이 나간 토기를 뒤집어서 두꺼비집을 만든다. 아니면 간단히 돌을 쌓아 두꺼비가 몸을 숨길 서늘한 공간을 만들어준다.

여름철 텃밭 가꾸기

우리는 오매불망 여름만 기다리며 몇 주를 보내지만 정작 여름이 되면 너무 더워서 야외 활동하기가 어렵다. 나는 뜨거운 여름날엔 이른 아침이나 저녁에 더위가 누그러지면 텃밭에 나간다.

물주기

심지어 사람도 수시로 물을 마셔야 한다. 필요 이상으로 물을 주는 건 싫지만, 식물들이 목이 마르다고 애원하며 시드는 모습을 지켜보고만 있을 순 없다. 언제 어떻게 물을 줄지 정하는 데 도움이 되는 원칙을 알려주겠다.

🌿 얼마나 자주?

손가락으로 흙을 5cm쯤 쑤신 다음 말랐다고 느껴지면 물을 준다.

🌿 얼마나 많이?

채소와 대부분의 꽃은 흙이 최소 10~12cm 정도까지 흠뻑 젖도록 물을 준다.

🌾 언제?

아침에 물을 주는 게 최고로 좋다. 나는 저녁엔 되도록 물을 주지 않는다. 균류의 성장을 촉진하고 민달팽이에게 이로운 환경을 조성하기 때문이다. 한낮에도 증발산이 빨라 비효율적이기 때문에 물을 주지 않는다. 그러나 식물이 스트레스를 받으면 물을 준다! 때로는 아침에 물을 주는 게 적당하지 않을 수 있어서 이럴 땐 낮에라도 물을 주는 게 낫다.

일주일에 2.5cm의 물을 텃밭에 줘야 한다고 들어본 적이 있을 것이다. 이는 우리가 생각하는 것보다 훨씬 많은 양의 물이다. 예를 들어 3×6m의 텃밭에 2.5cm의 물을 주려면 약 454리터의 물이 필요하다. 다 자란 토마토나 호박 한 그루당 일주일에 7.5~11리터 정도의 물이 필요하다.

○ 갑작스레 고무관 수리하기

실수로 누군가 잔디깎기로 고무관을 파손하거나 고무관에 새는 부분이 생길 때를 대비해 이를 재빠르게 수리하는 방법을 알아두는 게 좋다. 철물점 등에서 구할 수 있는 간단한 수리도구로 수리할 수 있다 (항상 상점이 문을 닫는 휴일에 고무관이 찢어지기에 나는 평소에 예리한 칼과 연결부 등 고무관 수리용품을 완비해둔다).

○ 고무관 수리하는 방법

고장난 고무관을 수리하는 기술은 다음과 같다.

1단계. 고무관이 새거나 손상된 부분을 예리한 칼로 잘라낸다. 고무관을 똑바로 자르도록 한다. 날씨가 추우면 실내로 가져와서 한다. 추우면 고무관이 부러지기 쉬워 자르기가 어렵다.

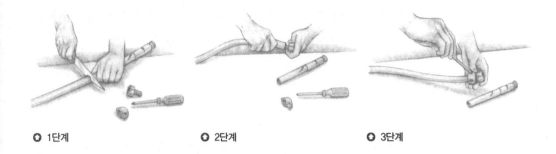

○ 1단계   ○ 2단계   ○ 3단계

2단계. 온전한 고무관의 끝에 수리용 연결부를 끼우고 꽉 밀어 넣는다. 수리용 연결부는 금속이나 플라스틱으로 되어 있다. 두 종류 모두 괜찮다. 따뜻한 곳이 작업하기가 더 수월하다.

3단계. 드라이버를 이용해 연결부를 죔쇠로 꽉 고정한다. 손상된 고무관은 버린다.

해충 순찰하기

생태텃밭에서는 심각한 수준의 해충 문제는 거의 발생하지 않지만 어떠한 문제가 생기지는 않았는지 살피는 게 좋다.

텃밭을 거닐며 각각의 식물을 가까이에서 검사한다. 잎의 밑면과 끝부분 및 줄기의 맨 아래 부분을 살펴본다. 각각의 부위들은 해충이 숨어 있거나 질병의 조짐을 보이는 곳이다. 해충을 발견했는데 정체를 모르겠다면 395~404쪽의 '해충 문제 예방하기' 도표를 펼쳐 보아라. 어떤 해충인지 확인하고 어떻게 대처해야 할지 결정하는 데 도움이 될 것이다.

텃밭 여기저기에서 질병의 징후가 보이더라도 당황하지 마라. 잎 몇 장 변색됐다고 작물이 엉망이 되는 건 아니다. 하지만 심각한 질병에 걸린 식물은 발견 즉시 뽑아서 내다버려야 한다. 그냥 두면 수확도 제대로 못 할뿐더러 텃밭에 질병만 확산될 것이다.

거름주기

웃거름이나 측면시비를 반드시 추가해야 하는 건 아니지만, 때로는 작물에게 실질적인 도움을 주기도 한다. 식물 뿌리 근처의 흙이나 흙 속에 소량의 유기질 거름을 주는 것이다. 나는 대부분의 작물이 열매와 덩이줄기를 생산하기 시작하거나 무엇이든 수확할 계획이 생기면 측면시비를 한다.

퇴비나 자주개자리 거름을 작물의 측면시비로 활용한다. 브로콜리와 방울양배추, 토마토 같은 식물의 바깥쪽 잎 지붕 아래에 원형으로 거름을 뿌려준다. 줄지어 심은 옥수수 전면에 거름을 뿌린다. 떼 지어 심은 양파 같은 작물에는 식물 주변에 될 수 있으면 고르게 거름을 뿌린다.

측면시비를 대체할 방법 중 하나는 생선 기름이나 해초 추출물 용액을 식물에 살포하는 것이다. 제품 안에는 다양한 양분이 풍부하게 들어 있다. 다른 거름보다 훨씬 비싸지만 크기가 작은 텃밭엔 투자할 만하다. 설명서의 지시에 따라 물에 희석해 살포한다.

완두와 강낭콩, 대부분의 뿌리작물이나 상추와 시금치 같은 잎채소는 거름 주기를 그다지 신경 쓰지 않는다. 그런다고 해서 수확량이 늘어나는 것 같지 않기 때문이다. 작물별로 추천하는 특별한 거름에 관한 내용은 10장을 살펴보라.

가을 대비하기

두둑을 비옥하게 만들 준비를 모두 마치고 나면 땅을 비워두고 놀리고 싶지가 않다. 작물을 수확하자마자 그 자리에 다른 걸 심는다. 가을에 수확할 완전히 새로운 작물의 조합을 만드는 작업이다.

가을철에 텃밭을 가꾸는 게 유리한 이유가 몇 가지 있다. 하나는 여름철만큼 바쁘지 않다는 점이다. 그래서 텃밭을 돌볼 시간적 여유가 많다. 싸워야 할 해충도 적다. 또한 재배에 실패했던 작물을 성공시킬 두 번째 기회이기도 하다.

여름에 해야 할 일	• 흙의 수분을 자주 확인하고 필요하면 물을 준다.
	• 심각한 질병이나 해충이 발생할 상황을 계속 경계한다.
	• 다비성 작물에 거름을 주거나 측면시비를 한다.
	• 가을 농사를 시작한다.
	• 작물이 꾸준히 생산되도록 철저하게 자주 수확한다. 작물별 수확하는 방법은 10장에서 확인하라.

수확하기

아마 늦봄부터 수확을 했겠지만, 늦여름이 되면 수확할 일이 더 빨리 생긴다. 운이 좋다면 친구와 가족이 여러분의 보물인 작물을 수집하고 저장하고 준비하고 얼리거나 통조림 같은 저장 식품으로 만드는 걸 도와줄 것이다. 텃밭 농부가 해야 할 일은 계속 수확하는 것이다. 수확할 때 덩굴에 열매를 남겨놓으면 작물이 생산을 멈추라는 신호로 받아들인다는 사실을 기억하라.

몇몇 허브와 브로콜리, 상추, 시금치가 피우는 꽃은 적당한 시기에 텃밭 주변의 익충 친구들에게 꿀을 제공하기 때문에 씨앗을 맺게 놔두어도 괜찮다.

가을철 텃밭 가꾸기

가을에는 채소 텃밭을 정리하고 겨우내 흙을 덮어둔다. 또한 익충과 새, 유용한 야생생물들에게 안전한 낙원을 만들어줄 시기이기도 하다.

새와 익충 돕기

여러 익충들이 텃밭에서 그대로 겨울을 난다. 일반 덮개와 덮개작물이 월동하는 익충들을 보호한다. 텃밭의 물그릇은 영하로 떨어질 때까지 그대로 놔두어 익충들이 수원으로 삼게 한다. 널빤지와 돌 또는 판지 등도 제자리에 두어 딱정벌레 등이 겨울을 나도록 돕는다.

　새는 텃새든 철새든 모두 생존하려면 물과 먹이가 필요하다. 새의 먹이에 대해 공부하고, 겨우내 모이통을 채워둔다. 여러해살이 식물과 덮개작물, 풀 등의 이삭과 꼬투리를 텃밭에 그대로 두면 새들을 유인할 수 있다.

◑ 덤불더미 만들기

새와 이로운 동물들이 겨울을 나도록 돕기 위하여 마당 한쪽에 덤불더미를 쌓는다. 가느다란 통나무나 넓은 관을 열십자로 교차시켜 그 위에 방울양배추 줄기나 옥수숫대를 쌓는다. 그리고 더미의 꼭대기에는 떨기나무와 나무에서 가지치기한 잔가지들을 올린다.

방울양배추 줄기

통나무

잔가지 덤불

텃밭 정리하기

생태텃밭을 정리하는 방법은 다른 텃밭과 조금 다르다. 텃밭의 이웃들은 각자 다른 시기에 농사가 끝나기 때문에 말끔히 정리할 수가 없다. 두둑을 처리하는 방법도 작물 가족과 식물 친구들이 이듬해 봄에도 자라느냐 아니냐에 따라 달라진다. 어떤 두둑엔 수확을 끝마치자마자 덮개작물을 심고, 또 다른 두둑은 가을 내내 수확할 예정이라 작물을 정리하고 흙일을 마친 다음에야 유기물 덮개와 비닐 또는 방수포로 덮을 수 있다. 다음 농사철에 대비해 양분을 최적화하려는 두둑에는 흙 위에 똥거름이나 다른 질소질이 많은 유기물을 흩뿌려 깔 것이다.

정리할 때는 돼지풀과 명아주 같은 한해살이풀이 텃밭에 씨를 떨어뜨리지 않도록 조심해야 한다. 줄기를 싹둑 자르고 이삭은 모아서 쓰레기통에 폐기한다.

가을에	• 텃밭의 여러해살이 식물을 다듬으면서 이삭은 새의 먹이로 놔둔다.
해야 할 일	• 새 먹이주기 프로그램을 시작하고 물을 주며 야생 친구들이 겨울을 잘 나도록 돕는다.
	• 야생생물을 위한 덤불더미를 만든다.
	• 8장의 지시에 따라 덮개작물을 심는다.
	• 식물의 잔류물을 정리하고 흙일을 한다.
	• 겨울을 날 커다란 퇴비 더미를 만든다. 방법은 8장에서 설명했다.
	• 비옥도를 높이려는 두둑에 퇴비를 깐다.
	• 짚과 낙엽, 묵은 나뭇조각(우드칩) 같은 유기물 재료를 얻는다.
	• 가을에 수확하길 바라는 작물을 보호한다.
	• 여태껏 기록한 농사일지를 꺼낸다. 농사일지에 내용을 요약해 마지막 기록을 적는다.

○ 어디를 정리해야 하는가

어떤 종류의 텃밭을 정리하려는지가 중요하다. 곤충이나 질병 문제를 겪었던 밭이 있다면, 손상된 식물을 가을에 뿌리째 몽땅 뽑아야 한다. 나는 항상 오이와 멜론, 호박 및 모든 양배추 가족 작물의 잔류물을 텃밭에서 제거해 태워버리는데, 만약 태우는 게 불가능하다면 쓰레기통에 폐기하도록 한다.

감자와 토마토를 남김없이 수확하는 일도 중요하고, 퇴비를 만드는 일도 중요하다면 이미 부숙하는 퇴비 더미에 잔류물을 집어넣어라. 잎마름병과 심각한 세균성 질병 및 기타 병원체가 텃밭의 잔류물이나 아직 수확하지 않은 열매, 덩이줄기에서 저절로 싹이 튼 식물체에서 월동할 수 있다. 이들을 남겨두어 어떠한 공짜 혜택을 누리고 싶은 유혹을 이기는 게 특히 중요하다.

좋아하는 식물이 겨울을 나도록 도와주기

나는 온실이나 여닫이식 온상을 갖고 싶지 않았다. 그래서 크리스마스 때까지 당근과 잎채소의 수확 기간을 연장할 몇 가지 간단한 요령을 터득했다.

당근은 기온이 떨어질수록 더 달달해진다. 두툼한 짚 덮개로 당근을 덮으면 스키를 탈 수 있을 때까지 언제든 간식거리로 수확할 수 있다.

상추와 시금치 및 대부분의 잎채소(배추와 근대 포함) 들은 서리를 몇 번은 견딜 수 있다. 이들을 짚단으로 두르고 그 위를 버려진 덧창이나 무겁고 투명한 플라스틱판 같은 걸로 덮는다. 한랭사를 떠받치는 터널철사를 작은 온실이 되어줄 투명한 비닐을 지지하는 데 활용할 수도 있다(너무 따뜻해서 식물들이 '익는' 상황을 막고자 비닐의 옆부분을 들어주어야 한다).

텃밭의 한 해 요약하기

농사일지를 적는다면 가을이야말로 일지를 정리할 가장 중요한 시기다. 재배한 작물의 이름과 좋았던 점과 문제였던 점, 너무 가깝거나 멀리 심었던 건 무엇인지 그리고 어떤 조력자들이 가장 잘 작동했는지를 기록한다.

시기에 관계없이, 굳이 사실이 아니더라도 개인적인 감상 등을 농사일지에 남기는 게 중요하다. 어쨌든 텃밭 가꾸기는 취미이지 생업이 아니니 우리들의 열정이 중요하지 않겠는가! 일하면서 즐거웠던 일과 그렇지 않았던 일, 기쁘거나 좌절했던 일들에 관한 생각을 추가로 적는다(내 일지에는 늘 '더 많은 덮개와 더 적은 풀을!'이라고 적혀 있다). 농사일지에 텃밭의 모습을 그려 넣거나 사진을 붙여도 좋다. 농사일지가 재미있을수록 농사철마다 더 많은 걸 시도해보게 될 것이다.

나의 생태텃밭은
어떻게 작동하는가

나의 텃밭은 다양한 식물과 곤충, 새 및 기타 동물들이 뒤섞여 생명으로 가득하다. 풀 따위가 가득한 내 텃밭에 여러분을 초대하는 게 전혀 부끄럽지 않다. 이번 장에서는 '이상한 나라'의 텃밭을 구성하는 나의 작물 이웃들과 틀밭, 여러해살이 식물의 군락, 내가 좋아하는 곤충과 개구리 연못, 소중한 반려동물 및 가족들을 소개할 것이다. 여러분의 텃밭 방문이 나의 특별한 기술과 조언을 일부 활용해 자신만의 생태 텃밭을 가꾸는 데 도움이 되길 바란다. 들러줘서 고마워요!

흙의 구조를 보호하려고 나는 식물을 심기 전에 먼저 두둑을 만든다. 그런 다음 낡은 널빤지를 통로에 깔아 눈에 잘 띄게 한다. 그래서 모든 사람들이(심지어 개도) 내가 원하는 곳으로만 걸어 다니도록 유도한다.

내 텃밭에서는 다양한 작물 이웃들을 흔히 볼 수 있다. 딜과 메밀로 경계를 두른 방울양배추, 브로콜리, 콜리플라워가 나의 양배추 가족의 이웃이다. 길 건너에는 토마토 가족 이웃이 있다.

토마토 가족 이웃의 가장자리에는 밀집꽃이 줄지어 있다. 이 구역에는 파슬리와 고수, 꽃과 함께 고추와 가지, 토마토가 있다.

호박 가족 이웃에는 터번호박과 버터넛호박, 여름 호박 등이 있다. 작물 아래 검정비닐 덮개는 풀을 억제하고, 금잔화와 딜, 한련은 작물의 해충을 쫓아내는 데 도움을 준다.

틀밭을 만들기로 결정했다면 가족과 친구들의 도움을 구하라. 나의 경우 시동생 크레이그 보겔 씨가 주도해 틀밭을 만들었다. 너비 1m에 길이 3.6m인 틀밭을 만들고자 솔송나무 목재를 사용했다.

솔송나무가 부패에 강하다지만 결국에는 썩고 만다. 그래서 보조 장치로 틀밭 안쪽에 두터운 비닐을 덧댄 뒤 흙을 채운다.

시판하는 상토로 틀밭을 채워도 되지만 유기물을 섞어 만든 자기만의 흙을 활용하는 게 값싸게 먹힌다. 우린 잔가지와 젖은 신문지, 풀, 똥거름, 짚, 베어낸 풀 등으로 틀밭을 채웠다.

'아무런 사전준비 없이' 흙을 만든다면 식물을 심기 전에 재료들이 분해되어 안정되는 게 중요하다. 나의 딸 앨리스는 참을성이 없어(나 역시) 첫 가을 두둑 하나에다 몇 가지 여러해살이 식물과 마늘을 심었다. 재료들이 아직 분해되진 않았지만 어쨌든 식물들이 자라긴 했다.

특히 점토질이라서 마르는 데 시간이 걸리는 흙으로 틀밭을 만들면 초봄부터 농사를 시작할 수 있다. 내 틀밭은 완두, 시금치, 양파, 감자 같은 호냉성 작물을 심는 시기를 한 달이나 앞당겼다. 당연히 조력자들도 심는다. 사진에 보이는 양파는 파슬리, 패랭이꽃과 두둑을 함께 쓴다.

생태텃밭에 감자, 강낭콩 2인조는 꼭 있어야
한다. 둘을 함께 심으면 고약한 해충인 16점
무당벌레와 콜로라도감자잎벌레의 허점을
찌를 수 있다.

한여름에 강낭콩을 수확할 때 감자를 캔다.

이건 퍼즐 맞추기 놀이가 아니다. 있는 재료로 즉흥적으로 만든 작은 틀밭이다! 나는 30x60cm의 블록을 자른 나뭇조각을 활용해 놀랍도록 길고 쭉 뻗은 당근을 재배했다.

두둑의 모퉁이와 가장자리도 허투루 넘기지 마라. 작은 틀밭의 가장자리에 상추씨를 여러 개 심었다. 가위로 꼭지를 싹둑 잘라 상추를 수확한다. 날씨가 서늘한 동안에는 계속 재배할 수 있다.

공짜로도 얻을 수 있는 목재 팔레트로 퇴비간을 쉽게 만들 수 있다. 구멍을 뚫은 철제 관을 퇴비 더미 가운데 박아 공기가 통하게 한다. 퇴비 더미에 꽂은 온도계는 퇴비 더미가 잘 '익고 있는지' 알려준다.

우리 집 말 베키는 점잖은 조력자다. 무례하지도 않고, 내가 아는 최고의 똥 제조기이기도 하다. 똥 은 퇴비 더미에서 훌륭한 질소질 거름이 된다.

땅을 파지 않고 새로운 두둑을 만들고자 검정비닐을 깔고 그 아래에 찢은 신문지와 낙엽 같은 유기물을 많이 집어넣는다. 지렁이들이 재빨리 이를 발견하고 분해하기 시작한다. 외관을 고려해 비닐 위에 짚을 깔면 해충을 잡아먹는 거미도 끌어들일 수 있다.

아름다운 흰 꽃을 피우는 메밀은 내가 좋아하는 덮개작물이다. 메밀은 재배가 쉽고 흙을 개선하는 강한 힘이 있다. 게다가 여러 익충 특히 기생성 말벌과 꽃등에, 꿀벌 등을 유인한다. 난 메밀을 텃밭 주변의 경계로 활용한다.

익충들이 행복하도록 텃밭에 그리고 땅 위는 물론 새 물통에도 물을 공급해야 한다. 새들 역시 물을 좋아한다! 돌과 자갈은 곤충이 물에 빠지지 않고 내려앉을 수 있게 도와준다. 나는 새 물통을 데이지, 베르가못, 서양톱풀, 미역취, 국화 같은 여러해살이 식물과 야생화가 있는 한가운데 놓았다. 나의 개 모비도 텃밭의 다채로운 군락을 즐거이 바라본다.

생태텃밭을 거닐면서 특히 잎의 밑면을 자세히 살펴보라. 무당벌레의 노란 알들이
보일 것이다. 이는 자연 생태계가 잘 작동하고 있다는 신호다.

어떤 익충들은 눈에 쉽게 띈다. 나는 쑥국화의 꿀을 마시는 여러 풀잠자리를 보았다.
사마귀는 사나운 사냥꾼처럼 생겼다. 그들은 다른 사마귀들처럼 붙잡을 수 있는 모
든 걸 먹어치운다. 그리고 우리의 영웅 무당벌레가 진딧물을 잡으러 상추로 건너가
고 있다.

두꺼비와 개구리는 하루에 수백 마리의 곤충을 먹는다. 지피식물, 돌무더기 또는 이가나가 뒤집어놓은 토분 등의 서식지가 이들에게 좋은 집이 된다. 그들을 기쁘게 하고자 얕은 대야나 그릇을 땅에 묻는다.

도저히 두둑에 풀이 통제가 안 된다면 덮어버려 정복하는 전략을 시도해보라. 튼튼한 검정비닐로 덮어서 풀을 질식시킨다. 나는 비닐을 뚫고 보리지와 안젤리카 같은 몇 가지 키 큰 여러해살이 식물을 정성 들여 심었다. 나의 개 진저는 햇볕에 따뜻해진 비닐과 짚을 좋아한다. 나는 버려진 어린이용 풀장을 구해 비닐을 씌워 이로운 곤충과 동물을 위한 작은 연못을 만들었다.

새들은 텃밭 농부의 가장 친한 친구다. 새들의 서식처인 딸기나무를 몇 가지 심고, 텃밭 근처에 파랑새와 같은 여러 새들을 위한 새집 등을 설치한다. 텃새는 특히 알을 품는 동안 해충을 잡아먹는다.

우리 고양이 아울은 내가 텃밭에서 일할 때마다 근처에 자리를 잡고 몸단장하기를 좋아한다. 아울은 두더쥐와 다른 고양이에게도 관심이 많은데, 지나가는 두꺼비와 새, 곤충엔 흥미가 없다. 나의 개와 고양이가 자주 텃밭에 나타나는 게 나의 텃밭이 야생동물에게 피해 받지 않는 이유 중 하나라고 확신한다. 또한 주변에 손 타지 않은 야생생물의 서식지를 그대로 두니 그들이 굳이 내 텃밭에 침입하지 않고도 먹을 걸 찾을 수 있는 것 같다.

나의 딸 앨리스는 신예 텃밭 농부이자 유능한 요리사다. 그녀는 텃밭의 신선한 주키니 호박과 고추를 활용해 자기만의 오믈렛을 만드는 걸 좋아한다. 일요일 아침에 일찍 일어나는 가장 큰 이유 중 하나다.

나의 엄마 진은 수확보다 여러 잡다한 일을 돕는다. 봄에는 가지를 치고, 가을에는 쇠갈퀴질을 한다. 모든 훌륭한 엄마들처럼 항상 "우리 텃밭이 참으로 아름다워 보이는구나!"라고 이야기한다.

여름의 끝자락을 맞은 나의 텃밭은 매우 아름답다. 먹을거리와 꽃이 한가득이다! 적갈색의 옥수숫대, 끈끈이쑥부쟁이와 미역취의 여러해살이 식물 군락, 녹색 채소 작물들이 이루는 조화가 기분 좋은 풍경을 만든다. 신선한 먹을거리도 많이 수확할 수 있다. 이때는 수확을 거들어줄 조력자가 환영받는 시기다.

길에서 데려온 나의 고양이 버디는 가장 사랑스런 친구다. 그는 야생성을 지키면서 여름 내내 텃밭을 순찰한다. 나는 텃밭에서 일하는 시간과 관찰만 하는 시간이 따로 있다. 사실 이건 생태텃밭이 지닌 큰 재미다. 내가 선택한 작물 친구와 가족들이 얼마나 훌륭한 결정이었는지 관찰하는 순간이다.

10장

내가 고른 최고의 작물과
생태텃밭의 비밀

채소를 직접 재배하는 건 매우 만족스러운 일이다. 조그만 씨앗이나 작은 모종을 심고, 보호하고, 잘 자라도록 물과 거름을 주고 마지막엔 맛있게 요리해 먹는다. 요리해서 먹는다는 것과 훨씬 빨리 자란다는 점만 빼면 아이를 키우는 일과도 비슷하다. 대부분의 부모님이 여러분에게 장담하듯 결과도 잘 예측할 수 있다. 그리고 무언가 잘 풀리지 않는다 해도 텃밭은 내년에도 항상 제자리에 있다.

나는 생태텃밭에서 온갖 종류의 채소를 재배한다. 때로는 공간을 너무 차지하는 옥수수를 빼기도 한다. 하지만 직접 딴 첫 토마토의 맛이나 갓 뽑은 당근의 아삭한 단맛을 포기하지는 말길 바란다. 이 모든 것의 핵심은 "직접 재배한 거야!"라고 이야기할 때 느끼는 특별한 자부심이다.

작물마다
자격을 부여하다

여러분은 어떤 작물을 좋아하는가? 토마토, 강낭콩, 아니면 고추? 난 내가 재배하는 작물을 다 사랑하고 작물마다 특별한 관심을 기울이는 걸 좋아한다. 이번 장에서는 수확량을 높이고, 수확 기간을 연장하며 텃밭 농사를 더 재밌게 만드는 특별한 조언과 기술에 관해 이야기할 것이다.

작물마다 관련된 정보를 몇 가지 항목으로 나눠 여러분이 원하는 내용을 쉽게 찾도록 정리했다.

이제 그 항목을 살펴보겠다.

☙ 가족 단위
기억하겠지만 나는 작물들을 묶어 가족을 만들었다. 이 항목에서는 같은 두둑이나 구획에서 함께 재배하길 좋아하는 작물에 대해 이야기할 것이다.

☙ 친구들
작물마다 권장하는 특정한 꽃과 허브 친구들이 있다. 나의 제안이 유일한 선택지는 아니다. 단지 개인적으로 좋아하는 조합을 알려줄 뿐이다.

🌿 재배의 기초

흙과 필요한 일조량, 심는 시기, 모종 만드는 방법 모두 여기 담겨 있다. 아스파라거스와 감자 같은 작물은 심는 데 특별한 기술이 필요하고, 여러분은 여기서 방법을 찾아볼 수 있다.

🌿 간격

나는 텃밭에 식물들을 빽빽이 채운다. 이 항목엔 작물을 어느 정도의 간격으로 심는지 알려주는 간격 도표를 실었다. 상황에 따라 대체할 수 있는 간격과 조력자인 허브와 꽃들을 어떻게 섞어짓기하는지 설명했다.

🌿 거름주기

나는 유기물로 흙을 비옥하게 해 식물들이 먹고살게 하는 걸 선호하기 때문에 작물에 거름을 많이 주지 않는다. 하지만 거름은 많은 수확을 보장하는 확실한 보험이기 때문에 수확량을 높이기 위한 유기질 거름에 대해서도 설명하겠다.

🌿 덮기

텃밭에 덮개를 사용하는 건 기본이고, 작물마다 특별히 선호하는 덮개가 따로 있다. 물을 언제, 얼마나 줘야 하는지도 이야기하겠다.

🌿 문제와 해결책

모든 작물에는 노상 문제가 생긴다. 해충이 늘 주요 원인은 아니다. 날씨나 척박한 흙, 우리의 실수가 문제의 원인이기도 하다. 여기서는 채소를 재배하며 겪었던 일반적인 문제들을 피하는 방법에 대해 조언하겠다.

◈ 수확

성공적으로 수확하는 게 우리의 목표이니 작물이 가장 맛있을 때 수확하는 방법을 알려주겠다.

◈ 나의 조언과 비법

내가 텃밭에 활용하거나 여러 친구에게(특히 마스터 가드너스) 배운 기술을 총망라한 것이다. 내가 아는 최고의 '가정 재배' 텃밭의 비결이다.

아스파라거스 *Asparagus officinalis* 백합과

아스파라거스

○ 가족 단위

건강한 아스파라거스밭은 30년 동안 지속되기 때문에 대황같이 장기간 재배하는 다른 작물과 함께 묶는다. 나는 딸기 옆의 붙박이 두둑에 아스파라거스를 재배한다.

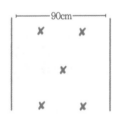

❂ 40cm 간격을 두고 2-1-2 형식으로 심는다.

○ 친구

아스파라거스의 붙박이 두둑은 금계국 같은 여러해살이 과꽃 가족의 꽃을 심기 훌륭한 장소다. 딜과 고수 같은 한해살이 허브 및 코스모스 같이 키 큰 여러해살이 꽃도 아스파라거스의 좋은 조력자가 된다.

○ 재배의 기초

아스파라거스는 중성 흙이 필요하다. 산도가 6.5 이하로 내려가면 안 된다. 이 작물은 화창한 날에는 하루 6시간, 햇빛이 오락가락한 날에는 하루 종일 정도의 일조시간이 필요하다. 물빠짐이 반드시 좋아야 한다. 물빠짐이 느리거나 중점토라면 아래 그림처럼 돋움 심기라는 방법을 고려해보라.

초봄에 아스파라거스를 심는 시기에 맞춰 종근을 구매하거나 주문한다. 생산성을 최대화하기 위해 기존 품종보다 수확량이 많은 수그루로 선택한다.

아스파라거스를 심으려면 흙을 30cm 정도 파거나 갈아엎는다. 그런 다음 15cm 깊이로 골을 판다. 골에 흙무더기를 만들고 그 위에 종근을 펼쳐놓는다. 그런 다음 최소 5cm 두께로 종근을 덮는다. 이후 곁순이 나타날 때마다 북을 주듯이 흙을 추가로 덮는다.

🌱 간격

아스파라거스 두둑은 90~120cm 너비로 만들고, 종근은 2-1-2 형식으로 약 40cm 간격을 두고 떨어뜨린다. 아니면 두 줄로 종근을 심고 가운데에 접시꽃 같은 키 큰 동반식물을 고르게 줄지어 심는다.

샐리 씨의 조언과 비법

퇴비 위의 종근

아스파라거스의 종근은 중점토나 축축한 흙으로 묻으면 썩어 없어지기도 한다. 그래서 물빠짐이 나쁜 흙이라면 흙무더기 위에 아스파라거스를 심는다. 준비된 두둑의 표면에 퇴비를 쌓고 그 위에 5cm 두께로 흙을 덮는다. 무더기 위에 아스파라거스 종근의 뿌리를 걸친다. 그런 다음 두둑 전체에 상태가 좋은 겉흙을 최소 7.5cm 정도 쌓는다.

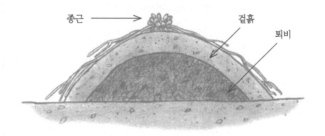

종근 ⟶　　　　겉흙　　퇴비

🌿 거름주기

심을 때 흙에 퇴비나 부숙된 똥거름을 넉넉하게 넣는다. 자리를 잡으면 수확한 뒤 퇴비를 웃거름으로 준다. 나는 가을에 퇴비와 함께 묵은 낙엽을 추가해준다.

🌿 덮기

쓸 만한 덮개라면 무엇이든 풀을 통제하는 데 도움이 된다. 베어낸 풀과 가늘게 찢은 종이나 솔잎으로 시도한다. 두텁게 덮으면 겉순이 나오는 걸 방해할 수 있다. 물은 흙이 말랐을 때 지표면이 10cm 정도 젖도록 준다. 특히 재배 첫해에 신경을 많이 써야 한다.

○ 문제와 해결책

🌿 갈색 반점과 함께 줄기에 씹힌 자국

아스파라거스잎벌레는 아스파라거스의 가장 흔한 해충인데, 가을에 잎을 베어내고 그들을 죽여 문제를 최소화할 수 있다. 겨울에 대비해 덮개를 깔기 전인 가을에 잡초호미를 사용해 식물들 사이의 흙을 간다. 문제가 심각하면 초봄부터 수확을 마칠 때까지 한랭사로 작물을 덮는다.

🌿 줄기에 불그스름한 갈색 줄무늬와 점들

아스파라거스 녹병은 식물을 보기 흉하게 만든다. 식물 주변에 공기가 더 잘 순환하게 하라. 문제가 심각하면 물빠짐이 좋은 장소에 새로운 밭을 만들어 녹병 저항성 품종을 새로 심는다.

○ 수확

아스파라거스는 신경 써서 심어야 하며 인내가 많이 필요하지만 대신 매우 오랫동안 그 보답을 한다. 경험을 바탕으로 한 수확 방법을 알려 주겠다. 첫해는 아무것도 거두지 말아라. 두 번째 해에는 조금만 수확한다. 세 번째 해에는 더 많은 걸 얻을 수 있다! 봄에는 원하는 만큼만 베면 되는데 일부는 6~8주 뒤 복슬복슬한 잎이 나도록 놔둔다.

강낭콩 *Phaseolus vulgaris* 콩과

강낭콩

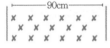

❍ 사방 12~15cm 간격으로 심는다.

○ 가족 단위

다재다능한 강낭콩은 여러 종류의 작물 가족과 잘 상호작용한다. 여러 연구들과 내 경험에 의하면 강낭콩이 감자와 짝을 이뤘을 때 이들의 최대 난적인 16점무당벌레와 콜로라도감자잎벌레가 줄어든다. 또한 강낭콩은 전통적인 세 자매 농법에 따라 호박, 옥수수와 가족을 이루기도 한다. 나는 샐러드용 채소에 그늘을 지게 하려고 원뿔형 지주에 덩굴콩을 재배하고, 상추와 메스클랭 또는 다른 키 작은 작물들 사이에 격자구조물을 설치하여 콩을 재배한다.

○ 친구

세이보리, 타라곤, 바질, 딜은 강낭콩의 좋은 식물 친구들이다. 나는 강낭콩과 함께 샐비어, 금어초를 심고, 근처에 쑥국화를 재배하길 즐긴다.

○ 재배의 기초

해가 잘 들기만 하면 토양 조건은 그다지 까다롭지 않다. 강낭콩은 서리에 약하므로 늦서리가 내릴 때까지 심으면 안 된다. 일찍 재배하려면 실내에서 모종을 키워라. 강낭콩은 콩과이기 때문에 심으면 뿌리혹박테리아 덕분에 수확량이 보장된다. 뿌리혹박테리아는 질소 고정을 돕는다.

✤ 간격

강낭콩을 대량으로 집약해서 심으려면 씨앗이 12~15cm 간격으로 퍼지도록 두둑에 슬슬 뿌려야 한다. 그다음 흙을 뿌려 씨앗을 덮는다. 강낭콩을 무지 좋아한다면 첫서리가 내리기 7주 전까지 여름 내내 2~3주마다 연속해서 심는다. 강낭콩과 감자를 사이짓기하는 방법은 339~344쪽을 참고하라.

원뿔형 지주 주변에 덩굴콩을 심을 때는 지주 주변마다 약 7알의 씨앗을 심은 뒤 지주 하나에 3~4포기만 남기고 솎는다. 세 자매 농법으로 덩굴콩을 심는 방법은 120~121쪽을 참고하라.

✤ 거름주기

키가 작은 강낭콩은 거름을 줄 필요가 없지만 덩굴콩은 생장기 중반쯤에 퇴비를 약간 주어 수확량을 높일 수 있다.

샐리 씨의 조언과 비법

강낭콩 싹 틔우기

강낭콩은 차가운 흙에선 싹을 늦게 틔우거나 아예 틔우지 않는다. 농사를 일찍 시작하려면 실내에서 미리 싹을 틔운다. 종이 수건 등을 축축하게 적셔 그 위에 강낭콩을 얹고 돌돌 말아놓는다. 병에 종이 수건을 넣고서 싹이 종이 밖으로 뚫고 나오는 게 보일 때까지 주기적으로 물을 주어 축축하게 유지한다. 그리고 나서 조심스럽게 종이 수건을 꺼내 펼친 후 싹이 튼 강낭콩을 텃밭에 내다 심는다. 이 기술은 수확기를 2주 정도 앞당긴다.

강낭콩

종이 수건

싹이 튼
강낭콩

❧ 덮기

조생종 강낭콩은 줄 간격을 넓게 잡아 재배하면 알아서 흙 위를 덮는다. 나는 덩굴콩을 재배할 때 주변에 잎채소(상추 또는 번행초)를 심었다. 짚이나 풀을 활용해 빈 땅을 모두 덮는다. 강낭콩에 꽃이 피면 물을 잘 주도록 한다.

○ 문제와 해결책

❧ 씨앗에서 싹이 트지 않는다

봄에 너무 일찍 심어 강낭콩이 서리에 죽었거나, 씨앗이 차갑고 축축한 흙에서 썩었을 수 있다.

너무 많은 콩을 재배했다면
조금 갈아엎어주세요,
콩이 흙을 개선해줄 겁니다.

❧ 잎 아랫면에 적갈색 수포가 있다

잎 아랫면의 이 수포들은 강낭콩의 녹병 때문이다. 공기가 잘 순환되게 하면 문제가 줄어들 수 있으니 강낭콩을 좀 솎아내고, 간격을 더 넓혀 심는다. 강낭콩이 이슬이나 비에 젖었을 때 밭에 들어가 일하지 마라. 질병이 확산될 수 있다.

❧ 잎맥만 남는다

잎맥만 남았다는 건 16점무당벌레가 나타났다는 전형적인 신호다. 눈에 보이는 대로 성충과 유충, 알을 잡는다. 이들이 심각한 문제를 일으킨 적이 있다면 일찍 익는 품종을 심고, 해충이 들어가지 못하게 콩을 한랭사로 덮는다. 감자와 다른 동반식물, 강낭콩을 섞어짓기하면 천적을 유인해 해충을 억제한다.

○ 수확

꼬투리가 약간 마르기 시작할 때 따고, 한창 때는 며칠마다 수확한다.

마른 콩으로 사용하려면 꼬투리가 갈색으로 변한 뒤에 따면 된다. 꼬투리를 흔들면 안에서 콩들이 부딪히는 소리가 들릴 것이다. 말린 강낭콩은 밀폐용기에 넣어 서늘하고 건조한 장소에 보관한다.

비트 *Beta vulgaris* 명아주과

비트

ㅇ 가족 단위

비트는 뿌리작물과 함께 잘 자란다. 두둑을 마련했다면 비트와 다른 뿌리작물에게 자리를 우선 배당해 마땅하다. 나는 봄에 할 수 있으면 일찍 비트와 양파를 섞어짓기한다. 나중에 당근도 추가한다.

또한 비트는 샐러드용 잎채소와도 섞어짓기가 잘 되기 때문에 근대를 수확할 때 326쪽에 나오는 '잘라서 수확하고 다시 자라게 하기'를 활용하기도 좋다.

ㅇ 친구

비트는 해충 문제를 거의 겪지 않기 때문에 도움을 줄 친구가 많이 필요하지 않다. 비트 근처에 벼룩잎벌레를 쫓는 용도로 개박하나 박하 화분을 놔두기도 한다. 관상용과 식용을 조합한 비트와 골파가 장미 주변에 예쁜 경계를 만든다.

ㅇ 재배의 기초

비트는 물이 잘 빠지는 경토나 두둑에 심는다. 해가 잘 들거나 약간 그늘진 곳을 선택한다. 비트는 29℃ 이상에서는 잘 자라지 않기 때문에 차광막을 이용하거나 가을 작물로 기다렸다 재배한다. 비트는 흙에 수분이 없으면 질겨진다. 흙의 산도는 6.0~7.5가 되어야 한다. 흙이

90cm

✖ 7~10cm 간격으로 사방 팔방 심는다.

산성일수록 붕소가 결핍될 수 있다.

늦서리가 내리기 한 달 전쯤 2~3cm 깊이로 비트 씨앗을 심는다. 비트는 모종으로도 잘 자라는 몇 안 되는 뿌리작물이라서 씨앗부터 심기엔 너무 늦었다면 종묘상에 가서 모종을 사다 심을 수도 있다.

🌱 간격

비트만 심든지 친구들과 섞어서 심든지, 사방 7~10cm 간격으로 심는다. 배게 심었다면 볶음이나 샐러드용으로 솎아낸다.

🌱 거름주기

비트는 소비성 작물이라 거름에 크게 신경을 쓰지 않는다.

🌱 덮기

봄에 비트 씨앗을 심고 난 뒤 갑자기 더워졌다면 잘게 자른 잎이나 퇴비를 2.5cm 정도 펴고 물기를 유지한다. 이렇게 시원하게 만들어 작물을 구해야 한다. 식물 친구들과 배게 심으면 덮개를 덮을 공간적 여유가 없다. 듬성듬성 심으면 베어낸 풀 같은 자잘한 유기물 덮개를 활용할 수 있다.

○ 문제와 해결책

🌱 질기고 맛없는 뿌리

날씨가 더우면 비트의 뿌리가 엉망이 될 수 있기 때문에 수분을 잘 유지하고 시원하게 해준다.

🌱 잎에 구멍이나 파먹은 흔적

벼룩잎벌레가 잎에 작은 구멍을 내고, 잎나방 유충이 잎의 표면 아래를 파먹어 구불구불한 흔적을 남긴다. 수확량에 해를 끼치지는 않지만 이를 예방하고 싶다면, 작물을 심을 때 한랭사를 덮으면 된다.

﹌ 잎의 반점

반점병은 돌려짓기로 예방한다. 비트와 시금치 또는 근대를 심었던 자리를 1~2년간 피해서 재배한다. 질병 저항성 품종을 심어도 된다.

비트는
서늘하게 유지해주세요!
덮개로 싹이 트는 씨앗을
보호하고, 식물에 그늘이 지게
한 뒤 꾸준히 물을 주세요.

○ 수확

'베어내고 다시 자라게 하는' 방법으로 수시로 잎을 수확해 억세지지 않도록 한다. 지름 3cm 정도의 작은 비트는 뽑아서 줄기와 함께 요리에 사용한다. 그보다 더 큰 비트는 무더위가 찾아오기 전에 줄기를 2.5~5cm 정도 남기고 수확해 진액이 나오고 착색되는 걸 막는다.

가을 작물로 심을 경우 된서리가 내린 뒤 비트를 모두 거두어 뿌리만 남도록 줄기를 잘라내고, 서늘한 곳에서 뿌리 저장고의 역할을 하도록 모래에다 박아놓는다.

샐리 씨의 조언과 비법

진화한 비트

엄마가 비트를 요리해 먹인 기억이 있다면(몸에 좋다면서), 최근에는 아마 먹으려 하지도 않았을 거다. 비트는 진화했다! 요즘은 노란 비트, 줄무늬 비트, 철분이 풍부한 진홍색의 작은 비트도 있다. 여러 색상의 비트들을 심어보라. 아이들이 비트를 보물처럼 여기게 될지도 모른다.

브로콜리 *Brassica oleracea* 십자화과

브로콜리

```
┌────90cm────┐
  x        x

        x

  x        x
```

○ 40cm 간격을 두고 2-1-
2 형식으로 심는다.

○ 가족 단위

식물학적으로 말하면 브로콜리는 양배추와 방울양배추, 콜리플라워,
케일, 배추가 속하는 양배추 가족에 속한다. 재배법과 공통적으로 겪
는 문제들 때문에 나는 이 작물들을 함께 재배한다.

○ 친구

브로콜리는 백일홍과 과꽃, 천수국을 비롯해 가을에 심을 경우 파슬
리 같은 여러 과꽃 가족의 식물들과 섞어짓기하기 좋다. 한랭사를 활
용하지 않는다면 이 친구들을 브로콜리 근처에 심어서 계속 꽃이 피
게 둔다.

브로콜리 아래쪽에 스위트알리숨을 배게 심어 풀을 막고 익충을
유인한다.

○ 재배의 기초

퇴비와 부숙된 똥거름을 잘 뒤섞은 비옥한 흙에 최소 30cm 깊이로 브
로콜리를 심는다. 해가 잘 드는 곳에서 재배한다. 조금 그늘진 곳에
심어도 되지만 꽃봉오리의 크기가 조금 작아지긴 한다.

흙의 온도가 15℃ 이상인 곳에 심어야 한다. 브로콜리는 호냉성
작물이며 무서리 정도는 견딜 수 있다. 하지만 열흘 이상 4℃ 이하
의 기온을 견디면 꽃봉오리가 작게 형성된다. 이상적인 재배 온도는
15~18℃다. 뿌리혹병이란 세균성 질병을 피하려면 흙의 산도가 7.2
근처여야 한다.

브로콜리를 씨앗부터 시작하려면 늦서리가 내리기 두 달 전에 실
내에서 모종을 만들고, 한 달 뒤에 밖으로 옮겨 심는다. 모종을 구입

할 땐 뿌리를 확인해 포트에 뿌리가 꽉 찬 건 사지 않는 게 좋다. 꽃봉오리가 작게 형성되기 때문이다.

❦ 간격
브로콜리는 2-1-2 형식으로 사방 약 40cm 정도의 간격을 두고 넓은 줄을 지어 심는다. 하나의 브로콜리 양옆에 꽃과 허브 조력자를 심는다.

❦ 거름주기
이 다비성 작물은 커다란 잎과 뿌리를 만들려면 비옥한 흙이 필요하다. 나는 아주심기 3주 뒤 작물 옆에 퇴비로 웃거름을 준다. 브로콜리의 잎이 연녹색이나 노란빛을 띠면 질소질이 너무 부족한 상태라는 것이다. 그들을 북돋기 위해 생선액비를 뿌려주는데 너무 많이 주면 줄기의 속이 텅 빌 수도 있다. 미리 흙을 잘 만들어두는 게 정말로 중요한 핵심이다!

❦ 덮기
봄 브로콜리는 짚으로 덮는다. 그런 다음 두둑의 빈 곳도 덮어 수확할 때까지 그대로 놔둔다. 브로콜리는 물을 잘 주어야 하는데 물이 부족하면 꽃봉오리가 작아지거나 너무 빨리 웃자랄 수 있다.

○ 문제와 해결책
❦ 수확이 형편없다
브로콜리의 첫 번째 적은 너무 일찍 찾아온 더위다. 봄 브로콜리의 수확량이 형편없다면 오른쪽에 "가을 브로콜리"에 설명한 대로 여름에 심는 걸 시도해보라.

✿ 잎에 구멍이 났다

브로콜리의 두 번째 적은 양배추은무늬밤나방과 흰나비의 유충이다. 브로콜리가 손상된 걸 발견하면 유충을 잡아낸다. 이를 예방하려면 심을 때 한랭사를 덮고 수확할 때까지 놔둔다.

✿ 모종의 밑동이 잘렸다

거세미가 줄기 밑동을 씹어서 자른다. 피해를 예방하려면 옮겨 심은 자리 주변에 판지로 된 관이나 참치 캔을 두면 된다.

✿ 잎에 작은 구멍이 났다

한랭사가 브로콜리에 해를 끼치는 벼룩잎벌레를 막을 것이다. 섞어 짓기는 벼룩잎벌레를 혼란스럽게 할 수 있다. 조금 큰 모종을 옮겨 심으면 손상이 좀 있더라도 견딜 수 있다.

✿ 줄기의 속이 비었다

브로콜리의 줄기 속이 비었다면 질소가 너무 많은 것이다. 질소질이 많은 거름을 준 이후 급성장해서 그렇다. 브로콜리의 꽃봉오리가 고르지 않게 발달할 수도 있다. 줄기가 빈 브로콜리도 먹을 수

샐리 씨의 조언과 비법

가을 브로콜리

여름에 브로콜리를 심어 가을에 수확하는 게 봄에 재배하는 것보다 훨씬 더 쉽다. 브로콜리의 해충 대부분은 늦여름에 사라지며 브로콜리를 웃자라게 하는 더위 문제도 별로 없기 때문이다. 그러니 덥더라도 7~8월에 농사를 새로 시작하라!

가을 작물을 심기 위해 옮겨 심을 날짜를 계산할 때 1~2주 정도 더 여유를 두는 게 좋다. 가을엔 날씨가 점점 서늘해져서 작물이 늦게 익기 때문이다. 브로콜리(양배추와 콜리플라워도 마찬가지)의 경우 첫서리가 내리기 12주 전에 모종을 만들기 시작하고, 8주 전에는 밭에 옮겨 심는다. 짚이나 신문지 몇 장으로 작물을 두텁게 덮는다. 서리가 내리려고 하면 작물 주변에 덮개를 더 쌓아준다.

있다. 앞으로의 문제를 막기 위하여 측면시비를 할 때 분뇨 퇴비를 활용한다.

○ 수확

일부 브로콜리 품종은 주요 꽃봉오리만 크고 잎겨드랑이에서는 꽃봉오리가 몇 개 생기지 않는 반면 다른 품종은 잎겨드랑이에서 꽃봉오리가 많이 생기는 것도 있다. 꽃봉오리가 꽉 차서 노랗게 피기 전에 꽃봉오리 아래쪽으로 10~15cm 정도인 곳을 비스듬하게 자른다. 중심줄기에서 잎겨드랑이의 꽃봉오리를 떼어낸다.

방울양배추

방울양배추 *Brassica oleracea* 십자화과

○ 가족 단위

방울양배추는 양배추 가족이며 브로콜리와 양배추, 콜리플라워 등 다른 가족 구성원과도 잘 어울린다.

○ 친구

방울양배추는 회향과 딜 또는 고수 같은 당근 가족인 키가 큰 허브와 섞어짓기를 한다. 또한 아래쪽에 스위트알리숨을 심거나 주변에 과꽃 혹은 백일홍을 심을 수도 있다.

○ 재배의 기초

해가 잘 들고 비옥하며 산도가 5.5~6.8인 흙에 방울양배추를 심는다. 씨앗부터 수확까지 약 4개월 정도 걸린다. 늦서리가 내리기 6주 전에 실내에서 모종을 만들어 9월에 수확할 수 있게 5월 초쯤 밭에 옮겨심

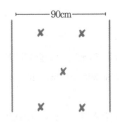

—90cm—
✗   ✗
✗
✗   ✗

✪ 40cm 간격을 두고 2-1-2 형식으로 심는다.

기를 권한다. 혹은 가을 작물로 6월이나 7월에 심을 수도 있다.

✿ 간격

방울양배추는 2-1-2 형식으로 약 40cm 간격을 두고 심는다. 한 포
기의 방울양배추 양옆에 꽃과 허브 조력자를 심는다. 아래 그림처
럼 한 줄로 방울양배추를 심을 수도 있다.

✿ 거름주기

방울양배추는 다비성 작물이라 잘 부숙된 똥거름이나 퇴비를 넣은
흙에 심어야 한다. 한 달에 한 번 생선액비를 살포한다.

✿ 덮기

방울양배추는 두둑을 오랜 기간 점유하기 때문에 작물의 뿌리 사
이에 자리를 잡은 풀뿌리를 가만 놔두면 안 된다. 두둑 전체에 신
문지 6~7장을 겹쳐서 까는 것만큼 견고한 덮개를 활용해야 한다.

딜

개똥쑥

❂ 방울양배추의 친구들
방울양배추는 딜과 개똥쑥,
백일홍 같이 꽃을 피우는 조
력자와 함께 두둑 가운데 한
줄로 심는다.

금잔화   백일홍

또한 베어낸 풀이나 부스러진 낙엽 같은 걸 몇 센티미터 두께로 깔수도 있다. 짚은 방울양배추에 문제가 될 수 있는 민달팽이에게 유리한 환경을 조성하기 때문에 피해야 한다.

○ 문제와 해결책

🌾 방울양배추가 달리지 않는다

잎은 많이 달렸는데 방울양배추가 안 생기거나 드문드문 달리고 제멋대로라면 아마 기온이 너무 따뜻해서 그럴 것이다. 날씨가 서늘해야 좋다. 23℃ 이상에서는 방울양배추가 잘 달리지 않는다. 다음번에는 늦게 심어 시원한 가을 환경에서 재배하도록 한다.

🌾 큰 구멍이 생겨 잎이 너덜너덜하다

민달팽이나 흰나비 유충이 범인이다. 텃밭에 널빤지나 멜론 껍질 또는 맥주를 담은 얕은 접시를 민달팽이의 덫으로 설치해보는 것도 좋다. 또 손으로 잡아서 비눗물에 담그는 방법도 있다. 흰나비 유충도 손으로 잡을 수 있는데, 최선의 방책은 작물을 한랭사로 덮어 예방하는 것이다.

🌾 건강해 보이는 작물이 시든다

고자리파리 구더기가 뿌리를 갉아먹는다는 신호다. 감염된 식물을 발견하면 뽑아서 없애는 게 최선이다. 앞으로 일어날 문제를 예방하기 위해 모종을 심을 때 밑동 주변에 타르지를 깐다.

○ 수확

줄기에서 떼어낼 만큼 방울양배추가 자라면 항상 아래에서부터 딴다. 일찍부터 지속적으로 수확하고, 갈 때마다 잎을 제거해 수확기를 연

**방울양배추
부풀리기**

나는 아래쪽부터 시작해 오랜 기간에 걸쳐 방울양배추를 수확한다. 수확기가 절반쯤 지나면 나는 방울양배추의 잎 대부분을 제거한다. 그러면 생긴 게 꼭 긴 목을 지닌 타조 같다. 이 방법으로 남아 있는 방울양배추에 에너지를 쏟게 만들면 추수감사절에 먹을 수 있을 만큼 방울양배추가 통통해진다.

나는 방울양배추를
크리스마스 음식에 쓰려고
눈이 올 때 수확한 적도 있어요.

장할 수도 있다. 방울양배추는 키가 아주 크기 때문에 쓰러지지 않도록 수확하면서 북을 준다.

방울양배추는 무서리에도 견딘다. 몇몇 사람들은 무서리를 맞은 방울양배추의 맛이 더 좋다고 믿는다.

양배추

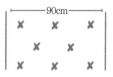

❖ 25~30cm 간격을 두고
3-2-3 형식으로 심는다.

양배추 *Brassica oleracea* 십자화과

○ 가족 단위
양배추는 브로콜리, 콜리플라워, 방울양배추, 케일 같은 다른 양배추 가족의 구성원과 함께 재배한다.

○ 친구
과꽃과 당근 가족의 꽃과 허브를 양배추 근처에 심는다. 금잔화, 국화, 딜, 야생당근 같은 친구들은 양배추의 해충을 통제하는 데 도움이 되는 다양한 익충을 유인한다.

○ 재배의 기초
양배추는 다양한 조건의 토양에서 대부분 잘 자라지만, 물빠짐이 좋고 산도 6.0~6.8의 비옥한 흙이 좋다. 해가 잘 드는 곳에서 잘 자란다.

양배추는 호냉성 작물이라 봄이나 가을에 재배한다. 늦서리가 내리기 약 8주 전부터 실내에서 모종을 만들어 4주 정도 자라면 밭에 옮겨 심는다. 양배추가 몇 주 동안 4~10℃의 기온에 노출되면 꽃대가 여러 개 생기거나 씨앗을 일찍 맺는다. 지역 특성상 봄에 서늘하다면 가을에 재배해도 좋다. 그럴 땐 7월에 밭에 직접 씨앗을 심는다.

🌿 간격

양배추 모종은 약 25~30cm 간격을 두고 3-2-3 형식으로 심는다. 3-2-3 형식 중 3의 한가운데엔 꽃을 피우는 조력자 식물로 대체해도 좋다.

🌿 거름주기

심을 때 부숙된 똥거름이나 퇴비를 많이 넣어 흙을 비옥하게 만든다. 모종을 심고 한 달 뒤 생선액비를 살포한다. 생선액비는 사용 설명 기준보다 묽게 희석해서 사용한다.

🌿 덮기

양배추는 자라면서 흙을 거의 다 덮도록 배게 심는데, 초기에 풀을 잡을 수 있게 신문지와 짚 또는 베어낸 잔디를 사이에 깐다.

○ 문제와 해결책
🌿 양배추 속이 잘 안 자라거나 풀어진다

양배추를 너무 일찍 밭에 심으면 속이 잘 안 자랄 수 있다. 늦게 심으면 성숙한 양배추의 속이 따뜻한 날씨에 노출되어 꽃대가 생기면서 풀어질 수도 있다. 이런 유형의 문제가 발생했다면 다음에 농사지을 땐 다른 날짜에 심어야 한다.

양배추의 속이 뾰족해 보이기 시작하면(꽃대가 만들어진다는 신호), 양배추가 성숙하는 과정을 늦추어 속이 갈라지는 걸 막을 수 있다. 날카로운 끌로 양배추 속의 약 5cm 아래쪽 줄기 한쪽에 상처를 낸다. 이렇게 하면 뿌리와 일부 단절되어 성장이 늦춰진다.

✿ 잎에 구멍이 생긴다

양배추은무늬밤나방과 흰나비 유충이 양배추 잎을 갉아먹는다. 유충을 손으로 잡아라. 피해를 예방하려면 심을 때 한랭사로 주변을 덮어야 한다.

✿ 양배추가 시든다

고자리파리 구더기나 뿌리혹선충이 뿌리를 손상시키면 시들 수 있다. 감염된 식물체를 제거하고 파괴하는 게 문제를 확산시키지 않는 최선의 방법이다. 문제를 예방하려면 고자리파리가 알을 낳지 못하도록 작물에 한랭사를 덮는다. 금잔화를 재배한 뒤 뒤집어엎어 뿌리혹선충을 억제할 수도 있겠다.

○ 수확

양배추 속이 단단하게 잘 차오르면 잘라서 거둔다. 가을 작물인 경우, 된서리가 내리기 전에 모두 수확한다. 양배추를 저장하는 가장 좋은

샐리 씨의 조언과 비법

형형색색의 양배추

빨간 양배추와 함께 다채로운 조합을 이루도록 수레국화와 시계초 또는 블루팬지 같은 꽃을 심어보라. 가을에는 갈색, 분홍색 또는 진홍색 국화를 테두리에 심고 은배화를 추가한다. 너무 예뻐서 수확하지 못할 수도 있으니 주의하라!

방법은 뿌리가 붙은 상태에서 마른 짚으로 잘 감싸 서늘한 저장고에 두는 것이다.

당근 *Daucus carota* 미나리과

당근

○ 가족 단위

당근은 다른 뿌리작물이나 샐러드용 잎채소와 함께 재배한다. 가족 단위의 일반적인 두둑에서는 1.2m의 구획에 양파와 비트를 섞어짓기 하고, 다음 두둑엔 당근과 무를 섞어짓기하고, 그다음 두둑엔 상추를 재배하는 식으로 구성할 수 있다. 이 순서를 필요한 만큼 반복해서 심으면 된다.

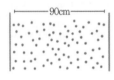

❶ 두둑 전체에 흩뿌려 심는다.

○ 친구

전통적인 동반식물 심기에서는 당근뿌리파리를 혼란시키거나 쫓아내기 위해 당근 사이사이에 혹은 근처에 양파와 그 친척 작물을 심으라고 권한다. 그래서 당근 주변에는 양파를 재배하고, 텃밭의 뿌리작물과 잎채소가 심긴 두둑의 끝에는 골파를 심었다.

또한 당근 근처에 캐러웨이나 고수 같은 당근 가족의 허브를 심고, 쭉 따라서 금잔화와 캐모마일, 애기코스모스를 심기도 한다.

○ 재배의 기초

당근은 깊고 부드러우며 물이 잘 빠지는 흙이 필요하다. 흙 상태가 적합하지 않다면 틀밭에서 재배하거나 짧고 둥글거나 작은 당근 품종을 선택하는 것도 좋은 방법이다. 당근은 산도 6.3~6.8의 흙을 좋아한다. 산성 토양에서 재배한 당근은 맛이 없고, 색이 흐릿할 수 있다. 당근은 해가 잘 드는 곳에서 재배해야 하고, 뿌리가 썩을 수 있으니 물을 너무 많이 주면 안 된다.

당근은 텃밭에 씨앗으로 심어야 하며, 싹이 트는 데 3주 정도 걸린다. 초봄에 씨앗을 심어도 되는데 봄에 비가 많이 오는 지역이라면 5월 말까지 기다렸다 심어야 한다. 그러지 않으면 봄철 폭우에 연약한 당근 싹이 쓸려갈 수도 있다. 한여름에 가을·겨울 작물로 당근을 심을 수도 있다.

파종을 마친 뒤 나는 당근밭에 널빤지나 검정비닐을 덮어 흙의 수분을 유지하고 풀을 억제한다. 2주 후에 이를 제거한다.

🌾 간격

당근 씨앗을 심는 가장 빠른 방법은 모래와 반씩 섞어서 두둑 전체에 흩뿌리는 것이다. 싹이 튼 뒤 사방 5~7cm 간격으로 솎아낸다. 집중력이 좋다면 사방 5cm 간격으로 심어 나중에 솎아내는 과정을 생략할 수도 있다. 당근은 뒷장의 그림처럼 다른 뿌리작물과 섞어짓기할 수도 있다.

🌾 거름주기

당근은 소비성 작물로서 거름이 많으면 잔뿌리가 많아지는 등 여러 문제들이 발생한다. 농사 전에 퇴비로 만든 똥거름과 기타 토양개량제를 추가해 흙을 준비하고 이후 웃거름은 주지 않는다.

🌾 덮기

당근 씨앗에서 싹이 트면(필요하면 솎아낸 이후) 베어낸 잔디 같은 가느다란 덮개로 당근 사이사이를 살살 덮어준다.

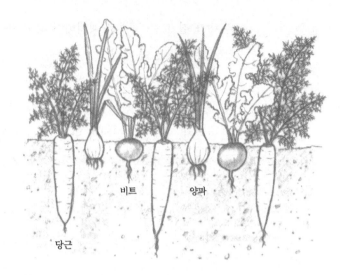

❍ 뿌리작물 섞어짓기
두둑에 작물을 섞어 심으려
면 양파와 당근, 비트를 각각
줄지어 섞어짓기해보라. 줄
사이의 간격은 7~10cm, 작
물 포기의 간격도 7~10cm
정도로 잡는다.

당근

비트   양파

○ 문제와 해결책

🌾 **비틀리고 변형되고 생장이 위축된 당근**

당근 모양이 이상한 건 보통 중점토나 돌이 많은 흙에 심었거나 혹
은 너무 배게 심은 탓이다. 물론 그런 당근도 먹을 수는 있지만 그
다지 보기 좋지는 않다. 앞으로 더 상태가 좋은 당근을 재배하기
위해선 부드럽고 잘 작동해줄 흙에 씨앗을 심어라.

🌾 **뿌리에 구멍이 생긴다**

당근뿌리파리의 유충이 당근 뿌리에 구멍을 낸다. 문제를 예방하기
위해선 6월까지 기다렸다가 당근을 심거나, 심은 뒤 당근밭을 한랭
사로 덮는다.

🌾 **당근에서 꽃이 핀다**

더위가 너무 일찍 찾아오면 당근에 씨앗이 일찍 맺힐 수 있다. 이
를 예방하고자 초여름에 차광막 등으로 덮는다.

종종 당근에게 필요한 깊고 부드러운 흙이 다 떨어질 때가 있다. 하지만 나는 당근을 좋아하기 때문에 그들을 위한 작은 틀밭을 만든다. 60x120cm의 널빤지나 120x120cm의 목재를 활용해 틀을 만든다. 당근을 심으려고 했던 두둑의 흙 위에 틀을 가져다 놓는다. 거기에 부숙된 퇴비와 부엽토를 더하여 흙을 채운다. 보라, 이제 당근을 심기에 충분히 깊은 두둑이 만들어졌다. 90x120cm의 틀밭에서 더 많은 당근을 수확할 수 있다. 0.03평마다 당근을 20개씩 수확한다고 하면 총 144개를 거두어들일 수 있다.

🌱 뿌리의 꼭대기가 푸르게 변한다

당근이 햇빛에 노출되면 푸르게 변한다. 이를 막기 위해 당근이 익으면서 두둑 밖으로 나오면 고운 겉흙을 조금 덮어준다. 특히 비가 많이 내리면 흙이 쓸려갈 수 있으니 주의한다.

○ 수확

당근 한두 개를 먼저 뽑아 수확할 준비가 되었는지 확인한다. 밭에 미리 물을 주면 대량으로 수확할 때 더 수월하다. 당근을 뽑아 흙을 털어내고, 잎을 자르거나 비틀어 뗀다. 촉촉한 모래에 당근을 놓고 어둡고 서늘한 장소에서 보관한다.

콜리플라워 *Brassica oleracea* 십자화과

콜리플라워

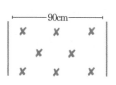

❂ 25~30cm 간격을 두고 3-2-3 형식으로 옮겨 심는다.

○ 가족 단위

콜리플라워는 양배추 가족에 속하며 브로콜리와 방울양배추를 포함한 다른 가족 구성원들과 함께 재배하기 쉽다.

○ 친구

나는 가을에 화사한 꽃들로 둘러싸인 콜리플라워를 바라보는 걸 좋아하기 때문에 체리 빛깔의 백일홍과 함께 심는다. 딜이나 야생당근이 익충을 유인하고, 두둑에서 자란 미역취가 자원봉사자가 되어줄 것이다.

○ 재배의 기초

콜리플라워는 양지바르고 비옥한 흙에서 특히 한여름에 심어 가을에 수확할 때쯤 번성한다. 첫서리가 내리기 약 14주 전에 옮겨심기한다.

봄에도 심을 수 있지만 흙의 온도가 약 18도 정도 되어야 잘 자란다. 봄에 늦서리가 내리기 10주 전에 실내에서 모종을 키우고, 늦서리가 내리기 2~3주 전에 바깥으로 옮겨 심는다.

🌿 **간격**

콜리플라워는 사방 25~30cm 간격을 두고 3-2-3 형식으로 옮겨 심는다. 3개를 심는 줄 가운데에는 향이 나는 허브나 꽃을 피우는 조력자로 대체할 수 있다. 또는 콜리플라워 잎 밖으로 살짝 보이도록 두둑의 바깥쪽 둘레에 키 작은 백일홍을 심는다.

어떤 자료에서는 배게 심으면 꽃송이가 작아진다고 하던데 거름을 잘 주니까 괜찮았다. 흙을 덮어 토양수분을 유지하는 데 도움이 되기 때문에 나는 배게 심는 걸 좋아한다.

🌿 거름주기

콜리플라워는 다비성 작물이기 때문에 옮겨 심을 구덩이마다 모종삽 하나 되는 분량의 퇴비를 넣어준 뒤 흙을 7cm 정도 덮는다. 그렇게 하면 성장기에 뿌리가 거름으로 뻗어간다. 가능하다면 3주마다 해초 추출물이나 물고기 액비로 측면시비나 엽면시비를 한다.

🌿 덮기

신문지나 베어낸 풀 혹은 낙엽으로 콜리플라워를 두텁게 덮는다. 또한 향기알리숨 밑에다가 심어도 된다.

○ 문제와 해결책

🌿 꽃송이가 너무 작다

이러한 상황을 '바토닝(buttoning)'이라 하는데, 날씨 탓일 수 있다. 뜨겁고 건조한 날씨가 이어지거나 흙의 온도가 10℃ 이하일 때 발생할 수 있다. 또한 흙에 질소가 부족하거나 풀과 경쟁이 극심할 때 그런 현상이 생기기도 한다. 꽃송이가 너무 작다고 곧바로 포기하지 마라. 때론 그런 상태에서도 자랄 수 있다. 앞으로 있을 문제를 예방하기 위해 흙의 비옥도를 개선하고 날씨가 좋아지길 바라자.

🌿 누런 꽃송이가 생긴다

콜리플라워의 꽃송이가 햇빛에 노출되면 누렇게 변한다. 누런 꽃송이는 먹기에도 좋고 흰 꽃송이보다 영양가도 더 많다. 흰색 콜리플라워를 바란다면 햇빛을 가려 하얗게 만들거나 그런 품종을 선택한다.

🌱 갈색 꽃송이가 생긴다

갈색 꽃송이는 토양산도가 맞지 않아(산도 6.0~7.5가 적합) 생기기도 하는 붕소 결핍 신호다. 해초 액비나 추출물로 엽면시비를 시도한다. 단기 처방으로는 티스푼 한 숟가락 반 정도의 붕사에 물 60리터를 섞어서 3평 정도 되는 텃밭에 주는 것이다. 앞으로 작물들을 위해서는 토끼풀이나 털갈퀴덩굴 같은 덮개작물을 재배하여 흙의 붕사 함량을 개선하고 인광석을 넣는다.

○ 수확

꽃송이가 단단한지 자주 확인한다. 수확할 때가 되면 꽃송이가 바위처럼 단단하다가 딱딱하게 변한다(키워보면 그 차이를 알게 될 것이다). 특히 햇빛을 차단한 콜리플라워 꽃송이는 더 자주 확인해야 한다. 햇빛을 차단한 상태에서는 더 빨리 발달한다(더운 지역은 3~4일에서 추운 지역은 2주까지). 무서리는 콜리플라워의 맛을 좋게 하지만 된서리가 내리기 전에 수확해야 한다. 콜리플라워는 냉장고에서 일주일 정도 유지할 수 있다. 랩으로 싸놓는다.

샐리 씨의 조언과 비법

밝은 흰색의 콜리플라워

하얀 콜리플라워를 원한다면 빛을 차단해야 한다. 가장 간단한 방법은 콜리플라워가 달걀과 야구공 사이 정도 되는 크기일 때 꽃봉오리를 잎으로 감싸는 것이다. 옷핀이나 고무줄 등으로 잎을 단단히 고정한다. 아니면 잎 몇 장으로 꽃봉오리 바로 위를 감싸고 가운데 줄기를 뚝 부러뜨려 구부려놓아도 된다. 이 기술은 가을에 서리 피해를 막는 방법으로도 쓰인다.

셀러리 *Apium graveolens* 미나리과

셀러리

○ 가족 단위

셀러리는 어떤 가족과도 함께 심을 수 있다. 나는 보통 양배추 가족이 있는 곳에 줄을 지어 심거나 샐러드 채소와 당근, 양파의 이웃으로 심곤 한다. 또한 셀러리와 리크 모두 햇빛을 차단해야 하기 때문에 둘이 함께 재배해도 좋다.

┌──90cm──┐
✖
✖
✖
✖
✖

✪ 20~25cm 간격으로 한 줄로 심는다.

○ 친구

코스모스와 데이지, 금어초나 백일홍처럼 중간 크기의 꽃과 함께 셀러리를 재배한다. 셀러리를 과꽃과 함께 재배하지는 마라. 과꽃이 애스터 옐로우라는 질병을 옮기는 벌레를 유인할 수도 있기 때문이다. 이 질병에 걸리면 셀러리의 아래쪽 잎이 누렇게 변하여 떨어진다.

○ 재배의 기초

셀러리는 물이 많이 필요하고 재배 기간이 길며 적어도 산도 6.5의 비옥한 흙이 좋다. 양지바르거나 그늘이 아주 살짝 지는 곳에 심는다.

늦서리가 내리기 8주 전에 실내에서 모종을 키워 서늘한 기온을 유지한다(최대 10℃ 정도). 서리가 내릴 위험이 사라진 다음 적어도 2주 뒤, 15cm 정도 자랐을 때 바깥에 옮겨 심는다. 리크도 함께 재배한다면 골에다 셀러리 대신 리크를 심어도 된다. 골을 타서 심으면 수분을 유지하는 데 좋다.

🌾 **간격**

90cm 너비의 두둑에 한 줄로 셀러리를 심는데, 포기의 간격은 20~25cm로 잡는다.

🌱 거름주기

셀러리는 칼륨을 많이 먹기 때문에 달마다 용기에 적힌 대로 희석하여 물고기 액비를 뿌려준다.

🌱 덮기

셀러리는 햇빛을 차단해 기르다 보니 자연스레 풀이 억제돼 덮개를 덮지 않아도 되는 작물 가운데 하나다. 또한 본의 아니게 덮개가 민달팽이에게 유리한 환경을 조성하기도 한다.

○ 문제와 해결책

🌱 속이 비고, 질긴 줄기

뜨거운 날씨 탓이거나 물이 충분치 않은 경우 그렇다. 봄에 일찍 셀러리를 심고 물을 잘 준다.

샐리 씨의 조언과 비법

**셀러리의
햇빛 차단하기**

성숙한 줄기를 덮거나 감싸는 방법으로 햇빛을 차단하면 줄기가 부드럽고 하얗게 유지된다. 나는 줄기 주변의 흙으로 북을 주어 셀러리에 햇빛을 차단한다. 셀러리가 20cm 정도 자라면 셀러리를 심은 줄 양쪽에 30cm 널빤지를 설치하고 말뚝 몇 개를 박아 쓰러지지 않게 만든다. 그렇게 하면 셀러리가 짓눌리지 않는다.

나는 코스모스와 금잔화, 금계국처럼 키가 큰 식물 친구들을 옆에 심어 널빤지를 가린다.

셀러리   코스모스

금잔화

✖ 쓴맛

건조하고 뜨거운 날씨가 셀러리를 쓰게 만든다. 셀러리를 연하고 야들야들하게 유지하려면 판지나 우유갑이나 신문지 등을 이용해 햇빛을 차단한다.

✖ 씹어 먹힌 잎

검은제비꼬리나비의 애벌레가 셀러리를 먹는다. 이 녹색과 검은색 줄무늬의 애벌레는 손으로 쉽게 잡을 수 있지만 그들을 죽이지는 마라. 이들은 나중에 아름다운 나비로 변하기 때문에 해를 입지 않을 식물이 있는 곳에 옮겨주면 된다.

○ 수확

샐러드나 스프에 필요할 때마다 바깥쪽 줄기를 잘라 셀러리를 수확할 수 있다. 통째로 수확하려면 뿌리의 바로 위쪽 밑동을 벤다. 셀러리를 지퍼백 등에 담아서 냉장고에 넣으면 몇 주 동안 보관할 수 있다.

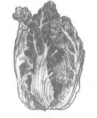

배추

배추 *Brassica rapa* 십자화과

○ 가족 단위

두 가지 유형의 배추가 있다. 청경채와 속이 차는 배추다. 배추는 샐러드용 채소나 양배추 가족들과 섞어 짓기 좋다. 옥수수나 덩굴콩처럼 키가 큰 작물을 재배한다면 그 옆에 배추를 심을 수도 있다. 키가 큰 작물이 드리운 그늘에서 잘 자랄 것이다.

◑ 20cm 간격을 두고 2–1–2 형식으로 심는다.

○ 친구

초봄에 배추와 함께 향기알리숨같이 낮게 자라는 꽃을 심는다. 한해살이 달리아, 백일홍 또는 천수국이 가을배추와 잘 자란다.

○ 재배의 기초

배추는 단일식물이며 호냉성이라 추대나 쓴맛을 피하기 위해 초봄이나 가을에 재배한다. 키가 큰 이웃 작물이 드리운 그늘이 약간 지는 곳에서 잘 자란다. 물이 잘 빠지고 퇴비나 유기물을 많이 섞어 넣은 흙에서 재배한다. 배추의 속을 더 부드럽게 하려면 햇빛을 차단하면 된다. 한랭사나 비닐터널 등으로 늦가을에 수확할 수 있게 한다.

❦ 간격

배추는 2-1-2 형식이나 3-2-3 형식으로, 약 20cm 간격을 두고 심는다.

❦ 거름주기

배추는 일반적으로 비료가 필요 없다. 원한다면 퇴비나 물고기 액비 등을 달마다 웃거름으로 줄 수 있다.

(샐리 씨의 조언과 비법)

**배추
햇빛 차단하기**

배추에 햇빛을 차단하는 한 가지 쉬운 방법은 배추 한 포기마다 우유갑을 활용하는 것이다. 우유갑의 양끝을 따서 배추에 뒤집어씌운다. 그런 다음 우유갑이 보이지 않게 양쪽으로 아프리카금잔화나 코스모스처럼 덤불이 생기는 꽃을 심는다.

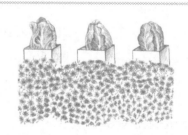

✽ 덮기

베어낸 풀, 솔잎 또는 퇴비를 활용한다. 민달팽이가 잎 등에 문제를 일으킬 수 있기 때문에 짚은 피한다.

○ 문제와 해결책

✽ 잎에 큰 구멍

민달팽이가 잎을 씹어 먹어 구멍을 내고, 끈적끈적한 흔적을 남긴다. 초봄에 민달팽이를 손으로 잡는다. 흙이 마를 때까지 덮개를 치워놓는다. 물빠짐이 좋은 두둑에 작물을 심으면 민달팽이 문제가 줄어들 것이다. 가을배추는 문제가 별로 없다.

○ 수확

청경채를 수확하려면 지표에서 2~3cm 위의 잎들을 거둔다. 그러면 다시 자랄 것이다. 속이 차는 배추는 수확하여 속을 활용한다.

옥수수

옥수수 *Zea mays* 벼과

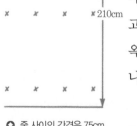

✪ 줄 사이의 간격은 75cm, 포기 사이의 간격은 25cm로 잡는다.

○ 가족 단위

아메리카 원주민들은 전통적으로 옥수수와 덩굴콩, 호박을 세 자매라고 부르며 함께 심었다. 나는 콩을 항상 옥수수와 같이 심지는 않지만 옥수숫대 사이로 호박 덩굴이 기어가게 만들어 사냥감을 찾아 돌아다니는 라쿤이 걸려 넘어지도록 유도한다.

○ 친구

한련은 세 자매 농법의 가장 좋은 친구다. 또한 옥수수 사이에 토끼풀을 심을 수도 있고, 가장자리를 따라 메밀을 심어도 된다.

○ 재배의 기초

옥수수는 비옥하고 물빠짐이 좋은 산도 5.5~6.8 사이의 흙을 좋아한
다. 흙의 온도가 21℃에 가까워질 때까지 기다렸다가 옥수수를 심는
다. 10~12cm 깊이의 골을 파 씨앗을 심고, 2~3cm 두께로 흙을 덮는
다. 옥수수가 자라면서 골을 메운다. 그 덕에 바람이 강한 곳에서도
옥수수는 잘 쓰러지지 않는다. 길게 줄지어 심기보다는 무리를 지어
심는 게 수분에 더 낫다. 씨앗과 어린 싹이 상할 수 있으니 퇴비와 똥
거름은 삼간다.

✿ 간격

줄 사이의 간격은 75cm, 포기 사이의 간격은 25cm로 잡는다. 발아
율이 높지 않은 품종이라면 2~3알을 한데 심은 뒤 필요하면 나중
에 솎아낸다. 세 자매 농법으로 옥수수를 심을 거라면 120~121쪽
에 나오는 삽화를 참고하라.

✿ 거름주기

옥수수는 많은 양분 특히 질소와 인이 필요하다. 옥수수가 약 20cm
이상 자라면 퇴비나 잘 부숙된 똥거름을 웃거름으로 주고, 이후 꽃
이 피면 또 준다. 물고기 액비로 엽면시비해도 된다.

✿ 덮기

짚과 낙엽 또는 신문지로 잘 덮는다. 아니면 옥수수를 심고 한 달
뒤에 살아 있는 덮개로 토끼풀을 심는다. 옥수수는 특히 옥수수수
염, 꽃, 자루가 발달하는 동안 많은 물이 필요하기 때문에 일주일마

다 최소 2.5cm의 물을 줘야 한다.

○ 문제와 해결책

❧ 벌레가 자루에 구멍을 내고 옥수수 알을 갉아먹는다

옥수수들명나방의 유충과 큰담배나방의 유충이 옥수수자루에 구멍을 낸다. 옥수수들명나방의 애벌레가 일으키는 문제를 예방하기 위해서는 가을에 옥수수 잔류물을 깨끗이 치우고 흙을 갈아엎은 다음 돌려짓기를 하고, 쑥국화와 여타 키가 작고 꽃을 피우는 허브와 꽃 등을 심어 기생말벌과 기생파리 등을 유인한다. 큰담배나방의 유충이 입히는 피해를 예방하기 위해 수염이 막 생기기 시작할 때 미네랄오일을 몇 방울 떨어뜨린다.

❧ 옥수수 알이 제대로 차지 않는다

옥수수자루에 알이 차지 않는 부위가 있다는 건 수분이 잘 안 됐다는 거다. 옥수수는 풍매 수분을 하기 때문에 수분이 제대로 되도록 무리를 지어 심는 게 중요하다.

❧ 어린 싹이 뿌리째 뽑힌다

새들이 씨앗을 먹으려고 옥수수 싹을 뽑는다. 이런 일이 발생한다면 다시 심고 물홈통망으로 덮는다.

○ 수확

옥수수자루 끝을 꼬집어보면 따도 되는지 알 수 있다. 끝이 딱딱하고 견고하면 딸 준비가 된 것이다. 아직 물렁거리면 준비가 되지 않은 것이다. 또한 옥수수수염도 확인한다. 수염이 마르고 갈색이면 옥수수가 익은 것이다. 아니면 옥수수 알 몇 개를 떼어내 손톱으로 찍는다.

까마귀와 기타 새들이 어린 옥수수 싹을 뽑곤
한다. 그래서 나는 좁은 골에 옥수수를 심고
물홈통망으로 덮는다. 여러 상표의 다양한 제
품들이 있다. 일반적으로 약 12cm 너비에 플
라스틱이나 철사로 만들기 때문에 골을 덮는
데 안성맞춤이다. 옥수수가 '천장'을 두드릴
때쯤이면 까마귀의 공격에도 버틸 정도로 충
분히 뿌리를 내린 상태가 된다.

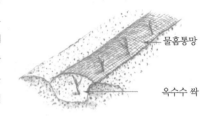

물홈통망

옥수수 싹

다 익은 옥수수 알에서는 유액이 나온다. 물(덜 익음) 같지도 않고, 진
한 크림(너무 익음) 같지도 않다.

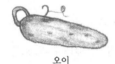

오이

오이 *Cucumis Sativus* 박과

○ 가족 단위

오이는 다른 호박 가족 작물들과 잘 어울린다. 격자구조물이나 울타
리를 타고 올라가게 심을 수도 있다. 오이는 잎채소들에게 여름의 열
기를 피할 그늘을 제공한다. 혹은 초여름에 양배추 가족 식물들 사이
에 오이를 심는다. 브로콜리와 양배추를 수확하면 오이 덩굴이 빈 공
간을 채울 것이다.

○ 친구

오이와 한련은 한데 얽혀 이로운 거미와 딱정벌레들에게 서식처를 제
공한다. 무와 천수국도 오이의 훌륭한 조력자다. 미역취는 오이 사이
에 재배하면 좋은 식물 친구다.

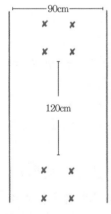

❂ 30cm 간격으로 오이씨 4
개를 심는다. 둔덕 사이의 간
격은 120cm다.

○ 재배의 기초

오이에겐 양지바르고 따뜻하며 물빠짐이 좋은 흙이 필요하다. 늦서리가 내리고 약 3주 정도 지나서 씨앗이나 모종을 심는다. 흙에 퇴비를 13kg 정도 넣고 작업해 약 0.03평 넓이의 둔덕을 만들어 준비한다. 남들보다 유리하게 시작하려면 초봄에 미리 둔덕을 만들어둔다. 둔덕이 빨리 따뜻해져서 좀 더 일찍 오이를 심을 수 있다.

🌱 간격

각 둔덕에 30cm 간격으로 오이씨 4개를 심는다. 둔덕 사이의 간격은 120cm다. 둔덕 주변으로 무와 천수국을, 둔덕과 둔덕 사이에는 한련을 심을 수 있다.

🌱 거름주기

오이 덩굴이 30cm 정도 자랐을 때 물고기 액비, 자주개자리 가루나 기타 유기질 비료를 주고, 한 달 뒤에 또 준다.

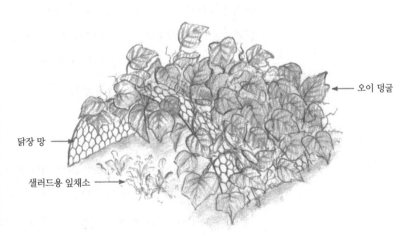

⭕ 오이 다리
샐러드용 잎채소를 오이 그늘 아래에서 재배하기 위해 닭장 망으로 만든 낮은 아치를 타고 오이 덩굴이 자라게 한다. 길이 150cm에 너비가 90cm인 닭장 망을 이용해 마치 낮은 다리처럼 두둑을 덮도록 설치한다.

오이 덩굴

닭장 망

샐러드용 잎채소

✤ 덮기

짚이 오이를 깨끗하고 건조하게 유지한다. 덩굴이 기어갈 자리에 짚을 두툼하게 깐다.

○ 문제와 해결책

✤ 맛이 쓰다

맛이 쓴 오이는 막 맺힐 때 물이 충분하지 않아서 그렇다. 꽃이 피자마자 주기적으로 오이에 물을 준다.

✤ 식물이 갑자기 시든다

갑자기 시드는 건 세균성 시들음병에 감염된 결과다. 날마다 물을 주어도 회복되지 않을 거다. 이 질병은 넓적다리잎벌레에 의해 퍼지기 때문에 앞으로 이 문제를 막으려면 오이를 심을 때 밭에 한랭사를 덮고 꽃이 피기 시작할 때까지 그대로 놔둬야 한다.

✤ 잎이 하얗게 덮였다

흰가루병곰팡이가 보내는 첫 신호로 잎 아래쪽에 둥글고 하얀 점들이 나타난다. 초기에 알아차려야 한다. 증상을 발견하면 7~10일 간격으로 베이킹소다를 처방해(347쪽의 간단한 조제법 활용) 살포한다. 저녁에 물을 주거나 가지가 너무 뻗는 걸 피하고, 덩굴이 고르게 공간을 차지하도록 유도해 공기 순환을 좋게 한다.

✤ 시들어 쪼글쪼글해진 잎

호박노린재가 즙을 빨아 먹으면 잎이 시들고 쪼글쪼글해진다. 심하게 감염된 식물은 뽑아서 처리한다. 앞으로 생길 문제를 막기 위해 심을 때부터 꽃이 필 때까지 한랭사로 식물을 덮는다.

오이가 트림하게 만든다고
피하지 마세요.
`Suyo Long`같이 트림이
안 나오는 품종도 있답니다.

🌿 잎에 노랗거나 갈색의 반점

노균병은 특히 습한 날씨에 나타나는 진균성 질병이다. 잎 아래에 보송보송한 솜털로 뒤덮인 보라색 반점이 생긴다. 이 질병은 빠르게 퍼진다. 가장 현명한 방법은 감염된 식물을 재빨리 뽑아서 없애는 것이다.

○ 수확

오이 크기가 작을 때 자주 따면 덩굴이 계속 생긴다. 또한 덩굴의 길이가 90cm에 이른다면 고불고불한 덩굴의 생장점을 똑 잘라서 잎이 아니라 오이 생산에 집중하게 한다.

가지 *Solanum melongena* 가지과

○ 가족 단위

가지는 토마토 가족의 다른 구성원들과 함께 기른다. 그들은 서로 많은 질병 문제를 공유하고, 한쪽에 같이 재배하면 돌려짓기가 훨씬 수월하다.

가지

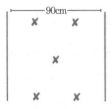

○ **40cm 정도 떨어뜨려**
2-1-2 형식으로 심는다.

○ 친구

가지 주위에 여러 향이 나는 허브와 꽃을 심는다. 특히 바질과 천수국, 딜이 좋다. 코스모스도 가지의 아름다운 조력자다.

○ 재배의 기초

양지바르고 물빠짐이 좋은 흙에 심는다. 늦서리가 내리기 4~8주 전에 실내에서 모종을 키우기 시작한다. 늦서리가 내리고 적어도 2주가 지난 다음 밖에 옮겨 심는다. 잘 부숙된 똥거름과 퇴비를 파종구마다 한 삽씩 넣는다.

🌾 간격

약 40cm 정도 떨어뜨려 2-1-2 형식으로 심는다. 1의 자리에 꽃을 피우는 조력자 식물을 심어도 좋다.

🌾 거름주기

달마다 물고기 액비를 살포한다.

🌾 덮기

판지나 여러 겹의 신문지를 덮개로 활용하고, 덮개에 구멍을 뚫은 다음 심는다. 베어낸 풀을 이용할 수 있다면 약간의 질소를 추가로 공급하기 위해 덮개로 덮기 전 베어낸 풀을 조금 깐다.

○ 문제와 해결책

🌾 어린 줄기가 잘린다

거세미가 어린 모종의 줄기를 갉아 먹는다. 모종을 다시 심을 때 줄기를 포일이나 종이로 감싼다.

거세미가 새로 심은 가지를 잘라놓은 적이 있다면 그들을 확실히 막을 방도가 필요할 것이다. 참치 캔이나 고양이 혹은 개의 간식 캔을 활용해보라. 캔의 위아래를 모두 따서 가지 모종을 심은 뒤 캔의 절반 정도가 땅에 들어가도록 흙에 박는다. 몰래 다가오는 거세미를 캔이 막을 뿐만 아니라 어린 모종에게 약간의 온기와 수분도 전해준다.

✅ 잎에 작은 구멍

원인은 벼룩잎벌레다. 익충과 새들이 있는데도 큰 문제를 일으킨다면 다음엔 꽃이 필 때까지 한랭사를 활용한다.

○ 수확

작은 가지를 따면 계속해서 달릴 것이다. 가지를 수확할 때 줄기에서 비틀어 따거나 칼이나 전정가위를 사용하여 자른다. 가지를 따는 동안에는 껍질에서 윤이 난다. 이런 현상이 누그러지면 과육이 질겨질 것이다.

마늘

├─90cm─┤

○ 사방 10cm 간격으로 마늘을 한 쪽씩 심는다.

마늘 *Allium sativum* 백합과

○ 가족 단위

마늘은 양파, 쪽파, 리크, 골파와 마찬가지로 양파 가족의 일원이다. 양파 가족과 함께 재배하거나 해충을 쫓을 목적으로 다른 가족과 섞어짓기할 수 있다. 마늘은 특히 가을에 심어 월동하는 샐러드용 채소에 잘 어울린다.

○ 친구

마늘은 친구가 따로 필요하지는 않고, 주로 자체 향으로 해충을 쫓는다고 알려져 있다. 봄에 심을 경우 당근과 양파, 비트에 사이짓기를 시도한다.

○ 재배의 기초

가을에 심는 게 비법이다(10월 한로와 상강 사이에 심는다고 기억하면 쉽다). 마늘은 양지바르고 비옥한 흙이 필요하다. 가을에 7cm 깊이로 뾰족한 끝이 위를 향하게 마늘을 한 쪽씩 심는다. 봄에는 4~5cm 깊이로 심는다. 마늘의 쪽을 떼어내 알뿌리 생산에 에너지를 쓰게 한다.

🌿 간격

사방 10cm 간격으로 마늘을 한 쪽씩 심는다.

🌿 거름주기

비옥한 흙에 심는다면 거름을 추가할 필요는 없다. 마늘 싹이 흙 밖으로 몇 센티미터 나오면 물고기 액비를 주변 흙이 흠뻑 젖도록 준다.

🌿 덮기

마늘은 풀과 경쟁하는 걸 좋아하지 않기 때문에 잘 부스러진 낙엽과 솔잎, 베어낸 풀 또는 짚으로 덮어준다. 수확량을 높이려면 물을 줘야 하지만 수확 2~3주 전부터는 물을 주지 않는다. 안 그러면 알뿌리가 썩을 수 있다.

○ 문제와 해결책

❧ 작은 알뿌리

봄에 심은 마늘은 크기가 좀 작은 편이다. 햇빛과 따뜻한 날씨, 양분이나 물이 부족하면 알뿌리가 작아질 수 있다. 가을에 심어보고 심기 전에 퇴비로 흙을 개선한다. 흙의 수분이 유지되도록 덮개를 덮는다.

❧ 썩은 알뿌리

물빠짐이 나쁜 흙에 심은 마늘은 썩을 수 있다. 다음에는 물빠짐이 더 나은 장소를 선택하거나 두둑을 높여 심는다.

○ 수확

마늘 줄기의 끝이 갈색으로 변하며 지기 시작하면 한두 개를 캐서 확인해본다. 잘 익은 마늘은 육안으로 쪽이 뚜렷하게 구분되고 잘 분리된다. 수확할 준비가 되면 모두 캔다(줄기가 약하기 때문에 잡아 뽑긴 어렵다). 햇빛이 들거나 따뜻하고 건조한 곳에 매달아 말린다(헛간, 차고 또는 베란다 위쪽). 몇 주 지난 뒤 줄기를 묶거나 알뿌리 몇 센티미터 위에서 줄기를 잘라내고 양파 망에 보관한다. 마늘은 서늘하고 건조한 저장고에서 장기간 보존된다. 마늘을 냉장고에 넣지 마라.

샐리 씨의 조언과 비법

마늘 살포액

마늘은 여러 요리에 활용되기도 하고, 친환경적으로 해충을 통제하려는 유기농 텃밭 농부에게 중요한 작물이기도 하다. 곤충을 쫓아내는 마늘 살포액을 제조하는 방법엔 여러 가지가 있다. 기본적인 마늘 살포액을 만들려면 마늘 몇 개를 썰어서 물 1리터에 섞는다(함께 믹서기로 갈아도 된다). 용액을 몇 시간 정도 가라앉힌 다음 살포하기 전에 면포 등으로 거른다. 알풍뎅이 같은 여러 해충이 이 용액을 싫어한다(여러분의 장미에서 더 이상 달콤한 향이 나지 않을 수도 있다).

케일

├─────90cm─────┤
X X X X X X
X X X X X X
X X X X X
X X X X X X

❂ 사방 17~20cm 간격으로 심는다.

케일과 콜라드 *Brassica oleracea* 십자화과

○ 가족 단위

케일과 콜라드는 모두 재배 기간이 긴 내한성 채소다. 콜라드는 남부에서 즐기는 채소다. 나는 케일과 콜라드를 양배추 가족과 묶는다. 가을에 심는 콜라드를 마늘, 상추, 당근 등 기타 만기재배하는 작물과 함께 묶을 수도 있다.

○ 친구

바질, 딜, 천수국 및 민들레와 금잔화처럼 꽃이 일찍 피는 식물이 좋은 조력자다. 어떤 연구에서는 토마토에 콜라드를 사이짓기하면 벼룩잎벌레와 배추좀나방이 줄어드는 효과가 있다고 밝혀졌다. 또한 조력자로 개박하를 활용하면 콜라드에 벼룩잎벌레의 피해가 줄어든다고 밝힌 연구도 있다.

○ 재배의 기초

가능하다면 늦서리가 내리기 4주 전에 케일이나 콜라드 씨앗을 심는다(콜라드는 재배 기간이 길고, 케일은 더운 날씨에 자람새가 좋지 않다). 퇴비를 넣어 비옥한 흙에 케일을 심는다. 콜라드는 척박한 흙에서도 잘 자란다. 두 작물은 양지바른 곳을 좋아하는데, 케일은 더운 날씨에는 그늘이 좀 지는 게 좋다. 북동부에서 콜라드는 봄에 아주 일찍 심거나 초봄과 겨울에 수확할 목적으로 가을에 심어야만 성공한다.

〰 간격

케일 씨앗은 사방 17~20cm 간격으로 심는다. 좀 배게 심어서 윗부분만 가위로 잘라 수확할 수도 있다. 콜라드는 사방 38cm 간격으로 심거나 2-1-2 형식으로 넓게 심는다.

✽ 거름주기

케일은 다비성 작물이다. 달마다 물고기 액비나 해초 추출물을 엽면시비하거나 퇴비를 웃거름으로 준다. 콜라드는 거름이 필요하지 않지만 달마다 퇴비로 웃거름을 주거나 물고기 액비로 엽면시비하면 좋다.

✽ 덮기

케일은 배게 심으면 알아서 공간을 차지하며 덮는데, 케일이 자라서 흙을 덮기 전까지는 베어낸 풀로 사이사이를 덮는다.
콜라드는 덮개가 많이 필요하다. 신문지를 덮은 뒤 구멍을 내서 심거나 낙엽으로 잘 덮는다. 가을이 다가올수록 낙엽으로 식물 근처나 사이사이를 두껍게 덮는다. 겨울철에 땅이 얼기 시작하면 작물을 보호하기 위해 전체를 몇 센티미터 두께의 낙엽으로 덮는다.

○ 문제와 해결책

✽ 잎에 구멍이 난다

양배추은무늬밤나방과 흰나비 유충이 장본인이다. 눈에 띄는 대로 해충들을 손으로 잡는다. 앞으로 일어날 문제를 막기 위하여 작물을 심은 뒤 한랭사로 덮는다.

✽ 작고 검은 반점과 함께 잎이 시든다

얼룩노린재가 장본인이다. 빨갛고 검은 이 곤충은 0.6cm 길이에 방패 모양을 하고 있다. 얼룩노린재는 주로 남부쪽 해충이다. 재배 초반에 손으로 잡아서 통제하고, 검은색 고리 모양으로 단정하게 낳은 알을 짓눌러버린다.

🌿 잎에 작고 촘촘한 구멍

벼룩잎벌레가 케일과 콜라드 잎에 작은 구멍을 낸다. 그들을 몰아내는 데 도움이 되는 동반식물을 심는다. 앞으로 이 문제를 예방하려면 심은 뒤에 가능하면 빨리 한랭사로 덮는다.

🌿 잘 자라지 않고 뿌리 기형

뿌리혹병은 흙에서 7년 동안 지속되는 심각한 세균성 질병이기 때문에 돌려짓기 주기를 길게 잡는 게 중요하다. 뿌리혹병은 산성흙에서 더 만연하기 때문에 토양산도를 측정해서 필요하면 중성에 가까워지도록 석회를 뿌린다.

🌿 잎에 어두운 병변

줄기검은병, 검은무늬병, 반점병, 리족토니아 같은 일부 심각한 질병은 콜라드 생산을 망칠 수 있다. 문제가 퍼지기 전에 감염된 식물을 빨리 제거한다. 케일은 질병 문제가 거의 없다.

○ 수확

326쪽에 나오듯이 케일은 잘라서 다시 나오게 하는 방법으로 언제든

샐리 씨의 조언과 비법

**햇빛
차단하기**

콜라드가 푸를 때도 아주 좋지만, 햇빛을 차단하면 콜라드가 얼마나 연해지는지 놀라울 정도다. 콜라드가 약 30cm 길이 정도로 자랐을 때 햇빛을 차단하고자 흙에서 20cm 떨어진 지점까지를 고무 밴드로 넓게 감싼다. 수확할 때까지 고무 밴드를 그대로 놔둔다.

지 수확할 수 있다. 어린잎은 요리하기에 가장 연하다.

낙엽으로 콜라드를 덮으면 겨울에 수확하고도 초봄에 다시 수확할 수 있다. 겉잎을 떼어내도 중심부에서 계속 잎을 생산할 것이다.

리크 *Allium porrum* 백합과

리크

○ 10cm 간격으로 한 줄로 심는다.

○ 가족 단위

리크는 여러 채소와 잘 자라기 때문에 어떠한 작물 가족에 추가해도 괜찮다. 나는 양파와 상추 사이에 심는 걸 좋아한다(리크가 당근뿌리파리를 쫓아낸다). 셀러리와 사이짓기하면 동시에 햇빛을 차단할 수 있어 편하다.

○ 친구

리크는 여러 해충을 직접 쫓아내거나 혼란스럽게 할 수 있어 꽃이나 허브 조력자가 필요 없다.

○ 재배의 기초

리크는 양지바른 곳을 좋아하지만 그늘이 조금 져도 괜찮다. 어떤 흙에서도 잘 자라지만 물빠짐이 좋고 산도 6.0~7.0의 비옥한 흙이 좋다. 늦서리가 내리기 10~12주 전에 실내에서 모종을 키운다. 10~15cm 정도 자라고 서리가 내릴 위험이 사라지면 밖에다 옮겨 심는다. 20cm 깊이로 골을 타고 밑바닥에 퇴비를 섞는다. 골에다 리크를 놓고 약 10cm쯤 흙을 덮으면 끝부분만 보일 정도가 된다. 줄기에 햇빛을 차단하기 위해 북을 줘서 덮는다. 잎들이 만나는 지점이 흙 밖으로 나오게 한다.

흙이 너무 질거나 물빠짐이 나쁘면 골이 아니라 지표 근처에 심거나 흙무더기를 만들거나 혹은 304쪽에 나오는 셀러리의 널빤지 사이에 재배한다.

❧ 간격
옆으로 꽃이 피는 조력자와 함께 한 줄로 포기당 10cm 간격으로 심는다. 더 집약적으로 심는다면 15~20cm 간격으로 골을 타서 그 사이에 충분한 공간을 남긴다.

❧ 거름주기
굶주린 작물을 위해 잘 부숙된 똥거름이나 퇴비를 골에 충분히 넣는다. 2-3주마다 퇴비를 웃거름으로 준다.

❧ 덮기
한 번씩 북을 주면 덮개 역할을 해줘서 따로 덮개로 씌울 필요가 없다. 겨울철 땅에다 리크를 저장하려면 두둑 전체에 몇 센티미터 두께로 낙엽을 덮어 얼지 않게 한다. 겨울부터 이듬해 봄까지 필요하면 계속 리크를 캘 수 있다.
리크는 물이 많이 필요하기 때문에 흙이 말랐다 싶으면 지표에서 5cm 아래까지 젖도록 물을 흠뻑 준다.

○ 문제와 해결책
리크는 고민거리가 별로 없다. 다른 식물들의 문제를 해결하기 위해 리크를 이용할 수 있다. 여러 유기농 농부들이 살균제로 리크를 살포(물 1리터에 리크 2~3개를 혼합하여 잘 거름)하곤 한다. 리크에는 해충을 쫓아내는 황 성분이 함유되어 있기 때문이다.

샐리 씨의 조언과 비법

리크의 번식

한번 리크를 재배하면 다시 씨를 심을 필요가 없다. 해마다 리크에 꽃이 피어 씨가 맺히도록 놔두기만 하면 된다. 리크의 구슬눈을 채취해(남부에서는 가을에 이루어지지만, 북부에서는 이듬해 봄에) 넣어 말린 뒤 이듬해 봄에 심어도 된다.

○ 수확

리크가 수확할 만큼 자라면 거두기 시작해 여름부터 초봄까지 계속 수확할 수 있다. 오래 수확할 정도로 충분히 심었다면 말이다. 리크는 요리하기 전에 묻은 흙을 씻어낸다.

로메인 상추

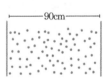

○ 씨앗을 흩뿌려 심는다.

상추 *Lactuca sativa* 국화과

○ 가족 단위

상추는 양파, 뿌리작물과 함께 잘 자란다. 또한 서늘한 그늘을 제공하는 키 큰 작물과 재배해도 좋다. 상추를 브로콜리, 콜리플라워 또는 가지처럼 잎이 퍼지는 작물이나 덩굴콩의 원뿔형 지주 아래에서 재배해보라.

상추에는 잎이 벌어지는 유형과 속이 차는 유형이 있다. 각각마다 다양한 품종이 있다. 속이 차는 상추로 가장 널리 알려진 건 크리스프헤드(crisphead)와 아이스버그(iceberg)다. 로메인 또는 코스 상추는 조밀하고 빽빽한 송이 모양으로 22cm 정도 자란다. 버터헤드 상추는 반결구에 버터 맛이 나는 잎이 달린다. 잎이 벌어지는 상추는 녹색부터 빨간색이나 갈색까지 잎 색이 다양하며 어떤 건 더위에도 꽤 강하다.

○ 친구

약간 그늘진 곳에서 자라는 걸 좋아하기 때문에 키가 큰 한해살이 꽃
옆에 심는다. 나는 담배, 풍접초, 티토니아를 활용하곤 한다.

○ 재배의 기초

상추는 평범한 흙에서 잘 자라고, 그늘이 조금 지는 양지바른 곳을 좋
아한다. 늦서리가 내리기 몇 주 전 봄에 씨앗을 심고, 생산량을 최대
화하기 위해 2주마다 연속해서 심는다. 지표면을 잘 고르고 준비해야
연약한 싹이 자리를 잡고 자랄 수 있다. 가을 상추는 7월 말이나 8월
에 시작하여 9월 내내 심을 수 있다. 어떤 품종은 겨울을 나기도 한다.
모종을 옮겨 심어도 되는데, 늦서리가 내리기 12주 전에 실내에서 모
종을 키우기 시작한다.

❧ 간격

상추를 심는 가장 쉬운 방법은 두둑에 씨앗을 흩뿌리는 것이다. 잎
이 벌어지는 상추는 7~8cm 간격으로 드물게 심는다. 속이 차는 결
구 상추는 공기가 잘 통하도록 17~20cm 간격으로 드물게 심는다.
결구 상추도 솎아서 먹을 수 있다는 걸 기억하라.

❧ 거름주기

미리 퇴비나 기타 유기물을 추가하여 흙을 준비하면 재배 기간에
거름을 더 줄 필요가 없다.

❧ 덮기

상추를 덮개로 덮는 문제에 관해서는 의견이 분분하다. 한쪽에서
는 덮개가 어둡고 축축한 곳을 좋아하는 민달팽이를 유인할 수 있

다고 하고(솔잎은 민달팽이가 싫어하는 덮개의 유형일 수 있음), 다른 한쪽에서는 덮개가 상추 잎이 흙에 닿는 걸 막아 특히 결구 상추가 썩는 문제를 최소화하는 데 도움이 된다고 한다. 덮개를 덮느냐 마느냐는 여러분이 염려하는 게 무엇인가에 달렸다.

○ 문제와 해결책

🌿 잎에 크고 너덜너덜한 구멍이 생긴다

민달팽이가 상추를 잘 먹는다. 이른 아침에 손으로 민달팽이를 잡거나 민달팽이를 꾀기 위해 상추 근처에 널빤지를 놓는다. 밑에 붙은 민달팽이를 새들이 잡아먹도록 낮에 널빤지를 뒤집어 놓거나 비눗물이 담긴 들통에 턴다.

토끼도 상추를 먹는다. 상추 주변에 고추를 드문드문 심어 토끼를 내쫓거나 장애물로 낮은 울타리를 설치한다.

🌿 고불고불하고 비틀린 잎

진딧물이 상추 잎의 즙을 빨아 먹어 작물을 망가뜨릴 수 있다. 고압의 물을 뿌려서 진딧물을 씻어낸다. 진딧물의 천적을 유인하기 위해 꽃을 피우는 조력자들을 여럿 심는다.

어린잎이 비틀리고 고불고불하다면 바이러스성 질병 때문일 수 있다. 감염된 식물을 뽑아서 제거한다. 상추 근처에 과꽃 종류는 심지마라.

○ 수확

잎이 벌어지는 상추는 수시로 잘라서 수확하면 또 자란다. 계속해서 다시 자라기 때문에 쓴맛이 나지 않을 때까지 수확할 수 있다. 결구 상추도 이와 같은 방식으로 수확할 수 있지만, 크기를 키워 수확하려

텃밭 농부들이 상추가 완전히 자랄 때까지 참을성 있게 기다린다는 사실을 알고는 놀랐다. 나는 참을성이 없어서 몇 주만 상추가 자라게 놔둔다. 나는 잘라서 수확하고 다시 자라게 하는 방법을 활용해 새로 나온 부드러운 상추 잎을 즐긴다. 가위를 이용해 지표에서 3~5cm 되는 지점을 잘라낸다. 이 기술은 상추와 시금치, 근대, 꽃상추 및 근연종에 적용할 수 있다. 자주 수확하면 잎채소들이 씨앗을 맺는 걸 멈출 수도 있다.

3cm 정도 남기고 수확한다.

면 상당한 크기로 자랄 때까지 자르지 말고 놔둔다.

멜론

멜론 *Cucumis melo* 박과

○ 가족 단위

호박, 오이, 박 같은 다른 호박 가족 작물과 함께 멜론과 수박을 재배한다.

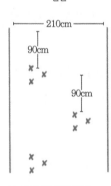

❖ 씨앗 사이의 간격은 30cm로 하여 90cm 간격의 둔덕에 심는다. 덩굴이 밭 전체를 뒤덮을 것이다.

○ 친구

두 둔덕마다 한련 하나씩을(또는 줄을 지어 심었다면 세 둔덕마다 하나씩) 멜론과 함께 심는다. 나는 멜론 둔덕 주위에 벼룩잎벌레를 쫓기 위해 무나 천수국을 심기도 한다.

○ 재배의 기초

멜론은 오랫동안 따뜻하거나 물빠짐이 좋거나 모래흙인 곳에서 사는 걸 좋아한다. 텃밭에 직접 씨앗을 심을 수도 있지만 유리하게 시작하려면 모종을 사거나 키워서 심는다. 늦서리가 내릴 즈음에 실내에서 멜론 모종을 키우기 시작한다. 흙의 온도가 20℃ 이상이 되면(보통 늦서리가 내리고 3주 뒤쯤) 밖에다 씨앗이나 모종을 심는다. 텃밭이 중점토라면 심기 전에 유기물을 다량 넣어준다. 또한 고깔(플라스틱 우유통 같은 걸 잘라서 만듦)을 씌우기도 한다.

🌱 간격

씨앗 3~5개나 모종을 둔덕에 혹은 무리를 지어 30cm 간격으로 심는다. 둔덕은 일반 둔덕의 두 배 너비(30cm 너비의 통로가 있는 90cm 너비의 두둑 두 개)로 만들고, 90cm 간격으로 배치한다. 덩굴이 밭 전체를 뒤덮을 것이다.

🌱 거름주기

멜론은 다비성 작물이라 심을 때 해록석과 뼛가루 또는 인광석을 추가한다. 열매가 달리면 물고기 액비를 잎에 살포하고 2주 뒤에 또 준다.

🌱 덮기

전에 호박덩굴벌레나 민달팽이 문제가 있었다면 파종구에 덮개를 잘 덮는다. 검정비닐을 활용하거나 멜론 주변에 흰토끼풀을 심는다.

주기적으로 물을 주다가 수확하기 적어도 3주 전부터는 주지 말고 한꺼번에 수확한다.

○ 문제와 해결책

🌱 맛없는 멜론

여름에 날씨가 서늘하거나 물을 너무 많이 주면 맛이 없어진다. 검정비닐로 덮거나 열을 가할 수 있는 다른 방법을 시도한다.

🌱 덩굴이 갑자기 시든다

건강해 보이는 식물이 시든다면 세균성 시들음병일 수 있다. 이 질병은 넓적다리잎벌레가 퍼뜨리며 딱히 치료법이 없다. 감염된 덩굴을 뽑아서 제거한다. 앞으로는 심을 때 해충이 작물에 접근하지 못하게 한랭사를 덮는다. 수분할 때는 한랭사를 벗긴다.

호박덩굴벌레의 먹이 활동도 작물이 시드는 원인일 수 있다. 텃밭에서 이들이 월동하지 못하도록 가을에 식물의 잔류물을 깨끗하게 싹 정리한다.

멜론밭 여기저기에 평평한 돌이나 짧은 널빤지를 놓고 징검다리처럼 밟고 다녀요.

○ 수확

첫서리가 내리기 약 한 달 전에 크기가 작은 멜론과 덩굴의 싹을 따내어 열매를 키우는 데 에너지를 집중시킨다. 멜론은 푸른색이 노랗게 되거나 황갈색이 되며 익는다. 줄기가 부러지거나 쪼글쪼글해져 익었을 때 따기 쉬워진다. 수박의 경우 덩굴이 붙어 있는 줄기 밑동 부근의 덩굴손을 확인한다. 덩굴손이 마르고 갈색으로 변하면 딸 때가 된 것이다.

샐리 씨의 조언과 비법

멜론 받침대

큰 깡통을 구해서 멜론을 올려 '왕좌'처럼 활용한다. 빈 깡통을 거꾸로 흙에 박고 그 위에 어린 멜론을 얹는다. 멜론이 가열되면서 축축한 흙 위에 놔둘 때보다 썩을 위험이 줄어든다.

3cm 가량 흙에 박는다.

양파

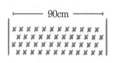

양파 *Allium cepa* 백합과

○ 가족 단위

양파는 잎채소나 기타 뿌리채소와 함께 잘 자란다. 양파가 여러 종류
의 해충을 막거나 혼란스럽게 하는 데 도움이 되기 때문에 나는 모든
작물 두둑에 양파를 몇 개씩 섞어짓기한다.

○ 친구

장미와 양파는 고전적인 동반식물 단짝으로서 양파가 장미의 해충을
쫓아내는 데 도움이 된다. 양파는 해충 문제가 별로 없어서 친구가 반
드시 필요하진 않지만 피튜니아랑 함께 심으면 보기에 좋다.

○ 재배의 기초

양파는 재배하기 쉽고 척박한 흙에서도 잘 견딘다. 그러나 심기 전에
잘 부숙된 똥거름이나 퇴비를 넣으면 좋은 알뿌리를 생산할 수 있다.
가능하면 볕이 잘 드는 곳에 심는다.

　씨앗으로 심을 거라면 연약한 싹이 자리를 잡을 수 있도록 흙을 잘
준비해야 한다. 빠르고 쉽게 양파를 재배하려면 씨앗 대신 모종을 심
어라. 봄에 흙일을 할 수 있게 되자마자 3cm 깊이로 심는다.

🌱 **간격**

넓은 줄에 사방 5~7cm 간격으로 양파를 심는다. 싹이 너무 조밀하
게 나면 솎아서 샐러드로 먹는다. 비트나 당근과 함께 섞어짓기할
거라면 식물들 사이에 7~10cm 정도 공간을 남긴다.

❦ 거름주기

양파가 약 20cm쯤 자랐을 때(알뿌리가 커지기 시작할 즈음) 양파 잎에 해초 추출물이나 물고기 액비를 살포한다.

❦ 덮기

양파를 집약적으로 심었을 땐 베어낸 풀처럼 야들야들한 덮개가 아니라면 뭘 덮기가 힘들다. 풀과 경쟁하기엔 양파가 약하기 때문에 먼저 자리를 잡게 한다(양파는 작은 뿌리로 큰 알뿌리를 만들어야 한다). 잡초호미나 그와 비슷한 농기구를 활용해 양파 사이에서 자라는 풀을 살살 제거한다.

1주일에 한 번씩 흙이 3cm 정도 젖도록 물을 주되 양파 잎이 갈색으로 변하면서 쓰러지면 그만 준다.

○ 문제와 해결책

❦ 썩은 양파

심을 때 흙이 너무 차고 찐득하면 양파가 흙 속에서 썩을 수 있다. 양파를 썩게 하는 질병도 여럿 있다. 썩은 양파는 폐기하고 유기물이 풍부하고 물빠짐이 좋은 흙에 다시 심는다.

❦ 작은 양파

양분이 부족하거나 풀과 경쟁하느라 양파가 작고 연약할 수 있다.

양파를 자를 때 눈물이 난다면 먼저 양파를 차갑게 만든 다음 찬물 속에서 자르거나 혹은 양초를 키고 자르세요. 멋진 분위기를 연출해줄 겁니다.

샐리 씨의 조언과 비법

양파 흩뿌리기

상추나 당근 씨앗을 흩뿌리는 것처럼 양파 알뿌리를 흩뿌려서 심는 시간을 절약할 수 있다. 두둑 전체에 사방 7cm 간격으로 떨어지게 알뿌리를 던져놓는다. 그런 다음 두둑을 경토로 3cm 정도 덮는다. 자연이 알아서 일을 빈틈없게 잘 처리한다.

작은 양파도 먹을 순 있다. 앞으로 더 튼튼한 양파를 수확하려면 물고기 액비로 엽면시비를 하고, 풀을 잘 매도록 한다.

☙ 잎에 은색의 줄무늬

잎에 줄무늬가 생기는 건 총채벌레가 먹이 활동을 한다는 신호다. 수확은 할 수 있을 것이다. 총채벌레를 막으려면 양파 사이에 반짝이는 알루미늄 포일 조각을 놓아라.

☙ 알뿌리가 쪼개진다

양파가 반으로 쪼개지는 건 물을 고르게 주지 않았거나 재배 기간 후반에 질소질이 너무 많았다거나 저장을 잘못했기 때문이다. 쪼개진 양파도 썩기 전에는 먹을 수 있다. 토양 수분을 고르게 하기 위해선 덮개를 덮어야 한다.

○ 수확

양파의 줄기가 갈색으로 변하면서 쓰러지기 시작하면 수확할 때가 된 것이다. 양파 잎을 구부려서 그 과정을 촉진할 수 있다. 잎이 지거나 부수어진 다음 약 1주일 정도 기다렸다가 잎이 붙어 있는 상태로 부드럽게 뽑는다(흙이 너무 습하면 캐내자마자 땅에 일주일 정도 두고 햇볕에 말린다). 다발로 걸어놓거나 양파 망에 넣고, 서늘하고 건조한 장소에 보관한다.

완두

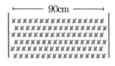

➊ 사방 3~5cm 간격으로
씨앗을 심는다.

완두 *Pisum sativum* 콩과

○ 가족 단위

완두와 강낭콩을 짝으로 짓는 것은 이치에 맞다. 그들은 같은 식물학적 가족(콩 가족)에 속하고 필요한 토양 환경도 비슷하다. 그리고 완두를 수확하는 시기가 곧 강낭콩을 심는 시기이기 때문에 한 두둑에서 두 작물을 모두 얻을 수 있다. 샐러드용 채소도 이들과 함께 잘 자란다. 보리콩과 껍질완두(꼬투리도 먹음) 및 일반 완두는 재배 요건이 모두 같다.

○ 친구

완두는 해충이 거의 없다. 그래서 그저 꽃이 일찍 피고 보기에 좋은 어떠한 꽃이나 허브와 재배해도 좋다. 봄에 꽃이 피는 키 작은 금잔화, 천수국, 스위트알리숨, 패랭이, 팬지 같은 식물로 완두 두둑의 가장자리를 예쁘게 꾸민다. 나는 퍼플 웨이브라는 피튜니아를 완두 두둑 가장자리에 재배하는 걸 좋아하는데, 두둑 옆으로 피튜니아가 늘어지는 모습이 예쁘기 때문이다.

○ 재배의 기초

완두는 기온만 적당하면 재배하기 쉽다. 완두 씨앗은 4~24℃일 때 싹이 트고, 서늘한 날씨에서 자라는 걸 좋아한다. 봄에 흙일을 할 수 있게 되면 바로 씨앗을 심는다. 늦서리가 내리기 몇 주 전에 심어도 된다(흙이 차가울 땐 구멍을 파기보다는 연필이나 젓가락으로 콕콕 구멍을 낸다). 완두는 양지바른 곳을 좋아하지만 약간 그늘이 져도 견딜 수 있다. 일반적인 흙에서도 잘 자라지만, 산도가 6.0 이상인 곳을 좋아한다. 가을에 수확할 목적으로 7월 말이나 8월 초에 심어도 좋다. 완두는 서늘한 가을 날씨에도 아름답게 자랄 것이다. 추운 날씨가 장기간 이어질 거라고 예보되면 한랭사로 덮는다.

❦ 간격

키 작은 완두를 무리로 심을 때는 사방 3~5cm 간격으로 씨앗을 심는다. 덩굴을 뻗는 완두는 격자구조물 아래에 5~10cm 간격으로 심는다.

❦ 거름주기

완두는 거름이 많이 필요하지 않다. 흙이 비옥하다면 꽃이 필 때쯤 물고기 액비나 기타 유기질 거름을 조금 준다. 잘 부숙된 똥거름은 쓰지 않는다. 질소 과잉이 되기 때문이다.

❦ 덮기

완두 농사를 잘 지으려면 흙이 서늘해야 하기 때문에 신문지 몇 장이나 짚 또는 베어낸 풀을 약 7cm 정도 덮는다. 기온이 시원하게 유지된다면 일주일에 흙을 1~2cm 적실 정도의 물만 있으면 된다.

○ 문제와 해결책

❦ 완두가 갑자기 죽는다

날씨가 더우면 완두가 꼬투리를 맺기 전에 죽을 수 있다. 앞으로는 봄에 더 일찍 심거나 가을에 심어보라(첫서리가 내리기 12주 전에 심음). 뿌리를 덮개로 덮어 한낮의 뜨거운 햇빛으로부터 보호한다. 차광막으로 완두의 피신처를 만들거나 키가 큰 작물의 동쪽에 키가 작은 완두를 심어도 좋다.

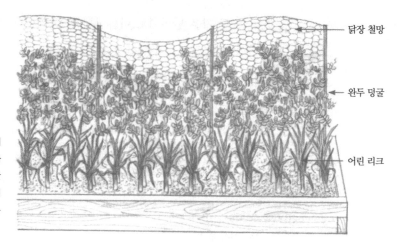

○ 닭장 철망

○ 완두 덩굴

○ 어린 리크

● 완두콩 초기
틀밭에서 자라는 완두를 위해 가운데가 아래로 향한 S자 형태의 격자구조물을 설치한다. 두둑의 나머지 부분엔 리크와 샐러드용 잎채소 같은 내한성 작물을 심는다.

🌱 꽃이 적게 피고 덩굴이 많이 뻗는다

질소가 너무 많으면 꽃이 피지 않고 덩굴만 무성해진다. 최근에 잘 부숙된 똥거름이나 기타 질소질 거름을 넣었던 흙에 완두를 심지 마라. 날씨도 꽃이 피는 시기에 영향을 미친다. 덩굴 끝을 잘라서 꽃이 피도록 유도한다.

🌱 꽃은 피는데 꼬투리가 생기지 않는다

수분이 되지 않아서 그럴 수 있다. 완두는 제꽃가루받이 식물이기에 덩굴을 흔들거나 수분용 붓 등으로 수꽃에서 암꽃으로 꽃가루를 옮겨준다.

🌱 색이 변하고 시드는 줄기

세균과 곰팡이가 이런 증상의 원인일 수 있다. 감염된 식물을 뽑아서 제거한다. 질병이 확산되는 걸 막으려면 완두가 젖었을 때 건드리지 말아야 한다.

🌿 잎에 무언가가 하얗게 덮었다

흰가루병은 텃밭에 흔한 골칫거리다. 아침에 물을 주고, 점적관개를 활용하고, 공기 순환을 도와서 증상을 최소화할 수 있다. 상태가 심각하다면 감염된 식물을 뽑아서 제거한다.

○ 수확

완두 꼬투리가 발달하면 날마다 몇 개 따서 샘플로 꼬투리나 콩을 맛본다. 모든 완두 품종은 덩굴에 너무 오래 있으면 딱딱해지고 단맛이 줄어든다.

보리콩은 부드럽고 납작할 때 딴다. 꼬투리가 부풀어 오르기 시작하면 딱딱해진다. 껍질완두는 꼬투리가 둥그레졌을 때 가장 맛있다. 껍질까지 먹는 품종들은 꼬투리가 푸르고 통통할 때 따는 게 좋다. 가위로 꼬투리를 잘라서 거두는데, 꼬투리를 손으로 잡아당겨 따다가는 덩굴이 땅으로 떨어지기 쉽기 때문이다.

날마다 수확하여 꾸준히 생산하게 한다. 더운 날씨만이 완두의 농사철을 끝낼 수 있다.

샐리 씨의 조언과 비법

접종제 보험

완두와 강낭콩을 좋아한다면 접종제란 단어를 반드시 기억해야 한다. 접종제란 완두와 강낭콩 같이 공기의 질소를 식물이 이용할 수 있는 형태로 변화시키는 콩과식물을 도와주는 이상적인 박테리아를 함유한 특별한 가루다. 이 접종제 가루는 농자재 용품점 등에서 구입할 수 있다. 포장지에 쓰인 사용법에 따라 완두 등을 심을 때 접종제를 넣는다. 심기를 마친 다음 물을 줘야 한다. 물론 접종제 없이도 콩과작물을 재배할 수 있지만, 저렴한 보험이나 마찬가지인 접종제를 구입하지 않을 이유는 없다. 농사의 결과물이 달라진다.

피망

○ 3-2-3 형식으로 사방 25~30cm 간격을 두고 모종을 심는다.

고추 *Capsicum annuum* 가지과

○ 가족 단위

고추는 토마토 가족에 속하며 토마토와 가지 같은 다른 구성원들과 함께 심는 게 가장 좋다.

○ 친구

고추에 좋은 허브 조력자에는 고수, 회향, 바질이 있다. 천수국과 코스모스, 태양국 및 키 작은 해바라기 품종도 피망과 함께 잘 자란다.

○ 재배의 기초

고추는 양지바르고 따뜻한 날씨와 비옥하고 촉촉한 흙을 좋아한다. 봄에 늦서리가 내리기 6~7주 전에 실내에서 모종을 키운다. 하지만 대부분의 텃밭 농부들은 모종을 구입한다. 모종은 서서히 찬바람을 쐬어 튼튼하게 한 다음 기온이 12℃ 이상일 때 밖에다 옮겨 심는다. 고추는 밤 기온이 12℃ 이상일 때 가장 잘 자란다. 낮 기온이 32℃ 이상이면 꽃이 떨어질 수 있다.

✿ 간격

나는 2-1-2 형식이나 3-2-3 형식으로 사방 25~30cm 간격을 두고 고추를 심는다. 이렇게 배게 심으면 고추의 잎 그늘이 풀을 억제하고 흙의 수분을 유지하게 한다. 두 가지 형식으로 심을 때마다 가운데에 고추 대신 꽃과 허브 조력자를 심어도 된다.

✿ 거름주기

나는 할아버지께 고추에 거름을 주는 방법을 배웠다. 이미 돌아가

셨지만 아직도 나에게 이야기하시던 할아버지의 걸걸한 목소리가 들리는 것 같다. "고추 한 포기에 성냥 반을 넣어라!" 고추를 심을 구멍에서 약 5cm 떨어진 곳에 성냥을 흩뿌린다. 성냥이 흙의 산도를 약간 낮출 수 있을 정도의 황을 제공하여 고추가 무럭무럭 잘 자란다.

또한 심을 때 잘 부숙된 똥거름이나 퇴비를 모종삽 가득 고추 심을 구멍에 넣고, 흙을 몇 센티미터 덮는다(고추의 뿌리가 거름에 직접 닿지 않음). 고추에 꽃이 피면 물고기 액비를 살포한다. 꽃에 황산마그네슘 희석액(물 1리터에 티스푼 하나)을 뿌린다. 마그네슘이 열매가 잘 달리도록 돕는다.

☙ 덮기

고추는 풀, 짚, 검정비닐 또는 신문지로 덮는다. 꽁지썩음병 같은 성장 장해를 막으려면 흙을 고르게 촉촉하게끔 유지한다. 특히 꽃이 필 때 유의한다.

○ 문제와 해결책

☙ 꽃이나 어린 열매가 떨어진다

꽃이나 열매가 떨어지는 건 보통 기온이 너무 춥거나 더워서 그런 것이다. 붕소 결핍이 문제일 수도 있는데, 일반적으로 토양산도가 낮아서(6.5 이하) 그렇다. 빨리 바로잡으려면 흙에 붕사를 추가한다. 물 약 40리터에 붕사를 한 티스푼 정도 섞으면 3평의 텃밭에 흠뻑 줄 수 있다.

☙ 열매에 말랑말랑한 부분이 생긴다

고추가 직사광선에 노출되면 열매가 데일 수 있다. 데인 부분은 물렁거리다 썩는다. 볕에 데이는 걸 예방하려면 고추 주변에 키가 큰 꽃을 심어 그늘을 만들면 된다.

❧ 열매가 생기지 않는다

기온이 너무 높거나 낮으면 꽃이 떨어지기 때문에 고추가 열매를 맺지 못한다. 이런 문제를 해결하려면 흙이 따뜻해질 때까지 기다렸다가 고추를 심어야 한다.

양분 결핍 때문일 수도 있다. 흙의 인 성분을 높여야 할 수 있으니 인광석과 뼛가루 또는 해록석 등을 추가한다. 마그네슘을 추가하려면 토양산도가 6.0 이상이 되도록 황산마그네슘 희석액을 살포한다.

❧ 잎에 검고 희미한 반점

잎과 열매에 생기는 검은 반점은 습하고 서늘한 날씨에 식물에 번성하는 질병인 탄저병 때문일 수 있다. 심하게 감염된 식물을 제거하여 없애버린 뒤 날씨가 좋아지길 바란다.

❧ 열매 아래쪽에 검고 말랑한 부분

꽁지썩음병은 고추의 아랫부분을 말랑하고 쪼글쪼글하게 만든다. 성장기 초반에 물을 고르지 않게 줘서 고추에 꽃이 필 때 칼슘이 결핍돼 발생할 수 있다. 물을 균등하게 주어 예방해야 한다.

❧ 잎에 작은 구멍

벼룩잎벌레나 조명나방 때문일 수 있다. 벼룩잎벌레는 검은 머리에 회적색을 띠는 애벌레다. 벌레와 고춧잎 아래쪽에 있는 알(흰색)을 손으로 잡는다. 만약 벼룩잎벌레가 범인이라면 앞으로는 심을 때

나는 빈 페트병을 활용해서 고추 보호소를 만든다. 페트병 12개면 보호소 하나를 만들 수 있다(친구에게 페트병을 달라고 부탁하기도 한다). 페트병으로 고추를 둥글게 둘러싸고 배관용 테이프로 안팎을 붙여서 고정한다. 고추를 옮겨 심은 뒤 페트병 묶음 안에 고추가 들어가게 놓고 물을 채운다. 물이 낮에는 열을 흡수했다가 밤에 방출해 봄철 추운 밤에도 고추가 따뜻하도록 보온한다. 가지와 토마토에도 이 방법을 활용할 수 있다.

한랭사를 덮어 문제를 예방하도록 한다.

○ 수확

피망은 처음엔 다 녹색이다. 단단해지고 커져야 딸 수 있다. 이 상태가 빨갛거나 노랄 때보다 더 달다. 피망이 부드러워지기 전에 빨리 딴다. 주기적으로 수확하면 열매가 계속 생긴다. 첫서리가 내리기 전에 다 수확한다.

일반적인 고추의 경우 부드러워지기 전에, 단단하고 윤이 날 때 딴다. 고추를 딴 손으로 눈을 비비면 안 된다. 장갑을 끼는 것도 좋은 방법이다.

감자

감자 *Solanum tuberosum* 가지과

├─ 90cm ─┤
✗
✗
✗

○ 30cm 간격으로 한 줄로 심는다.

○ 가족 단위

감자와 강낭콩은 내 생태텃밭의 가족으로서 언제나 함께한다. 강낭콩과 감자는 공간을 공유하기에도 좋고, 서로에게 해가 되는 벌레들을 쫓아내거나 혼란스럽게 한다.

○ 친구

세이보리, 바질, 파슬리, 고수 같은 허브를 선택한다. 또한 두둑 끝자락이나 감자를 심지 않은 곳에는 천수국을 무리지어 심는다.

○ 재배의 기초

감자는 산도 5.0~6.5 사이의 모래가 많은 흙과 빛을 좋아한다. 늦서리가 내리기 4~6주 전에 흙일을 할 수 있는 상황이라면 씨감자를 심는다. 감자의 '눈'을 확인하면서 씨감자를 둘이나 세 조각으로 자른다 (크기는 중요하지 않음). 세균성 질병을 막기 위해 재를 묻힌 뒤 며칠 동안 바람에 말린다. 나는 뒤에 나올 '감자와 강낭콩 짝패' 그림처럼 헛골을 타서 감자를 심는다.

텃밭이 중점토라면 틀밭에다 심거나 흙 위에 감자를 놓고 짚을 깔아서 심을 수도 있다. 흙을 부드럽게만 만지고, 씨감자를 자른 면이 아래로 향하게 지표면 위에 놓은 뒤 그 위에 20cm 정도 짚을 쌓는다. 이후에 감자 줄기나 나오면 짚더미를 20~23cm 추가한다.

짚에 민달팽이가 문제라면 그 대신 나의 헛골 농법을 활용한다. 먼저 30cm 정도 헛골을 판다. 뼛가루를 섞은 퇴비를 약간 넣은 뒤 그 위에 흙을 2~3cm 덮는다. 헛골에 씨감자를 넣고 흙을 10cm 덮는다. 15cm쯤 자라면 옆에 있는 흙무더기로 덮어주고(북주기), 그런 다음 20cm쯤 또 자라면 한 번 더 북을 준다.

🌾 간격

한 줄로 혹은 두둑 가운데 헛골에 30cm 간격으로 씨감자를 심는다. 더 많이 수확하려면 한 그루에 씨감자를 2개씩 넣는다.

🌱 거름주기

감자는 웃거름이 필요 없다.

🌱 덮기

짚은 최고의 덮개다. 짚 덮개를 걷고 감자를 수확하기가 좋다. 게다가 짚은 콜로라도감자잎벌레 유충이 생기는 걸 막기 때문에 벌레가 흙에서 감자로 이동하는 걸 방해한다.

○ 문제와 해결책

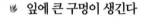

🌱 잎에 큰 구멍이 생긴다

콜로라도감자잎벌레와 유충이 잎을 갉아먹어 구멍이 난다. 이 말썽꾼들은 손으로 잡을 수 있다. 그들을 예방하려면 강낭콩과 사이짓기하고, 짚을 두툼하게 덮는다.

🌱 썩은 감자

감자는 날씨가 계속해서 너무 습하고 흙이 중점토일 때 썩을 수 있다. 감자가 썩는 걸 막으려면 지표면이나 틀밭에 심어보라. 또한 감자는 언 흙에서도 썩기 때문에 잎이 지면 모두 캐야 한다.

🌱 작거나 쓸모없는 감자

수확한 감자가 형편없는 건 수분 부족, 질소 과잉 또는 밤에 춥기(12도 이하) 때문일 수 있다. 물과 질소질을 조절하며 날씨가 더 좋아지길 바랄 뿐이다.

🌱 감자에 푸릇한 부분

감자에 푸르스름한 부분이 있다면, 자라면서나 수확한 뒤 햇빛에

안전한 장소에
씨감자를 보관하세요,
어떤 해에는 개들이
내가 좋아하는 자주감자까지
먹어치웠답니다.

노출되었기 때문이다. 푸릇해진 부분을 잘라내야 한다. 거기에는 독성을 약간 지닌 솔라닌이 함유되어 있기 때문이다. 잘라낸 나머지 부분은 먹어도 된다.

🌿 식물체에 갈색을 띠는 검은 병변

감자의 잎이나 줄기에 갈색을 띠는 검은 병변이 보인다면 주의하라! 이것은 전업농의 농사도 망친다는 심각한 질병인 잎마름병의 증상이다. 처음엔 병변이 아래쪽 잎에서 나타나고, 병변 주변이 연해질 것이다. 감염된 모든 작물을 파괴하라. 무심하게 처리했다가는 240km 떨어진 전업농가에까지 막대한 피해를 입힐 수 있다.

잎마름병을 예방하려면 믿을 수 있는 곳에서 인증된 씨감자만 구입해 심는 게 좋다. 이 질병에 관해 궁금한 점이 있다면 지역 농업기술센터에 연락하라.

🌿 얼룩지고 변색된 잎

잎에 생긴 검은 반점이나 변색 또는 모자이크 무늬는 여러 질병이 원인일 수 있다. 초기에 발견하는 게 매우 중요하다. 최선의 방책은 감염된 식물을 제거해서 파괴하는 것이다. 지난 3년 동안 감자나 다른 토마토 가족에 속하는 작물(토마토, 고추, 가지)을 심지 않은 텃밭의 두둑에 새로 심는 게 좋다.

🌿 감자에 갈색 멍이 든다

감자에 딱지 같은 게 보이는 증상은 붉은곰팡이병이라는 질병이다. 때로는 감자의 과육에까지 퍼진다. 이 부분만 잘라내고 나머지는 먹어도 된다. 흙에 질소질이 너무 많으면 문제가 더 커진다. 딱지 투성이인 감자를 발견하면 모든 잎과 줄기, 손상된 감자를 캐내

감자와 강낭콩 짝패

감자와 강낭콩은 해충을 막는, 내가 좋아하는 조합이다. 몇 번의 시도 끝에 감자 옆에 키 작은 강낭콩을 심는 가장 합리적인 방법을 알아냈다.

1. 재배하려는 감자의 양을 계산하여 90cm 간격으로 30cm 깊이의 헛골을 판다. 흙이 다져지지 않게 널빤지 위에서 작업한다. 헛골을 다 파면 씨감자 자른 면이 아래로 향하게 하여 30cm 간격으로 넣는다. 그 위에 흙을 몇 센티미터 덮는다.

2. 헛골에서 감자 싹이 흙을 뚫고 나오면, 그 옆에다 강낭콩을 심을 차례다. 30cm 간격으로 부드러운 흙에 10cm 정도 강낭콩을 박아 넣는다.

3. 감자가 10cm 이상 자라면 옆에 쌓은 흙으로 북을 준다. 흙이 쌓여 있다가 평평해진 곳에 전에 했듯이 강낭콩을 심는다.

두 번째로 심은 콩은 먼저 심은 콩을 수확한 뒤 부드러운 햇감자를 수확해 먹을 때 거둘 수 있도록 준비해야 한다.

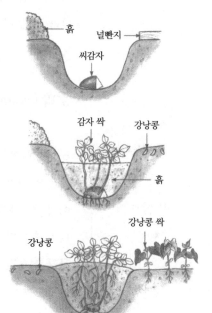

어 파괴해야 한다.

ㅇ 수확

감자에 꽃이 피는 게 보이면 첫 감자를 캔다. 감자에 짚을 두툼하게 덮어 재배한다면 짚 속으로 손을 넣어 잡히는 대로 몇 개만 꺼낸다. 그냥 흙에 심었다면 쇠거름대를 이용해 캔다. 쇠거름대를 흙속으로 밀어 넣은 뒤 흙을 들어올린다. 감자를 캔 뒤에는 잔류물을 모두 파괴해서 혹시라도 질병이 퍼지는 걸 막는다.

감자의 줄기가 시들면 수확해야 할 시기라고 알려주는 것이다. 서늘하고 건조한 곳에 보관하기 전에 감자를 흙이 묻어 있는 채로(씻지 마라) 그늘진 곳에서 바람에 말린다.

호박 *Cucurbita* spp 박과

버터호두호박

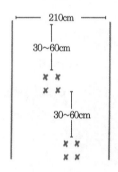

❂ 씨앗 사이의 간격은 30cm로 하여 90~180cm 간격의 둔덕에 심는다. 덩굴이 자라면서 간격이 30~60cm로 줄어든다.

○ 가족 단위

이들은 제멋대로 뻗어 나가고 공간을 독차지하는 호박 가족의 구성원이다. 세 자매 두둑의 옥수수와 덩굴콩 밑동 부근에서 사방으로 뻗어 나가게 둔다. 아니면 호박 가족 식물들을 서로 분리해 심는다. 호박과 무를 심으면 벼룩잎벌레를 막는 데 도움이 된다.

○ 친구

한련은 호박의 훌륭한 덩굴식물 친구다. 호박의 밑동 근처에 천수국과 해바라기를 심을 수도 있고 호박밭 여기저기에 미역취가 자라도록 할 수도 있다.

근처에 메밀을 심으면 꽃가루 매개충을 유인하는 데 도움이 될 것이다. 호박 덩굴 사이에 개박하나 쑥국화를 심으면 호박노린재의 개체수를 줄이는 데 도움이 된다.

○ 재배의 기초

호박은 다비성 식물이기 때문에 산도 5.5~6.8 사이의 비옥한 흙을 주는 게 좋다. 늦서리가 내린 뒤 따뜻한 흙에 씨앗을 심는다. 재배 기간이 매우 짧다면 옮겨심기를 해도 된다. 옮겨심기를 위해서는 내다 심기 한 달 전에 실내에서 모종을 키운다.

🌿 간격

90cm 두둑 두 개에(두둑 사이의 고랑을 더함) 호박을 심는다. 90~180cm 정도 간격을 두고 둔덕을 배치하는데, 나중에 호박이 자라면 간격이 30~60cm로 줄어든다.

둔덕에 씨앗 4개를 심되 서로 30cm 정도 떨어뜨린다. 둔덕마다 주변에 무 씨앗 몇 개를 끼워 넣는다. 싹이 튼 뒤 둔덕마다 튼실한 싹 2포기만 남기고 나머지는 잘라낸다. 그런 다음 둔덕 가장자리에 조력자 꽃들을 둘러 심는다.

🌿 거름주기

둔덕마다 구덩이를 크게 파서 심는다. 27kg 또는 54kg의 잘 부숙된 똥거름과 퇴비를 흙 약간과 잘 섞어서 구덩이에 넣어 조금 봉긋한 둔덕을 만든다. 남은 겉흙으로 위쪽을 마무리한 뒤 씨앗을 심는다. 달마다 물고기 액비를 섞어 물을 주거나 밑동 근처에 있는 흙에 퇴비를 좀 넣어준다.

🌿 덮기

호박 사이사이의 빈 공간을 확실하게 덮어주거나 풀로 채운다. 흰토끼풀을 심거나 덩굴 사이에 줄을 지어 메밀을 심을 수도 있다. 일주일에 2.5~5cm 깊이의 흙이 젖도록 물을 주는데 특히 꽃봉오리가 발달하고 꽃이 피는 시기에 신경을 써야 한다.

○ 문제와 해결책

🌿 수확량이 형편없다

호박이 여러 개 달리지 않는 건 수분이 제대로 되지 않아서일 수 있다. 수정용 붓을 이용해 수꽃에서(곧고 가느다란 줄기에 달림) 암꽃(열매가 자라는 꽃잎 아래가 약간 부풀어 있음)으로 꽃가루를 옮긴다. 앞으로는 꽃을 피우는 조력자들을 더 많이 심어 벌과 파리 같은 꽃가루 매개충을 유인하도록 한다.

말라 죽은 덩굴

호박노린재가 덩굴을 말려 죽이는 장본인 가운데 하나일 수 있다. 이 방패 모양의 회갈색 벌레는 잎에서 즙을 빨아 먹는다. 호박노린재는 손으로 잡을 수 있을 정도로 단단하다. 앞으로는 호박에 그들이 접근하지 못하도록 심을 때부터 수분할 때까지 한랭사로 덮는다.

호박덩굴벌레의 유충도 호박 덩굴을 갑자기 시들게 할 수 있다. 줄기의 밑동 부근에서 톱밥(유충의 똥)처럼 보이는 노란 물질이 보일 것이다. 덩굴에 깔끔하게 구멍을 낸 뒤 자리를 잡은 유충을 죽여도 된다. 그런 다음 구멍을 때우거나(나는 실제로 거즈가 붙은 반창고를 활용함) 줄기의 일부분으로 메운다. 이 방법으로 작물을 구할 수도 있고 아닐 수도 있다. 앞으로는 심을 때부터 수분을 할 때까지 한랭사로 덮도록 한다.

잎이 하얗게 덮인다

원인은 흰가루병이다. 허옇게 된 덩굴을 자른다. 다음에 나오는 간단한 방법으로 대응해도 좋다. 질병이 확산되는 걸 막기 위하여 되도록 호박 덩굴이 젖어 있을 때 건드리지 말고, 덩굴 사이에 공기가 잘 통하게끔 유지한다.

호박은 재배 기간이 보통 80~95일 정도로 길다. 흰가루병에 걸리기 쉬우며 그로 인해 수확량이 감소할 정도로 해를 입기도 한다. 그래서 이 질병에 맞서는 데 도움이 되는 간단하고 안전한 해결책을 직접 실행해볼 수 있다는 사실을 알았을 때 매우 기뻤다. 베이킹소다 1 티스푼과 원예용 오일 2 티스푼(식물성 기름도 가능함)에 물은 1리터만 섞는다. 이 혼합액을 7~10일마다 또는 비가 내리고 난 뒤 호박에 살포한다. 이 용액이 흰가루병과 장미의 검은무늬병 및 기타 세균성 질병에 효과가 있다는 걸 입증한 연구도 있다.

○ 수확

호박의 줄기가 마르고 쪼글쪼글해지면 수확할 준비가 된 것이다. 전정가위나 칼 등으로 줄기를 5~7cm 정도 남긴 채 잘라서 호박을 딴다. 첫서리가 내리기 전에 천 등으로 덮거나 실내로 옮겨서 수확한 열매를 보호한다. 1~2주 정도 따뜻한 곳에 호박을 늘어놓고 바람에 말려 보존한다.

무 *Raphanus sativus* 십자화과

무

|← 90cm →|

○ 가족 단위

무는 양배추 가족에 속하며 대량으로 재배할 거라면 양배추, 브로콜리와 함께 심어라. 난 무를 별로 먹지 않아서 호박 가족의 작물들과 함께 여기저기에 심어 해충을 쫓는 용도로 쓰거나 상추 사이에 심는다.

❖ 사방 2.5~5cm 간격으로 씨앗을 심는다.

○ 친구

무는 넓적다리잎벌레와 호박덩굴벌레를 쫓아낸다는 보고가 있는 만큼 다른 식물들에게 좋은 친구가 되어주기도 하지만 그들도 친구가 필요하다. 무는 갓, 한련과 함께 재배하면 벼룩잎벌레가 줄어든다고 입증됐다. 나는 한련, 천수국 및 야생 당근과 함께 덩굴 작물 사이에 무를 드문드문 심는다.

○ 재배의 기초

무는 양지바르거나 약간 그늘진 대부분의 흙에서 재배할 수 있다. 가능한 한 빨리 무를 심고, 초여름까지 계속 심는다. 흠뻑 젖도록 자주 물을 줘야 한다. 안 그러면 여름철 열기에 빠르게 목질이 생기고 맛이 없어진다. 늦여름에 가을 작물로 무를 다시 심는다.

🌱 간격

무를 일정 구역에 심을 땐 사방 2.5~5cm 간격으로 씨앗을 심는다. 다른 작물의 동반식물로 심을 때는 씨앗을 마음대로 흙에 집어넣는다.

🌱 거름주기

무는 추가로 거름을 줄 필요가 없다.

🌱 덮기

무는 두둑에 작은 잎 그늘을 빠르게 형성한다. 하지만 나는 무를 심은 뒤 베어낸 풀을 얇게 깔아준다.

○ 문제와 해결책

🌱 목질화 또는 심이 생긴 무

무는 흙이 너무 건조하면 목질화되기 때문에 특히 기온이 높을 때 물을 잘 줘야 한다. 무에 심이 생긴다면 뿌리가 작을 때 수확한다.

달달하고 아삭한 경험을 위해 길고 하얀 무를 재배해보세요.

❦ 갈라진 무

질척한 여름철에 수분이 너무 많으면 무가 갈라질 수 있다. 보기엔 그래도 먹을 수는 있다.

❦ 잔뿌리가 많은 무

너무 배게 심거나 중점토에서 재배하면 무에 잔뿌리가 많이 생긴다. 다음엔 흙에 유기물을 더 넣고 5~8cm 간격으로 드물게 심는다.

❦ 무에 난 구멍들

고자리파리의 구더기가 무의 뿌리를 파먹고 굴을 남긴다. 피해를 막기 위해서는 심은 뒤 한랭사로 씌워야 한다. 구더기 문제가 심하다면 적어도 3년 동안은 양배추 가족을 심었던 곳에 무를 심지 마라. 단기적 해결 방안으로는 라임 용액(라임 한 컵에 물 1리터)을 흙에 흠뻑 주거나 무 주변에 재거름을 조금 넣어볼 수 있다.

❦ 잎에 작은 구멍

어떤 텃밭 농부들은 벼룩잎벌레를 붙잡기 위해 덫으로 무를 활용한다. 그 정도로 벼룩잎벌레가 무의 잎에 피해를 많이 입힐 수 있다. 농사를 망칠 정도로 심하다면 한랭사가 필수다. 하지만 섞어짓기를 하면 수확에 심각한 영향을 줄 정도로 피해를 입진 않는다.

○ 수확

뿌리가 커지기 시작하면 몇 개만 뽑아 맛이 들었는지 확인한다. 서리가 내리기 전에 전부 수확하거나 아니면 샐러드로 많이 먹는 상추와 함께 덮개로 덮어서 수확기를 연장한다.

아이들은 결과가 빨리 나타나는 걸 좋아하지만 대개 텃밭 농사는 수확하기까지 시간이 오래 걸리기 때문에 참을성이 필요하다. 무는 빨리 자라기 때문에 젊은 텃밭 농부가 좋아할 만한 작물이다. 나는 싹이 빨리 튼다는 점을 활용해 상추와 기타 샐러드 채소들의 구역을 구분하는 표시 선으로 무를 활용한다. 하지만 나의 딸 앨리스는 자신의 노력에 빨리 보답한다는 점에서 무 자체를 좋아한다.

대황

┌─ 90cm ─┐

✗

✗

✗

❷ 두둑 한가운데에 90cm 정도 간격을 두고 한 줄로 심는다.

대황 *Rheum rhabarbarum* 마디풀과

○ 가족 단위

대황은 텃밭의 붙박이 식물로 보통 2세대에 걸쳐 대황밭을 유지한다고 알고들 있다. 대황은 아스파라거스와 딸기, 서양고추냉이와 함께 오랫동안 두둑을 차지하는 작물에 속한다.

○ 친구

내가 아는 한 대황에 익충을 유인하는 꽃과 허브 식물을 연구한 사람은 없다. 나의 생태텃밭에서 대황은 서양고추냉이 주변이나 여러해살이 꽃을 심은 두둑에서 살아간다. 대황이 다 자라고 나면 크기가 작은 대황에 알맞게 딜과 접시꽃, 회향 같이 키가 큰 조력자들을 밀짚꽃으로 대체해 심는다.

○ 재배의 기초

대황은 서늘한 날씨와 양지바르고 습하며 물이 잘 빠지는 흙을 좋아한다. 봄에 흙일을 할 수 있게 되자마자 관근이나 포기를 나누어 심는다. 관근은 5~8cm 정도 묻는다. 대황은 내한성이라 추운 겨울을 나야 생산된다.

❧ 간격

대황의 관근은 두둑 한가운데에 90cm 정도 간격을 두고 한 줄로 심는다.

❧ 거름주기

봄에 퇴비나 잘 부숙된 똥거름을 웃거름으로 준다. 가끔 해초 추출물을 뿌려주면 생산성이 높아진다.

❧ 덮기

모든 유기물 덮개를 활용한다. 나는 짚이나 솔잎을 활용하거나 신문지를 덮고 그 위에 베어낸 풀을 덮는다.

○ 문제와 해결책

❧ 노란 반점이 생긴 잎들

이건 잎진드기에 감염되었다는 신호다. 강한 물줄기를 쏘아 이들을 떨어뜨릴 수 있다(해충인 진드기는 물을 좋아하지 않는 반면 해충을 공격하는 포식성 진드기는 습한 걸 좋아하기 때문에 일석이조다).

❧ 대에 작은 구멍

대황 바구미(*Lixus concavus*)는 대황의 대에 구멍을 뚫는 검은색 딱정벌레다. 이들의 유충은 관근에 구멍을 뚫고 들어간다. 이들을 발견하면 피해를 입히지 못하도록 손으로 잡아낸다. 또한 텃밭 주변의 모든 풀을 제거하여 이들이 머물지 못하게 한다.

❧ 가느다란 대

다 자란 대황이 가느다란 대를 생산한다면 그건 포기 나누기가 필

대황의 잎은 먹을 순 없지만 유용하게 쓸 수 있다. 대황을 수확하면 줄기에서 잎을 떼어내 텃밭에 남겨둔다. 대황 잎은 대황이나 다른 텃밭의 식물들에게 든든한 덮개가 되어준다.

요하다는 신호다. 수확한 다음 관근을 나누어서 다시 심는다.

○ 수확

대황을 심은 첫해에는 수확할 게 없으므로 더 기다렸다가 둘째 해에 대 몇 개만 뽑아서 거둔다. 그때부터는 계절마다 절반씩 수확할 수 있다. 대를 자르지 말고 뽑아야 한다는 점이 중요하다. 토막을 남기면 질병이 번질 수 있다(한 손으로 대의 밑동을 누른 뒤 다른 한 손으로 대를 잡아 뽑는다는 느낌으로 당긴다).

주의사항: 대황의 줄기는 맛있지만 잎에는 옥살산이 함유되어 독성이 있다!

시금치 *Spinacia oleracea* 명아주과

시금치

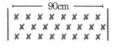

○ 가족 단위

나는 보통 초봄이나 늦가을에 샐러드 채소들과 함께 심는다. 하지만 시금치는 덩굴콩이나 완두, 콜리플라워, 브로콜리 또는 고추처럼 그늘을 제공하는 키가 큰 식물 아래에서도 잘 재배할 수 있다.

○ 사방 10cm 간격으로 씨앗을 심는다.

○ 친구

무는 시금치꽃파리의 덫이다. 스위트알리슘, 데이지 또는 애기코스모스 같이 키가 작은 지피식물들이 좋은 조력자가 된다.

○ 재배의 기초

시금치는 서늘하고 촉촉한 환경이 필요하며 약간 그늘진 곳에서 잘 자란다. 촉촉하고 비옥한 흙을 좋아하지만 물빠짐이 좋아야 한다. 봄에 흙일을 할 수 있게 됐을 때 씨앗을 심는다(가능하면 늦서리가 내리기 약 한 달 전). 난 물이 잘 빠지는 두둑에 일찍 심기 전까지는 시금치를 잘 재배하지 못했다. 2주마다 연속해서 파종하고 일부는 그늘이 지는 곳에 심는다.

가을에 심은 시금치는 흙이 어는 동안 낙엽이나 짚으로 덮어놓으면 겨울을 날 수 있다(아니면 덧창이나 비닐로 작은 여닫이식 온상을 만든다). 초봄이 되면 차츰 덮개를 걷어 확인할 때마다 시금치를 조금씩 수확할 수 있다.

　 ❦ 간격

사방 10cm 간격으로 씨앗을 심는다. 또는 더 드물게 씨앗을 흩뿌리고 알맞은 간격으로 솎는다. 솎은 건 샐러드로 먹는다.

　 ❦ 거름주기

시금치는 요구가 많지 않다. 심을 때 흙에 퇴비를 약간 섞으면 추가로 거름을 줄 필요가 없다. 의심스럽다면 물고기 액비로 엽면시비를 한다.

🌱 덮기

시금치와 잎이 무성한 친구들을 가까이 심으면 덮개가 알아서 생긴다. 싹이 나면 시금치 사이에 베어낸 풀을 약간 뿌린다. 시금치는 환경이 서늘하면 됐지 물은 많이 줄 필요가 없다. 일주일에 흙을 1cm 적실 정도만 주면 된다.

○ 문제와 해결책

🌱 씨앗에서 싹이 트지 않는다

싹이 잘 트지 않는다면 날씨가 덥거나 씨앗을 너무 깊이 심었거나 흙이 중점토라서 그런 걸 수 있다. 다시 심어야 하는데, 축축한 휴지 위에 씨앗을 올려놓고 촉을 틔워 지퍼백 등에 넣어 며칠 동안 냉장고 안에 보관해야 한다. 묵은 시금치 씨앗은 발아력이 떨어지므로 새로운 씨앗을 활용하도록 한다.

시금치 농사철이
너무 일찍 끝났다면
고온에 강한
품종을 재배하세요.

🌱 잎이 쓰다

아마 열기 탓일 거다. 시금치가 성장하는 중요한 시기에 날씨가 더우면 꽃대가 올라오면서 시금치가 써진다. 이런 시금치는 포기하고 이어서 계속 심으면 일부는 반드시 성공할 것이다.

🌱 노란 잎

건강하던 시금치 잎이 노랗게 변하는 건 영양 결핍이라는 신호다. 물고기 액비를 살포하고 흙의 산도를 점검한다(산도가 7.5 이상이면 시금치가 마그네슘을 흡수하지 못하므로 산도를 적절하게 조정한다). 노란 잎은 질병에 걸렸다는 신호일 수도 있다. 샘플을 채취해 지역 농업기술센터에 정확한 진단을 요청하거나 감염된 시금치를 그냥 버리고 텃밭의 다른 곳에 다시 심는다.

🌿 잎에 얼룩덜룩한 부분

시금치꽃파리가 잎에 얼룩덜룩한 굴을 내는 건 시금치가 보통 겪는 문제다. 손상된 잎은 눈에 보이는 대로 잘라낸다(괜찮은 부분은 먹을 수 있다). 시금치꽃파리에게 손상 입은 작물이 보이면 근처에 무나 야생당근을 덫 식물로 심는다. 문제가 심해지면 한랭사로 덮는다.

○ 수확

시금치는 326쪽에 나오는 것처럼 잘라서 수확하면 또 자라난다. 날씨가 뜨거워질 때까지 계속 수확할 수 있을 것이다. 시금치가 자꾸만 눕고 누렇게 변하고, 꽃대가 생긴다면 더 이상 먹을 수 없으니 퇴비로 써라.

샐리 씨의 조언과 비법

**시금치에
그늘 드리우기**

먼저 완두 그다음에는 덩굴콩을 지지하는 수직의 격자구조물 사이에 잎채소 구역을 만들어 시금치와 샐러드용 채소에 약간 그늘이 지게 한다. 초봄에 2.5x2.5cm 각목으로 격자구조물을 만든다. 덩굴성 작물을 지원하도록 격자구조물에 수직으로 실 등을 감는다. 격자구조물 사이의 공간에 시금치, 상추 또는 기타 잎채소 등을 심고, 격자구조물을 따라 완두를 심는다. 완두가 봄철에 그늘을 제공한다. 흙이 따뜻해지면서 완두가 익으면 격자구조물을 따라 덩굴콩을 심는다. 강낭콩이 여름에도 계속해서 잎채소들에게 그늘을 제공할 것이다. 이 방법은 격자구조물을 동쪽에서 서쪽으로 향하게 세웠을 때 제대로 작동한다.

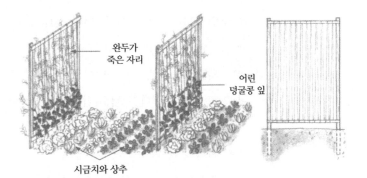

완두가
죽은 자리

어린
덩굴콩 잎

시금치와 상추

여름호박

├── 90cm ──┤

✗

✗

✗

❶ 25~40cm 정도 간격을
두고 한 줄로 심는다.

여름호박 *Cucurbita pepo* 박과

○ 가족 단위

여름호박에는 주키니 호박, 굽은목 호박 또는 피터팬 호박이 포함된
다. 여름호박은 호박 및 오이, 멜론과 같은 식물학적 가족에 속한다.
이들은 친척 작물들처럼 열광적으로 긴 덩굴을 뻗진 않지만, 내 텃밭
에서는 여전히 하나로 묶인다. 때로는 상추나 시금치를 수확한 뒤 샐
러드용 채소와 함께 주키니를 드문드문 끼워 심기도 한다. 어떤 호박
이든 세 자매 농법으로 심을 수 있기 때문에 여름호박 역시 옥수수와
강낭콩 둔덕 사이에서 잘 자란다.

○ 친구

여름호박 사이에 무와 한련, 천수국, 바질을 심는다. 스위트알리숨이
나 낮게 자라는 백리향은 호박 아래 심기 적합하며 많은 익충을 유인
한다.

○ 재배의 기초

흙이 따뜻해진 뒤(약 24℃) 양지바른 곳에 여름호박을 심는다. 여름호
박은 노지에 씨앗을 심기 수월하다. 재배 기간이 짧은 곳이라면 모종
을 구입하거나 늦서리가 올 때쯤 실내에서 모종을 키워도 된다. 심을
때는 씨앗이나 모종을 심을 구덩이를 꽤 크게 판다. 잘 부숙된 똥거름
이나 퇴비 14kg 정도를 구덩이를 팔 때 나온 흙과 섞는다. 그런 다음
이 흙을 구덩이에 다시 채운 뒤 호박을 심는다.

❧ 간격

여름호박과 주키니 호박은 25~40cm 정도 간격을 두고 한 줄

로 심은 뒤 60~90cm 간격으로 싹을 솎는다. 모종을 심을 거라면 60~90cm 간격으로 심는다.

❦ 거름주기

심을 때 위에서 언급한 것처럼 흙을 향상시켰다면 호박이 자랄 때 웃거름을 더 주지 않아도 될 것이다. 나는 만약을 대비하여 꽃이 필 때, 꽃이 피고 3주가 지난 뒤에 호박 주변 흙에다 물고기 액비를 준다.

❦ 덮기

여름호박의 꺼끌꺼끌한 잎 아래에 난 풀은 뽑기 참 어렵다. 나는 호박이 어릴 때 신문지 8장을 겹쳐 깔아준다. 솎아낸 어린 호박을 신문지에 구멍을 뚫은 다음 심으면 된다. 짚과 베어낸 풀이나 검정 비닐로 덮어도 된다.

○ 문제와 해결책

❦ 씨앗에서 싹이 트지 않는다

여름호박의 씨앗은 차가운 흙에서 싹이 잘 트지 않는다. 흙이 24℃가 되면 다시 심는다.

❦ 꽃은 많이 피는데 열매가 적다

호박이 건강해 보이는데도 열매가 잘 달리지 않는다면 수분이 되지 않아서 그런 걸 수 있다. 한랭사로 덮어놓았다면 날마다 들여다보고 꽃이 피었을 때 걷어준다. 또 붓 등으로 수꽃(곧고 가느다란 줄기)에서 꽃가루를 묻혀 암꽃(꽃의 밑동이 부풀어 있음)에 튀어나온 암술로 옮겨 인공수정을 한다.

🌿 시들어버린 잎

호박노린재가 즙을 빨아 먹으면 잎이 시들거나 마르고 비틀어진다. 호박노린재는 손으로 잡아서 통제하기가 어렵다. 심각하게 감염된 호박은 제거해서 파괴한다. 농사철 초반이라면 다시 심고, 꽃이 필 때까지 한랭사로 덮는다.

🌿 호박이 갑자기 시든다

건강하던 호박이 갑자기 시든다면 호박덩굴벌레가 문제일 수 있다. 호박의 밑동을 살펴보면 줄기에 그놈들이 쏠아놓은 구멍이 보일 것이다. 칼로 줄기를 가르면 안에 벌레가 보인다. 벌레를 짓이겨 죽이고, 자른 줄기를 흙에 묻는다. 이런 경우 호박이 살아남아 열매를 맺을 확률이 반이다.

🌿 잎에 무엇이 허옇게 덮인다

흰가루병은 특히 습하고 비가 잦은 여름에 만연하는 세균성 질병이다. 심하게 감염되었다면 제거하고 파괴한다. 베이킹소다로 안전하고 간단한 용액을 만들어 살포해 맞설 수도 있다. 347쪽을 참고하라. 10일마다 살포하거나 비가 온 뒤 살포한다.

여름호박은 손톱으로 껍질에 구멍을 내기 쉬울 만큼 부드러워졌을 때가 수확하기 적당한 순간입니다.

○ 수확

굽은목 호박과 주키니 호박은 열매가 15~20cm 정도 되면 수확한다. 피터팬 호박은 지름 10cm 이전에 색이 연노랑이나 녹색일 때 수확한다. 칼이나 전정가위로 덩굴에서 잘라내고, 호박 덩굴을 뿌리째 뽑지 않는다.

주키니 호박은 억울하다. 너무 잘 자라는 나머지 밤에도 호박에 빛이 비춘다는 둥, 이웃이 현관에 호박을 몰래 놓고 간다는 식의 농담이 있다. 하지만 지나치게 생산된 호박을 간단하게 해결하는 세 가지 방법이 있다.

하나, 호박의 꽃을 따서 오믈렛이나 볶음요리 혹은 샐러드로 맛있게 먹는다.

둘, 주키니 호박이 20cm 이상 자라게 놔두지 마라. 곤봉 크기의 주키니 호박은 모두가 무서워한다. 작은 주키니 호박이 더 부드럽고 맛있다.

셋, 하나 혹은 두 포기 이상 심지 마라(아마 법으로 정해야 할지도 모른다).

딸기 *Fragaria* × *ananassa* 장미과

○ 가족 단위

딸기는 여러해살이 식물로서 붙박이 두둑에 재배한다. 대황, 서양고추냉이 또는 아스파라거스같이 장기간 재배하는 작물과 함께 심는다. 새로 만든 딸기 두둑에는 어린 딸기 모종 사이에 시금치나 상추를 심어보라.

○ 친구

전통적인 동반식물 농법에서는 딸기와 보리지를 짝짓는다. 나는 보리지 씨앗이 딸기 사이사이에서 저절로 자라도록 놔두는 편이다. 난 딸기 근처에 딜과 고수, 회향을 심기도 하고, 야생당근 몇 포기가 싹트도록 놔두기도 한다. 딸기밭 한가운데에 니겔라를 심으면 보기에 아주 좋다.

○ 재배의 기초

딸기는 양지바르고 물이 잘 빠지는 곳에 심어야 한다. 그래서 딸기는 흙에 유기물을 충분히 넣은 두둑에 심는 게 좋다. 산도 5.8~6.5 정

딸기

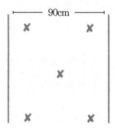

90cm

❂ 2-1-2 형식으로 관근마다 약 45cm 간격을 두고 심는다.

도의 흙이 적당하다. 딸기 모종은 봄에 가능하면 일찍, 아직 휴면기일 때 심는다. 흐리고 바람이 불지 않는 낮에 미리 모종에 흠뻑 물을 준 상태에서 옮겨 심는다.

딸기의 뿌리는 관근에서부터 약 12cm 정도 남기고 잘라낸다. 조그맣게 흙무더기를 만들어 딸기의 뿌리가 고르게 퍼지도록 하여 심는다. 관근은 지표면 바로 아래 있어야 한다. 관근이 너무 높으면 메마르고, 너무 깊으면 썩는다.

⚜ 간격

딸기를 심는 나의 표준 재배법은 2-1-2 형식으로 관근마다 약 45cm 간격을 두는 것이다. 그런 다음 보이는 대로 덩굴을 잘라내 (끝에 새로 나오는 작은 딸기 모를 달고 있는 긴 줄기) 열매 생산에 집중하게 하면서 3년에 걸쳐 딸기를 수확한다. 3년 뒤 묵은 딸기는 파내고, 혈기 왕성한 새 딸기를 다시 심는다.

몇 년마다 이 일을 반복하고 싶지 않다면 덩굴을 이용해 딸기를 세대교체 할 수 있다. 나는 이 기술을 사용해 지그재그 형식으로 딸기를 심은 뒤 재배한다.

⚜ 거름주기

퇴비를 모종마다 웃거름으로 주거나 물고기 액비로 엽면시비하면 좋다. 어미그루의 생산성을 유지하기 위해 수확이 끝나면 또 거름을 준다. 열매가 달리는 동안에는 물을 잘 주어야 한다.

⚜ 덮기

흙의 수분을 유지하기 위해선 딸기를 덮는 일이 중요하다. 늦가을에는 겨울 추위에서 딸기를 보호하기 위해 무언가로 완전히 덮어 여러 해 동안 딸기밭의 생산성을 유지하기 위하여 덩굴 끝에 생기는 작은 모를 새로 심는다. 이런 방법으로 딸기밭을 관리하려면 딸기의 관근을 두둑에 심을 때 지그재그 형식으로 배치한다. 관근을 50~60cm 간격으로 심으면 나중에 자랐을 때 30cm 정도로 사이가 줄어든다.

덩굴이 생기면 곧게 뻗도록 유도하고, 돌멩이 같은 걸로 눌러 뿌리를 내리게 한다. 뿌리를 내리면 새로운 딸기가 자랄 것이다. 3년마다 묵은 딸기를 뽑은 뒤 빈 공간에 덩굴을 자라게 해 다음 세대의 딸기를 재배한다.

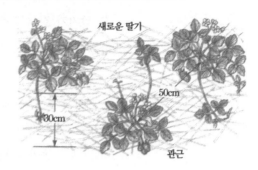

주어야 한다. 낙엽이나 짚이 좋은데 솔잎도 괜찮다.

된서리가 몇 번 내린 뒤에 겨울용 덮개로 덮고, 봄까지 그렇게 놔둔다. 차츰 덮개를 제거하되 늦서리가 위협하면 다시 덮어야 하니 근처에 두도록 한다. 새로 달린 여러 꽃송이들이 예상치 못한 봄철 서리에 떨어질 수 있다.

○ 문제와 해결책

✿ 비틀어진 딸기

딸기의 과육이 움푹 들어가고 비틀어졌다면(이른바 기형 과일) 장님노린재과의 벌레가 범인이다. 그런 딸기는 먹을 수는 있지만 잘 익지 않는다. 이 벌레들 때문에 문제가 계속 생긴다면 수확이 끝난 뒤 밭에 있는 묵은 열매와 식물의 잔류물을 싹 걷어치운다. 개비름과 명아주 같은 풀에도 벌레가 있을 테니 이들을 깔끔히 정리한다. 내가 알아낸 효과적이고 유일한 방책은 한랭사다. 딸기를 심고 한랭사를 씌운다.

☙ 잎에 허연 게 낀다

흰가루병이 문제가 될 수 있다. 특히 밀식한 밭에 심각하게 발생한다. 감염된 식물을 제거하여 통제한다. 아침에 일찍 딸기에 물을 주고, 딸기가 젖어 있을 땐 근처에서 일하지 말라. 빛과 공기가 잘 통하도록 딸기를 솎는다.

☙ 자라지 않고 시드는 딸기

딸기에는 몇 가지 세균성 질병이 있다. 식물이 감염되었다면 최선의 방책은 뽑아 파괴하는 것이다. 농업기술센터에 의뢰해 특정 질병을 확인한 다음 그 질병에 저항성이 있는 품종을 다시 심는다.

☙ 쪼아 먹힌 열매

새 피해를 막기 위해 한랭사나 그물망을 덮어라. 터널 지주나 기타 지지대 위에 그물망을 걸쳐서 새가 쪼아 먹지 못하게 해야 한다. 그물망을 단단히 고정해야 새가 밑으로 들어가다 끼이지 않는다.

○ 수확

둘째 해부터 풍성함을 맛보려면 첫해 성장기에 피는 딸기 꽃을 모두 따야 한다. 두 번째 봄에 딸기가 익었을 때 맛을 보면 알게 될 것이다. 딸기는 보통 꽃이 피고 한 달 뒤에 익으며 3주 정도 수확을 계속할 수 있다. 썩거나 오래된 딸기는 제거하여 세균성 질병이 자리를 잡지 못하도록 한다.

고구마

| 90cm |
✗
✗
✗
✗

○ 35cm 간격으로 두둑 가운데에 한 줄로 고구마줄기를 심는다.

고구마 *Ipomoea batatas* 메꽃과

○ 가족 단위

나는 감자, 강낭콩과 함께 고구마를 재배했다. 여러분도 붉은꽃강낭콩이나 기타 덩굴콩을 심고 남은 공간에 덩굴이 우거지는 고구마를 함께 심어볼 수 있다.

○ 친구

이러한 '남방의 일가'들은 감자와 똑같은 친구들을 좋아한다. 딜과 바질, 향이 나는 허브들 말이다. 쑥국화와 무, 여름세이보리는 고구마바구미를 쫓아내거나 혼란스럽게 한다는 이야기가 있다.

○ 재배의 기초

장기간(70~100일) 따뜻한 계절이 확보되어야 고구마에게 좋다. 고구마는 양지바른 곳을 좋아하지만 특별히 흙을 가리진 않는다. 흙의 산도는 5.5가 최고다. 흙이 차갑다면 흙이 빨리 따뜻해지는 틀밭을 짜서 심는다.

고구마는 덩이뿌리에서 싹이 나와 자란 '고구마줄기'를 심는다. 추운 지역에 산다면 늦서리가 내리는 날짜를 계산해서 재배 기간이 짧은 품종으로 주문해 구입한다.

직접 줄기를 기를 수도 있다. 고구마를 반으로 잘라서 쿠키 판에 물 적신 휴지나 피트모스를 놓고 그 위에 고구마의 단면을 올려놓는다. 휴지 몇 장을 겹쳐서 물에 적신 뒤 고구마를 덮고 랩으로 전체를 감싼다. 싹이 나온 게 보이면 랩을 제거하고 햇빛이 드는 장소에 놓는다. 늦서리가 내리기 약 2달 전에 시작하면 노지에 심기로 한 시기에 고구마줄기를 얻을 수 있다.

고구마는 인을 잘 공급해야 한다. 심을 때 흙에 뼛가루를 넣어주는 게 좋다.

✿ 간격

두둑 가운데에 한 줄로 고구마줄기를 심는다. 간격은 35cm로 잡는다.

✿ 거름주기

고구마에는 거름 특히 질소질을 많이 주면 안 된다. 고구마 덩굴만 무성해진다.

✿ 덮기

고구마 덩굴은 빨리 자라 알아서 밭을 뒤덮는다. 어린 줄기에 수분을 잘 유지해주고자 신문지 대여섯 장을 겹쳐 덮는다. 신문지는 덩굴이 뻗을 때까지 돌이나 널빤지 등으로 눌러놓는다.

고구마에 물을 너무 많이 주면 흙이 축축하여 뿌리가 발달하지 않는다. 흙이 메말랐다고 느껴질 때만 20cm 정도 적시도록 준다.

○ 문제와 해결책

✿ 작고 맛없는 고구마

봄에 늦게까지 춥거나 가을에 일찍 추워지면 수확이 형편없고 맛이 없어진다. 비가 많이 오는 여름이나 재배 기간이 짧아도 마찬가지다. 다음에 고구마 농사를 잘 지으려면 서리 대책을 세우고 두둑을 높이면서 재배 기간을 연장하고, 필요로 하는 좋은 환경을 조성하려 노력해야 한다.

고구마에 구멍이 났다

고구마바구미는 남부에 흔하다. 이들은 유충일 때 고구마에 굴을 파 먹어치운다. 이 때문에 심각한 질병이 퍼질 수 있다. 저항성 품종을 심고, 인증 받은 종묘상에게 고구마줄기를 구입하는 게 좋다. 붉은빛에 파란 날개를 지닌 바구미가 보일 때마다 손으로 잡고, 농사가 끝나면 작물의 부산물을 완전히 없앤다.

보관하면서 고구마가 썩는다

부주의하게 캐다가 고구마에 상처가 나면 썩을 수 있다. 제대로 후숙을 시키지 않아도 그럴 수 있다. 고구마는 신문지에 싸서 12~15℃ 사이에 보관하는 게 가장 좋다.

고구마를 조리해도 부드러워지지 않는다

땅속에 너무 오래 두거나 추운 곳(냉장고나 저온저장고)에 보관하면 고구마가 조리해도 부드러워지지 않을 수 있다.

고구마와 잘 지내려면 일찍 심어야 하고, 따뜻한 날씨도 필요하지만 그럴 만한 가치가 있다.

○ 수확

심고 나서 약 70일 뒤에 수확하기 적당한 크기가 되었는지 확인한다. 북부에서는 서리가 내릴 것 같으면 그냥 캐버린다. 고구마는 추위에 취약하기 때문이다. 서리를 맞으면 덩굴이 검게 변하고, 덩이뿌리가 빠르게 부패한다.

고구마를 캘 때는 덩굴의 밑동에 쇠거름대 등을 박은 뒤 조심스럽게 들어올린다. 캐낸 다음 후숙 시키기 전에 몇 시간 정도 말려야 하는데, 밤새도록 밖에 놔두면 안 된다. 물에 씻어도 안 된다. 따뜻하고 바람이 잘 통하는 어두운 곳에서 2주 정도 후숙을 시킨다. 고구마는 상처가 쉽게 나기 때문에 조심스럽게 다루어야 한다.

내가 아는 존 호른벡이란 농부는 9월에 서리가 내리기 시작하는 뉴욕주 버팔로 근처에서 커다란 고구마를 재배한다. 그의 비결은 북을 주는 대신 심기 전에 흙무더기를 만드는 것이다.

이 방법을 시도하려면 고구마줄기 하나당 최소 30cm 높이의 흙산을 만들어야 한다. 가능하면 겉흙을 가지고 흙무더기를 만들어라. 꼭대기에 고구마줄기의 잎이 하나만 밖으로 나오게끔 12cm 깊이로 심는다. 심은 뒤에 흙을 다지고 조심스레 물을 준다. '추위'가 덩굴을 죽이기 때문에 재배 기간 초반과 막판에 내릴 서리로부터 고구마를 보호하는 것이다.

근대

⟵ 90cm ⟶
× × × × × × × ×
× × × × × × × ×
× × × × × × × ×

○ 사방 10cm 간격으로 심는다.

근대 *Beta vulgaris* 명아주과

○ 가족 단위

나는 근대를 상추와 시금치, 번행초 같은 잎채소들과 재배한다. 근대는 병해충 문제가 거의 없어서 공간이 남는 텃밭 두둑에 추가해 심어도 괜찮다. 아주 좋은 가을 작물로서, 가을에 수확하려고 심는 브로콜리, 양배추와도 잘 자란다.

○ 친구

근대는 농사철 초반이나 후반의 주역이 될 수 있다. 농사철 초반에는 근대의 친구로 일찍 꽃이 피는 스위트알리숨과 데이지, 천인국이나 금잔화를 심어보라. 여름과 가을에 조력자로 루드베키아와 스위트알리숨, 회향 같이 키가 크고 바람이 잘 통하는 허브를 시도해보라.

○ 재배의 기초

근대는 무서리에도 견디고, 된서리가 내려도 계속 자라는 내한성 작물이다. 양지바른 곳이나 그늘이 약간 지는 곳에서 잘 자라는데, 적어도 하루에 5시간은 햇볕이 들어야 한다.

근대는 대부분의 흙에서 잘 자라는데, 산도 6.0~6.8에 비옥한 흙을 가장 좋아한다.

늦서리가 내리기 2~4주 전에 바깥에다 근대 씨앗을 심고, 첫서리가 내리기 4~6주 전 여름에 또 씨앗을 심어서 겨울에 수확한다.

❦ 간격

한 줄에 10cm 간격이 되도록, 씨앗이 5~10cm마다 떨어지는 걸 목표로 잡고 심는다. 나중에 10cm 간격으로 솎아 샐러드로 먹는다.

❦ 거름주기

근대는 소비성 작물이지만, 몇 달 동안 수확할 예정이라면 해초 추출물이나 물고기 액비를 한 달마다 엽면시비한다.

❦ 덮기

근대 잎은 빠르게 벌어져서 뿌리에 그늘을 만든다. 하지만 나는 풀을 통제하기 위해 근대의 싹이 나올 때 그 사이에 베어낸 풀을 뿌린다.

○ 문제와 해결책

❦ 잎에 작은 구멍들

벼룩잎벌레가 근대를 먹긴 하지만 피해는 별로 심각하지 않다. 덫 작물로 봄에는 배추를, 가을에는 가지를 심으면 된다. 근대에서 3~6m 떨어진 곳에 덫 작물을 심고, 심하게 감염되면 뽑아서 없애 버린다. 근대를 한랭사로 덮어도 되지만, 그러면 근대의 멋진 모습을 보지도 못하고 수확을 반복하기에도 불편할 것이다.

❦ 잎에 작은 굴이 생긴다

굴파리의 유충이 근대 잎에 굴을 만든다. 감염된 잎은 보이는 대로 나는 근대의 윤이 나고 활처럼 휜 잎이 보기에도 멋질 뿐만 아니라 먹기에도 좋다고 생각한다. 여러 익충을 유인하는 힘을 지닌 멋진 생태텃밭을 위하여 근대와 함께 담청색 꽃이 피는 청동회향과 보리지의 매력적인 잎을 짝지우길 권한다.

제거한다. 자주 수확하면 굴파리 문제는 잊힐 것이다. 굴파리의 피난처인 야생당근 같은 풀을 모두 뽑는다.

○ 수확

근대가 17~20cm쯤 자라면 지상부의 4~5cm 정도만 남기고 베어낸다. 베어낼 때마다 잎이 다시 자랄 것이다. 겉잎만 수확하라는 재배법도 있다. 이는 근대를 억세게 만들어 많은 문제를 야기할 수도 있다. 볶음이나 스프에 활용하는 하얗고 부드러운 대를 좋아한다면 몇 개는 그대로 성숙하도록 놔두고, 스튜용으로 잎을 뜯고 조리용으로 대를 잘라낸다.

토마토

90cm
✗
✗
✗

❖ 60~90cm 간격을 두고 한 줄로 심는다.

토마토 *Lycopersicon esculentum* 가지과

○ 가족 단위

토마토, 가지, 고추, 감자는 같은 식물학적 가족에 속하며, 모두 가지과로 알려져 있다(일부 독성 풀도 이 가족에 속한다). 토마토는 몇몇 심각한 토양 매개 질병에 걸리기 쉽기 때문에 가지랑 고추와 함께 재배한다. 다 내가 좋아하는 작물들이기 때문에 이들에게 매우 방대한 이웃들을 이어준다.

나는 감자를 사촌들로부터 떨어뜨려 강낭콩과 함께 재배하고 있다.

돌려짓기가 더 까다로워졌지만, 나의 텃밭에는 여섯 구역의 이웃들이 있기에 충분히 실행할 수 있다.

○ 친구

바질은 토마토와 함께 요리에도 쓰이고 텃밭에서도 같이 자란다. 또한 나는 토마토와 함께 개똥쑥과 딜, 회향 같은 향이 나는 허브와 짝을 짓는 것도 좋아한다. 코스모스와 샤스타데이지 같은 키가 큰 데이지 모양의 꽃이나 해바라기는 토마토 우리 안이나 옆에서 잘 자란다. 나는 늘 토마토 근처에 보리지를 심는다. 쑥국화는 여러해살이 식물의 두둑 근처에 자리하는 토마토의 중요한 친구 가운데 하나다.

○ 재배의 기초

토마토는 햇볕이 하루에 8시간씩 들고, 산도 6.0~7.0의 비옥하고 물이 잘 빠지는 흙에서 잘 자란다. 토마토를 재배하며 낙심하는 경우는 병해충 때문이 아니라 대부분 재배법 때문이다.

흙이 따뜻해지기 전까지는(밤에도 12℃ 이상) 아무 보호 장치도 없는 바깥에다 토마토를 심으면 안 된다(뉴욕주 서부에서는 6월은 되어야 하고, 대부분의 지역에서는 서리가 2~4주 정도 내리지 않을 때가 적당하다).

실내에서 모종을 키우려면 늦서리가 내리기 약 6주 전에 시작해야 한다. 흐린 낮이나 저녁에 옮겨 심는다. 옮겨 심은 첫날 바람이 불거나 더운 날이 지속될 것으로 예상되면 바구니 같은 걸로 뒤집어씌워놓는다.

농사에 잔뼈가 굵은 사람들은 몇 대에 걸쳐 토마토를 옆으로 눕혀서 심는 방법을 실천해왔지만, 이 방법에 대해 모르는 사람들이 더 많다. 토마토를 눕혀서 심으면 뿌리가 잘 발달하여 더 튼튼해지고 더 빨

가장 큰 실수는 첫 토마토들이
한창 경쟁하며 익어갈 때
너무 일찍 다음 토마토를
심는 것이죠.

리 수확할 수 있다(거짓말이 아니다. 그렇게 심어보라!).

먼저 길고 좁은 구멍을 판다. 구멍에 퇴비나 잘 부숙된 똥거름을 모종삽 하나 정도 넣고, 흙을 몇 센티미터 덮는다. 그런 다음 토마토에서 윗부분을 제외한 나머지 잎을 떼어낸다. 잎을 제거한 곳에서 새로운 뿌리가 자랄 것이다! 구멍에 토마토를 눕히고, 줄기 전체를 5~7cm 정도 묻는다(조언: 토마토를 우리에서 재배하거나 보호소와 검정 비닐 등을 활용해 기른다면 둥근 뿌리가 있는 쪽 흙에 막대기를 쑤셔 넣어서 연약하고 가느다란 어린뿌리들에게 체중이 실리지 않게 해야 한다).

토마토를 일찍 심어야 하는 상황이라면 339쪽에 나오는 것처럼 토마토를 따뜻하게 보호해줄 보호소를 설치해야 한다. 견고한 토마토 우리를 만드는 방법을 알고 싶다면 238쪽을 참고하라.

🌿 간격

지주와 격자구조물이나 우리를 설치할 계획이라면 한 줄에 60~90cm 간격으로 토마토를 심어라. 그냥 기어 다니게 두려면 적어도 1.2m는 띄워 심어야 한다. 우리의 바깥쪽이나 줄 끝에는 꽃과 허브를 심는다.

방울토마토는 일반 토마토 만큼의 공간이 필요한 반면, 베란다용 틀밭의 토마토는 30~60cm 정도 간격으로도 심을 수 있다.

🌿 거름주기

토마토는 다비성 작물이다. 꽃이 필 때부터 2주마다 물고기 액비를 엽면시비한다. 토마토는 다른 어떤 작물보다도 물을 흠뻑 주는 게 중요하다. 그래야 몇몇 문제를 예방할 수 있다.

🌿 덮기

나는 검정비닐로 토마토 주변을 덮거나 토마토가 약 20cm 정도 자랐을 때 흰토끼풀 씨앗을 뿌린다. 짚이나 낙엽 같은 다른 덮개들도 괜찮다. 옮겨 심고 며칠 동안은 날마다 물을 준다. 5cm 아래의 흙(잔뿌리가 있는 곳)이 마르면 안 된다. 그런 다음에는 일주일에 4cm 정도 젖도록 물을 준다.

○ 문제와 해결책

🌿 노랗게 된 잎, 더딘 성장

토마토가 노랗게 되면 질소 결핍을 의심해야 한다. 이를 빨리 바로잡으려면 물고기 액비를 살포해야 한다. 도움이 되지 않는다면 질병을 의심하라. 샘플을 채취해서 농업기술센터에 문의하라. 토마토 몇 포기만 감염되었다면 문제가 퍼지기 전에 없앤다.

🌿 불그스름하고 보라색이 도는 잎

인이 부족하면 잎이 보라색으로 변한다. 산성흙(6.0 이하)에서 주로 발생한다. 장기적인 교정을 위해서는 산도를 검사하고, 단기 처방으로는 물고기 액비를 엽면시비한다.

🌿 더딘 성장, 적게 달리는 열매

칼륨 결핍은 성장이 더디고 열매가 적게 달리는 것 외에도 몇 가지 증상으로 나타난다. 새로운 잎이 쪼글쪼글하고, 오래된 잎의 가장자리가 노리끼리하게 보인다. 큰 잎맥 근처에 구릿빛 반점이 나타난다. 물고기 액비가 이 문제를 잠시 해결할 수 있지만, 가을에 흙을 다시 잘 만들어야 한다. 해록석과 깨진 화강암이 칼륨의 좋은 공급원이 된다.

❦ 열매 아래쪽의 검은 부분

배꼽썩음병은 열매가 발달하는 동안 물이 많았다가 적어지기를 반복하면 발생한다. 검은 반점이 보이면 문제를 바로잡을 수 없다. 하지만 그 부위를 잘라서 버리면 나머지는 먹을 수는 있다. 이후에 생긴 열매는 아마 별 문제가 없을 것이다. 앞으로는 덮개를 잘 덮고 물을 주기적으로 주도록 한다.

❦ 상처가 난 열매

열매에 상처가 나거나 기형인 경우는 토마토에게 중요한 어린 시절에 환경적 스트레스를 받은 결과다. 토마토를 너무 일찍 심거나 추위에 노출되면 자주 발생한다. 아니면 가뭄이나 고온에 시달려서 그런 걸 수도 있다.

❦ 열매가 적게 달린다

꽃이 떨어지는 원인은 12℃ 이하의 낮은 온도, 열매가 생길 때 바람이 많이 불었거나 고온, 폭우, 과다한 질소, 저조한 수분율 등 다양하다.

❦ 잎에 구멍이 난다

토마토뿔벌레는 7~12cm 길이의 녹색 애벌레다. 이들이 잎에 구멍을 낸다. 심각한 문제는 일으키지 않으며 손으로 잡기 쉽다. 벌레 몸에 하얀 돌출부가 보이면 기생성 말벌이 공격했다는 징표다. 하얀색 돌출부는 말벌의 고치다.

콜로라도감자잎벌레도 잎을 갉아먹지만 손으로 잡기 쉽다. 벼룩잎벌레는 어린 토마토에 심각한 피해를 줄 수 있으나 피해를 견딜 수 있을 만큼 토마토가 자랄 때까지 한랭사로 덮어주면 예방할 수 있다.

🌿 잎에 반점들

잎에 검은 반점과 수침상반점, 노란 얼룩 및 기타 증상을 일으킬 수 있는 토마토의 질병들이 여럿 있다. 문제가 너무 심각하지 않다면 몇몇 질병은 걸리더라도 괜찮은 수확을 얻을 수 있다. 토마토가 심하게 감염되면 없애야 한다. 문제가 더 심각해지면 최소 3년 주기로 돌려짓기해야 한다.

이런 모든 어려움에도 토마토가 재배할 만한 가치가 있는 것인지 의아할 수 있겠지만, 준비를 잘 해놓은 흙에 좋은 농법을 실천하는 대부분의 텃밭 농부들은 아무 문제없이 토마토를 훌륭하게 재배하고 있다.

○ 수확

토마토 농사철이 시작되면 딸 때가 됐는지 매일 확인한다. 말랑거리지 않고 빨갛게 익었을 때 딴다. 첫서리가 내리려고 하면 아직 녹색이더라도 남은 토마토를 모두 딴다. 아니면 부직포나 방수포 등으로 토마토를 덮는다. 빨래집게 등으로 확실히 고정한다(나는 헛간에 낡

◐ 간이 토마토 지지대
토마토를 빠르고 쉽게 지지하기 위하여 지주와 노끈을 사용한다.
토마토 심은 줄을 따라 토마토 사이사이에 지주를 박는다. 그런 다음 노끈 등으로 토마토를 양옆으로 잡아맨다. 먼저 지상 30cm 지점을 묶고, 30~40cm 떨어진 지점을 또 잡아맨다.

다 익은 토마토에 깔끔하고 날카롭게 찔린 자국이 보인다면 날카로운 부리를 가진 새가 범인일 거다. 새는 수분을 섭취하려고 토마토를 공격하곤 한다. 그러니 텃밭에 새 물통을 설치해야 한다. 토마토에서 새를 쫓아버리기 위하여 반짝이는 풍선을 재활용한다. 풍선을 길게 잘라서 토마토 지주나 우리 위에 묶기만 하면 된다. 가벼운 바람에도 펄럭거려서 새를 깜짝 놀라게 하고, 보기에도 정말 멋지다!

은 천을 놔두었다가 9월에 할로윈 파티를 하듯 텃밭을 형형색색으로 덮곤 한다).

녹색 토마토를 처리하는 두 가지 방법이 있다. 토마토 전체를 뽑아서 서늘하고 어둡고 건조한 장소에다 거꾸로 매달아둔다. 열매가 불규칙하게 익기 때문에 자주 들여다보고 확인해야 한다. 제때 따지 못하면 떨어져서 터진다.

녹색 토마토를 따서 하나씩 신문지 조각으로 감싸놓을 수도 있다. 서늘하고 어둡고 건조한 장소에서 서랍이나 선반 등에 보관한다. 너무 많으면 신문지를 겹쳐 그 사이에 나란히 늘어놓고, 동시에 확인하라. 썩기 시작한 건 항상 제거한다.

순무

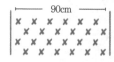

└─ 90cm ─┘

○ 사방 15cm 간격으로 심는다.

순무 *Brassica rapa* 십자화과

○ 가족 단위

많은 사람들이 순무를 재배하지 않거나 먹지 않는다. 이 작물은 어떤 가족과 만나더라도 행복해하는데 말이다. 식물학적으로 말하면 순무는 양배추 가족의 구성원이지만, 뿌리작물이나 샐러드 채소와도 잘 자란다.

○ 친구

순무의 거친 잎은 양치식물 모양의 식물과 섞어짓기하는 게 좋을 것 같아 회향이나 딜과 함께 심는다.

○ 재배의 기초

순무는 퇴비를 넣고 깊이 갈아둔 경토와 양지바른 곳을 좋아한다. 봄에 늦서리가 내리기 3~4주 전에 바깥에다 순무 씨앗을 심는다. 아니면 가을에 첫서리가 내리기 8~9주 전에 심는다.

🌿 **간격**

15cm 간격의 줄에 약 5cm 간격으로 씨앗을 심는다. 나중에 15cm 간격으로 남기고 솎아낸다.

🌿 **거름주기**

비옥한 흙에 순무를 재배한다면 웃거름이 따로 필요 없다. 다른 작물에 물고기 액비를 줄 때 순무에 좀 튀더라도 괜찮다.

🌿 **덮기**

순무는 잎이 벌어지면서 알아서 밭을 덮는다. 나는 베어낸 풀을 어린 싹 사이에 흩뿌려주는 정도만 추천한다. 순무는 주기적으로 물을 주어야(1주일에 흙이 2~3cm 젖도록) 뿌리가 잘 발달한다.

○ 문제와 해결책

🌿 **목질화되거나 바람이 든 순무**

날씨가 덥거나 건조해서, 질소질 과다 또는 칼륨이나 인이 부족했기 때문일 수 있다. 날씨는 바꿀 수 없으니 가을 작물로 다시 도전한다. 영양 결핍 문제는 해록석이나 물고기 액비를 주어 해결하고, 흙이 서늘하고 촉촉해지도록 덮개로 덮는다.

🌱 질기거나 맛이 쓰다

질긴 이유는 덥거나 건조한 날씨 또는 수확하기 전에 너무 성숙해지도록 방치해서 그런 거다. 다음에 심을 때는 더 두껍게 덮개로 덮고, 크기가 작을 때 뽑는 게 좋다.

🌱 수확량이 형편없다

너무 밀식하거나 물을 많이 주면 순무가 제대로 발달하지 않는다. 중점토도 싫어한다. 다음에 심을 땐 더 드물게 심고, 유기물을 많이 넣은 흙을 준비해야 하며 물을 주기적으로 줘야 한다.

🌱 뿌리가 검게 되었다

몇몇 질병이 뿌리를 검게 만든다. 붕소 결핍일 수 있다. 농업기술센터에 진단을 의뢰해야 한다. 이후 농사를 고려해 붕소 결핍을 바로잡으려면 흙의 산도가 6.0~8.0 사이인지 확인하고, 해초 추출물 용액으로 엽면시비하며, 토끼풀을 덮개작물로 심어 흙을 개선한다. 질병이 문제라면 감염된 식물을 완전히 없애고, 새로운 구역에 다시 심는다.

🌱 시들어가는 순무

촉촉한 흙에서 시드는 순무가 보이면 몇 개 뽑는다. 모양이 비틀어지거나 둥글납작하게 부풀어 비대해졌다면 원인은 뿌리혹병이다. 이 균류는 산성토양에서 생존할 가능성이 높기 때문에 흙의 산도를 검사한 뒤 필요하면 산도를 높인다. 또한 텃밭의 위생 상태를 개선하고 돌려짓기를 한다(이 질병이 생겼다면 7년 동안은 똑같은 흙에서 양배추 가족의 작물을 재배하면 안 된다).

🌿 순무 뿌리에 구멍

자리파리 구더기가 뿌리에 뚫은 구멍으로 질병이 침입한다. 감염된 순무는 없앤다. 앞으로는 한랭사로 순무를 덮도록 한다. 순무 한 포기마다 주변에 라임 용액 한 컵을 부어 흙속 구더기를 죽일 수도 있다(라임 한 컵에 물 1리터를 잘 섞은 다음 사용하기 전에 몇 시간 동안 안정화한다).

○ 수확

순무의 지름이 5~8cm 정도 되면 뽑거나 캔다. 작을 때 뿌리가 가장 부드럽다. 크기가 커지면 질기고 목질화된다.

샐리 씨의 조언과 비법	딸의 이름을 할머니 이름에서 따와 앨리스라고 지었을 정도로 할머니는 내게 특별했다. 하지만 나는 어린 시절 할머니가 내게 질기고 쓴 끔찍한 순무를 주셨던 악몽 같은 기억이 있다. 그러니 순무를 심을 땐 최근 품종들을 심어라. 맛도 부드럽고 달달하며 식감도 야들야들하고 연하다. 어릴 때 수확하면 더욱 좋다. 순무가 개량되어서일까, 맛이 잘 들어서일까? 아마 둘 다 맞을 거다.
끔찍한 순무는 이제 그만	

마무리하며

우리가 먹을거리의 근원에 가까워질수록(자기만의 유기농 텃밭을 가꾸면서) 음식을 더 맛있게, 더 잘 먹게 될 것이다. 나는 아이들이 물 이외에는 어떤 것도 살포하거나 처리하지 않은 음식을 먹길 바라기 때문에 농사를 직접 짓는다.

채소를 직접 재배하는 데서 얻는 또 다른 혜택은 음식들이 다양하고 풍부하다는 것이다. 우리는 별 생각 없이 일 년 내내 똑같은 상추와 당근, 오이, 토마토 등을 구입해서 채소를 섭취한다. 나는 직접 농사를 지으면서 엄청나게 신선하고 맛있는 제철 채소로 끊임없이 변하는 식단을 즐기고 있다. 봄에는 달달하고 아삭아삭한 완두콩부터 여름에는 풍미가 강한 토마토와 고추를, 가을에는 푸짐한 호박과 양배추, 순무를 먹는다. 다양성을 높이기 위해 지역 농민들에게서 과일과 채소를 구입하기도 한다. 제철 먹을거리를 먹어보라. 나처럼 신선하고 새로운 제철의 맛이 얼마나 놀라운지 발견하게 될 것이다.

익충에게 이로운 식물

텃밭의 이웃들에게 익충을 유인해줄 허브와 한해살이, 여러해살이 식물, 지피식물을 찾으려 할 때 이 도표를 활용하라. 계절마다 꽃을 피우는 다양한 식물을 찾기 위해 노력하라. 아래 열거된 여러 식물들에게 익충을 유인하는 힘이 있다는 건 연구를 통해 입증되었다. 별표로 표시된 식물들은 연구로 보고되진 않았지만 나의 경험에 의거했을 때 혹은 이들이 다양한 익충을 위해 꿀과 꽃가루, 보호소를 꾸준히 제공하는 데 도움이 된다고 확신하는 경우다.

○ 허브류

식물명	특성	재배법	활용법	혜택
안젤리카 *Angelica archangelica* 미나리과	• 초여름에 꽃이 피는 두해살이 • 셀러리와 닮은 줄기와 잎 • 작고 하얀 꽃 • 키 150∼240cm, 너비 120cm	• 비옥하고 촉촉한 흙이 필요하다. • 약간 그늘져도 된다. • 씨를 맺기 전에 꽃을 자르면 여러 해 산다. • 붙박이 두둑에 심는다.	• 여러해살이 식물 무리에서 키가 크고 멋진 중심부를 구성한다.	• 풀잠자리, 무당벌레, 기생성 말벌을 유인한다.
아니스 *Pimpinella anisum* 미나리과	• 여름에 꽃이 피는 한해살이 • 상부에 하얀 꽃이 무리지어 핀다. • 잎에 솜털 같고 날카로운 이가 있다. • 키 60cm	• 풍해를 입기 쉽고, 옮겨 심기 어려워서 보호 받을 수 있는 장소에 곧뿌림한다.	• 여름에 꽃피는 채소들 사이에 배치하면 멋있다.	• 기생성 말벌과 파리, 무당벌레의 숙주다.
보리지 *Borago officinalis* 지치과	• 한여름부터 가을까지 꽃이 피는 한해살이 • 솜털이 난 회록색의 길쭉한 잎, 별모양의 꽃 • 키 75cm, 너비 30cm	• 어떤 흙에서도 잘 자란다. • 늦서리 이후 파종한다. • 모종으로 옮겨 심는다. • 자연 파종되지만 막 퍼지지는 않는다.	• 딸기 혹은 잎이 빨갛거나 보라색인 식물과 함께 심으면 매력이 있다. • 텃밭 여기저기 싹이 트게 한다.	• 꿀벌을 유인한다. • 덩굴성 작물 주변에 유용하다.
캐러웨이 *Carum carvi* 미나리과	• 봄에 꽃이 피는 한해살이 또는 두해살이 • 상부에 작고 하얀 꽃이 무리지어 핀다. • 잎이 가늘다. • 키 60cm	• 건조한 경토를 좋아한다. • 다음 여름에 꽃이 피도록 초봄이나 가을에 파종한다. • 자연 파종이 잘된다.	• 가을에 딸기 및 허브와 여러해살이 식물 무리 주변에 심기 좋다.	• 기생성 말벌과 파리를 유인한다.
개박하 *Nepeta cataria* 꿀풀과	• 한여름부터 늦여름까지 꽃이 피는 여러해살이 • 회록색의 거친 잎 • 관 모양의 작은 연분홍색 꽃 • 키 30∼90cm, 너비 60cm • 영하 35℃까지 견딘다.	• 일반 토양에서 잘 자란다. • 박하 가족에 속해 잘 번지기 때문에 조심한다. • 화분이나 공간을 제한하여 심는다.	• 두더지가 말썽을 부리는 곳에 심어 고양이가 계속 순찰하게 유도한다.	• 꿀벌, 기생성 말벌 및 고양이를 유인한다.

식물명	특성	재배법	활용법	혜택
독일 캐모마일 *Matricaria recutita* 국화과	• 늦봄부터 여름까지 꽃이 피는 한해살이 • 가운데가 노랗고 하얀 데이지를 닮은 꽃 • 실 같은 잎 • 키 60~90cm	• 다양한 유형의 흙에서 자란다. • 가을에 파종한다. • 한번 자리를 잡으면 자연 파종한다.	• 양배추 가족이나 고추와 짝짓는다.	• 뒤영벌, 기생성 말벌을 유인한다.
로만 캐모마일 *hamaemelum nobile* 국화과	• 늦봄부터 여름까지 꽃이 피는 여러해살이 • 가운데가 노랗고 하얀 데이지를 닮은 꽃 • 실같이 생겨 솜털이 나는 잎 • 사과향이 난다. • 키 20~23cm • 영하 40℃까지 견딘다.	• 여러 유형의 흙에서 자란다. • 봄에 잘 준비한 두둑에 파종하거나 자리 잡은 식물의 옆가지를 캐낸 후 번식시킨다.	• 붙밭이 두둑에 지피식물로 좋다. • 통제하기 어려워 채소 두둑에 심지 않도록 한다.	• 뒤영벌, 기생성 말벌을 유인한다.
처빌 *Anthriscus cerefolium* 미나리과	• 늦봄부터 여름까지 꽃이 피는 한해살이 • 당근 잎을 닮은 연녹색 톱니 모양의 잎 • 작고 하얀 꽃 • 키 60cm	• 꽃대가 올라오는 걸 막고자 약간 그늘진 곳에 심는다. • 2~3cm 골에 파종하고, 흙을 덮지 않은 채 싹 틀 때까지 수분을 유지한다.	• 토마토 같은 작물이나 키가 큰 작물의 조력자로 활용한다.	• 기생성 말벌을 유인한다.
커리플랜트 *Helichrysum angustifolium* 국화과	• 늦봄부터 여름까지 꽃이 피는 여러해살이 • 곧은 줄기에 털로 뒤덮여 희끄무레한 잎 • 작고 노란 꽃송이 • 키 45cm	• 물빠짐만 좋으면 재배가 쉽다. • 가뭄에 잘 견딘다.	• 여러해살이 구역에 심거나 채소 두둑에 한해살이로 활용한다.	• 기생성 말벌과 파리 및 포식성 곤충을 유인한다.
딜 *Anethum graveolens* 미나리과	• 여름에 꽃이 피는 한해살이 • 속이 비어 있는 대의 상부에 푸르스름한 꽃이 무리지어 핀다. • 솜털이 나고 실 같은 청록색 잎 • 키 90cm	• 서리가 내리지 않는 봄에 파종한다. • 꾸준히 자연 파종된다.	• 텃밭 어디에 배치해도 멋지다. • 방울양배추 사이에 심는다.	• 무당벌레, 말벌, 거미, 뒤영벌, 꿀벌을 유인한다.

식물명	특성	재배법	활용법	혜택
회향 *Foeniculum* *vulgare* 미나리과	• 한여름부터 늦여름까지 꽃이 피는 반내한성의 여러해살이 • 가지를 뻗는 줄기에 진녹색의 솜털이 난 잎 • 작고 노란 꽃 • 키 120cm	• 비옥하고 물빠짐 좋은 흙을 좋아한다. • 한해살이로 취급하여 봄이나 가을에 파종한다.	• 중간 크기의 작물 위로 휘어진 모습이 예쁘다. • 특별하게 손질해 장식하려고 180cm의 청동색 품종을 활용한다.	• 뒤영벌, 꽃등에, 무당벌레, 기생성 말벌과 파리를 유인한다.
라벤더 *Lavandula* *angustifolia* 꿀풀과	• 여름에 꽃이 피는 여러해살이 • 2.5~5cm의 회색 잎이 달린 덤불성 식물 • 긴 꽃대에 이삭처럼 달린 꽃 • 키 60~90cm • 영하 29℃까지 견딘다.	• 산도 7.0 이상의 경토가 필요하다. • 꺾꽂이로 시작한다. • 영하 29℃에서는 보온 대책이 필요하다.	• 여러해살이 채소와 허브의 붙박이 두둑에 활용한다.	• 꿀벌을 유인한다.
러비지 *Levisticum* *officinale* 미나리과	• 여름에 꽃이 피는 여러해살이 • 속이 빈 줄기를 지닌 셀러리를 닮은 식물 • 작고 노란 꽃이 무리지어 핀다. • 키는 150cm까지 자라고, 너비 75cm • 영하 29℃까지 견딘다.	• 재배가 쉽다. • 늦여름이나 초가을에 파종하거나 또는 포기 나누기 한다. • 겨울에 죽었다가 다시 나온다.	• 여러해살이와 허브 무리의 한가운데를 장식한다.	• 이로운 말벌을 유인한다. • 딱정벌레의 피난처다.
한련 *Tropaeolum* *majus* 한련과	• 여름에 꽃이 피는 한해살이 • 둥근 잎을 지닌 덩굴을 뻗는다. • 회향을 닮은 주황색 꽃 • 키 15~30cm	• 재배가 쉽다. • 흙이 따뜻해지면 파종한다.	• 매력적인 지피식물로서 빈 땅 어디에나 활용 가능하다. • 옥수수나 오이 사이에서 사방으로 뻗는다.	• 딱정벌레와 거미에게 피난처를 제공한다.
파슬리* *Petroselinum* *crispum* 미나리과	• 초봄에 꽃피는 두해살이 • 가느다란 대 끝에 곱슬곱슬하고 고르게 난 잎 • 아주 작은 꽃 • 키 45cm	• 양지바르거나 약간 그늘진 곳에서 잘 자란다. • 한해살이로 취급하여 흙이 따뜻해지면 봄에 파종한다. • 겨울을 나곤 한다.	• 요리에 필요할 때마다 잎을 수확하되 몇 포기는 꽃을 피우도록 남긴다.	• 꽃이 피었을 때만 기생성 말벌을 유인한다.

식물명	특성	재배법	활용법	혜택
루 *Ruta graveolens* 운향과	• 여름에 꽃이 피는 여러해살이 • 작은 청록색 잎 • 1.5cm의 노란 꽃이 무리 지어 핀다. • 키 90cm • 영하 35℃까지 견딘다.	• 산도 7.0의 물빠짐 좋은 흙에 심는다. • 늦겨울에 실내에서 모종을 키워 늦봄에 옮겨 심는다.	• 여러해살이 식물들 사이사이를 채우는 데 활용한다. • 러비지, 해당화 같이 키 큰 식물들의 좋은 조력자다. • 사람에 따라 피부에 자극을 줄 수 있다.	• 맵시벌, 포식성 말벌을 유인한다.
스피어민트 *Mentha spicata* 꿀풀과	• 여름에 꽃이 피는 여러해살이 • 각진 줄기와 날카롭고 뾰족한 이가 있는 잎 • 긴 대에 분홍빛 꽃 • 영하 29℃까지 견딘다.	• 재배가 쉽다. • 싹이 많이 나는 땅속에서 뿌리로 번진다. • 통제를 위해 구역을 정하거나 땅속에 장벽을 설치한 뒤 심는다. • 그늘진 곳에서도 자란다.	• 텃밭 주변에 전략적으로 스피어민트 화분을 배치한다.	• 거미에게 피난처를 제공한다. • 포식성 말벌과 파리를 유인한다.
개똥쑥* *Artemisia annua* 국화과	• 여름에 꽃이 피는 한해살이 • 관목같이 가지가 뻗는 줄기에 회록색 잎 • 작은 꽃 • 아니스 같은 향이 난다. • 키 75~90cm	• 여러 유형의 흙에서 잘 자란다. • 자연 파종이 잘 되는데 통제도 쉽다.	• 적합한 곳이라면 텃밭 주변 어디에서나 절로 자라게 한다.	• 기생성 말벌, 뒤영벌을 유인한다.
스위트시슬리* *Myrrhis odorata* 미나리과	• 초여름에 꽃이 피는 여러해살이 • 회향을 닮은 부드러운 잎 • 5cm의 은은한 하얀 꽃 • 키 90cm • 영하 40℃까지 견딘다.	• 약간 그늘진 곳에서 재배한다. • 촉촉하고 부엽토 같은 흙을 좋아한다.	• 여러해살이 식물의 경계에 심는다.	• 이로운 말벌과 파리를 유인한다.
쑥국화 *Tanacetum vulgare* 국화과	• 여름에 꽃이 피는 여러해살이 • 회향 닮은 잎이 달린 길고 곧은 줄기 • 촘촘하게 무리 지어 피는 노란 단추 같은 꽃 • 키 90~120cm • 영하 35℃까지 견딘다.	• 약간 그늘진 일반적인 흙에서 자란다. • 포기 나누기로 번식한다. • 큰 무리를 형성하며 번진다.	• 텃밭 가장자리에 붙박이로 심거나 텃밭 여기저기에 무리 지어 심는다.	• 매우 다양한 익충을 유인한다.

○ 여러해살이식물

식물명	특성	재배법	활용법	혜택
베르가못 *Monarda* spp. 꿀풀과	• 여름에 꽃이 핀다. • 덥수룩한 빨강, 분홍, 보라색 꽃송이 • 뾰족한 잎과 곧게 선 줄기 • 키 60~120cm • 영하 35℃까지 견딘다.	• 촉촉한 흙이 필요하다. • 흰가루병 문제가 있어서 일정한 간격으로 드물게 심어 공기가 잘 통하게 한다.	• 이 민트 가족 식물이 번지는 걸 통제할 수 있는 장소를 선택해야 한다.	• 꿀벌, 기생성 말벌 및 이로운 파리를 유인한다. 벌새도 좋아한다.
리아트리스 *Liatris* spp. 국화과	• 여름에 꽃이 핀다. • 긴 꽃대에 위부터 아래로 자홍색 꽃이 핀다. • 풀 닮은 잎이 무리 지어 달린다. • 품종에 따라 키는 60~150cm 사이 • 내한성도 품종에 따라 달라진다.	• 대부분의 흙에서 잘 자란다. • 비옥한 흙에서는 지주가 필요할 수도 있다.	• 여러해살이 식물무리에 필수 구성원이다. • 데이지와 함께 하면 더 매력적이다.	• 기생성 말벌, 뒤영벌, 나비, 박각시나방을 유인한다.
황금과꽃* *Chrysopsis* spp. 국화과	• 여름부터 가을까지 꽃이 핀다. • 가지가 뻗은 줄기 • 뾰족한 5cm의 잎 • 과꽃을 닮은 4cm의 노란 꽃 • 품종에 따라 키는 30~150cm 사이 • 영하 35℃까지 견딘다.	• 건조한 모래흙에서 재배한다. • 방치해도 된다. • 봄에 포기 나누기 한다. • 무성해지도록 성장기에 따낸다. • 키 큰 품종은 지주가 필요하다.	• 여름과 가을 내내 꽃이 오래 피는 루드베키아, 미역취, 끈끈이쑥부쟁이 같은 여러해살이 식물들과 조합한다.	• 다양한 익충을 유인한다.
미역취 *Solidago* spp. 국화과	• 늦여름부터 가을까지 꽃이 핀다. • 깃털 같은 황금색 꽃 • 창 모양의 잎 • 번질 수 있으니 큰 무리를 형성해 심는다. • 키 60~150cm • 영하 35℃까지 견딘다.	• 가뭄에 강하다. • 일반적인 흙에서 잘 자란다. • 비옥한 흙에선 쓰러질 우려가 있다. • 풀처럼 여기저기에서 싹이 나올 수 있다.	• 여러해살이 식물 사이에 심거나 텃밭 여기저기에 알아서 자라게 한다. • 알러지를 유발하지 않는다.	• 다양한 익충을 유인한다.

식물명	특성	재배법	활용법	혜택
황금마가렛 *Anthemis* *tinctoria* 국화과	• 여름부터 가을까지 꽃이 핀다. • 곧은 줄기에 2~5cm 너비의 노란 꽃 • 가느다랗게 나뉜 회록색 잎 • 키 30~60cm • 영하 40℃까지 견딘다.	• 양지바른 곳이 필요하다. • 척박한 흙을 좋아한다. • 가뭄에 견딘다. • 계속 꽃이 피도록 시든 꽃을 잘라낸다.	• 아직 두둑으로 개간하지 않은 척박한 구역에 허브와 함께 심는다.	• 무당벌레, 기생성 말벌을 유인한다.
황면국 *Santolina* *chamaecyparis-* *sus* 국화과	• 여름에 꽃이 핀다. • 회색 잎이 밀집해 달린 가지를 많이 뻗는다. • 단추를 닮은 노란 꽃이 무리 지어 핀다. • 키 30~60cm • 영하 23℃까지 견딘다.	• 물이 잘 빠지고 양지바른 곳이 좋다. • 가뭄에 잘 견딘다. • 꽃이 핀 뒤 잘라버린다.	• 여러해살이 식물이나 허브 두둑의 가장자리에 활용한다.	• 포식성 딱정벌레의 피난처
페르시안 국화 *chrysanthemum* *coccineum* 국화과	• 여름부터 가을까지 꽃이 핀다. • 양치식물 모양의 잎 • 7cm의 장밋빛 빨강 또는 분홍색 꽃 • 키 60cm • 영하 40℃까지 견딘다.	• 일반적인 흙에서 잘 자란다. • 침수에 약하다. • 꽃이 핀 뒤 잘라서 다시 피게 한다.	• 가을 텃밭에 딱 어울린다. • 다채로운 색상으로 장식하고자 브로콜리 또는 양배추와 함께 심는다.	• 뚱보기생파리와 기생성 말벌, 여러 익충을 유인한다.
큰체꽃 *Scabiosa* spp. 산토끼꽃과	• 여름에 꽃이 핀다. • 5~8cm의 파랗고 흰 꽃송이가 밋밋한 줄기 꼭대기에 핀다. • 밑동에 창 모양의 회록색 잎 • 키 60cm • 영하 40℃까지 견딘다.	• 물빠짐이 좋은 흙이 필요하다. • 열에 민감하여 뜨거운 한낮에 그늘을 만들어 줘야 한다. • 주기적으로 시든 꽃을 잘라낸다.	• 틀밭의 끝에 붙박이로 심는다. • 딸기 사이에 심는다.	• 뒤영벌과 뚱보기생파리를 유인한다.

식물명	특성	재배법	활용법	혜택
드린국화* *Echinacea* *spp.* 국화과	• 여름부터 가을까지 꽃이 핀다. • 보랏빛 나는 분홍색 또는 자홍색 꽃잎이 늘어지고, 중심부에 뻣뻣한 털이 있는 듯한 데이지를 닮은 꽃 • 거칠고 털과 잎이 무성한 줄기 • 키 약 90cm • 영하 40℃까지 견딘다.	• 재배하기 쉽다. • 흰가루병에 잘 걸리기 때문에 공기가 잘 통하도록 드물게 심는다. • 포기 나누기나 씨앗으로 번식한다.	• 여름철 여러해살이 식물 무리나 틀밭 근처 산울타리에서 믿음직스런 효과를 낸다.	• 이로운 말벌과 파리, 거미, 사마귀를 유인한다.
캅카스장대나물 *Arabis* *caucasica* 십자화과	• 봄부터 초여름 사이에 꽃이 핀다. • 회록색 잎이 낮게 깔려 자란다. • 분홍색 또는 하얀 꽃들이 무리 지어 곧게 선다. • 키 약 20cm • 영하 40℃까지 견딘다.	• 서늘한 환경을 좋아한다. • 45cm 간격 또는 빠르게 덮으려면 더 배게 심는다. • 약간 그늘져도 자란다. • 꽃이 핀 다음 자르면 다시 핀다.	• 양배추와 브로콜리 같은 초여름 작물 주변 또는 원하는 곳에 지피식물로 활용한다.	• 꿀벌을 유인한다. • 딱정벌레와 거미의 피난처
씨홀리* *Eryngium* *maritimum,* *E. alpinum,* *E. bourgatii* 미나리과	• 여름에 꽃이 핀다. • 뻣뻣하고 질기며 가시가 있는 회청색의 잎 • 반구형 중심부를 지닌 담청색 꽃송이와 은색 잎 모양의 포엽 • 키 약 45cm • 품종에 따라 내한성이 다르다.	• 물빠짐이 좋은 흙이 필요하다. • 겨울철 습한 곳을 못 견디기 때문에 관근 주변을 자갈로 덮는다. • 옮겨심기 어려워 어린 모종을 붙박이 두둑에 심는다. • 내염성	• 여러해살이 식물 무리 가장 앞에서 눈에 띄는 매력을 발산한다.	• 수중다리좀벌 같은 작은 기생성 말벌을 유인한다.
서양톱풀 *Achillea* *millefolium,* *A. ptarmica* 국화과	• 늦봄부터 여름까지 꽃이 핀다. • 양치식물 모양의 회록색 잎 • 여러 색이 섞인 듯한 금색, 분홍색의 꽃 • 키는 대부분 45~90cm • 영하 40℃까지 견딘다.	• 돌보기 쉽다. • 양지바른 곳이 필요하다. • 척박한 흙에서도 자란다. • 비옥한 흙에선 지주가 필요하다. • 포기 나누기로 번식한다.	• 여러해살이 식물 무리나 산울타리에 심는다.	• 뒤영벌, 무당벌레, 기생성 말벌 같은 여러 익충을 유인한다.

○ 한해살이 식물

식물명	특성	재배법	활용법	혜택
이베리스 *Iberis umbellata* 십자화과	• 늦봄부터 여름까지 꽃이 핀다. • 좁은 잎 • 둥글게 무리 지어 흰색, 분홍, 보라, 빨강, 장밋빛 꽃이 핀다. • 키 20~30cm	• 늦서리 내리기 6~8주 전에 실내에서 모종을 키운다. 아니면 초봄부터 중반까지 텃밭에 파종한다.	• 덩굴성 작물이나 양배추 가족 작물의 가장자리에 배치한다. • 샐러드용 채소를 심은 텃밭의 가장자리를 멋지게 장식한다.	• 뒤영벌을 유인한다. • 딱정벌레를 보호한다.
수레국화* *Centaurea cyanus* 국화과	• 늦봄부터 여름까지 꽃이 핀다. • 분홍색 털이 난 진보라색 꽃 • 긴 줄기에 회록색 잎 • 키 30~90cm	• 가을이나 봄에 파종한다. • 꽃이 빨리 핀다. • 새로운 꽃을 잘라 꽃이 오래도록 피게 한다.	• 초보 텃밭 농부나 아이들이 심기에 좋다. 실패할 염려가 없고 성과가 빠르게 난다.	• 여러 익충에게 초기에 꿀을 제공한다.
노랑데이지* *Rudbeckia hirta* 국화과	• 여름부터 가을까지 꽃이 핀다. • 5cm의 얇은 진노랑색 꽃잎과 진갈색 중심부를 지녀 데이지를 닮은 꽃 • 길고 털이 난 잎 • 키 약 45cm	• 재배가 쉽다. • 물빠짐 좋은 흙이 필요하다. • 가을이나 초봄에 노지에 파종한다. • 자연 파종이 잘된다.	• 작물 대부분에게 좋은 조력자다. • 저절로 나도록 하되 너무 많이 나면 뽑는다.	• 뒤영벌, 기생성 말벌을 유인한다.
천인국* *Gaillardia pulchella* 국화과	• 여름 내내 꽃이 핀다. • 노랑, 주황 또는 빨강색의 데이지를 닮은 꽃 • 좁고 털이 난 회록색 잎 • 키 약 30cm	• 열에 잘 견디고 빨리 자란다. • 늦서리 6주 전에 실내에서 모종을 키운다. • 늦서리 이후 밖에 옮겨 심는다.	• 녹색 채소들 사이에서 다채로운 빛깔을 선사한다. • 겹꽃보다 홑꽃을 선택한다.	• 여러 익충에게 꿀을 제공한다.

387

식물명	특성	재배법	활용법	혜택
아프리카데이지* *Arctotis stoechadifolia* 국화과	• 여름부터 가을까지 꽃이 핀다. • 여러 색깔의 데이지를 닮은 꽃 • 털이 난 회색 잎 • 키 60~90cm	• 서리 이후 바깥에 파종하거나 꽃이 일찍 피는 모종을 옮겨 심는다. • 새로운 꽃을 잘라 오랫동안 꽃 피우게 한다.	• 양배추 가족과 토마토 가족의 동반 식물로 활용 가능하다. 가을 작물 모두에게 좋은 조력자다.	• 다양한 익충에게 꿀을 제공한다.
금잔화 *Calendula officinalis* 국화과	• 여름부터 가을까지 꽃이 핀다. • 천수국 비슷한 선홍색, 주황색 또는 금색의 꽃 • 연록색 잎 • 키 30~60cm	• 재배하기 쉽다. • 가을이나 봄에 노지에 파종한다.	• 텃밭 어디에 심어도 괜찮다. • 양배추 가족 및 중간 크기의 작물에게 좋은 조력자다.	• 여러 익충을 유인한다.
금계국 *Coreopsis tinctoria* 국화과	• 한여름부터 가을까지 꽃이 핀다. • 노란 꽃잎에 일부 빨간 무늬가 있는 데이지를 닮은 꽃 • 깊숙이 나뉜 잎 • 키 60~90cm	• 물이 잘 빠지는 흙이 필요하다. • 초봄에 밖에다 듬성듬성 파종한다. • 가을꽃으로 8월 초에 다시 파종한다.	• 토마토, 고추 또는 가을 작물에 좋은 조력자다.	• 뒤영벌, 주둥이노린재, 기생파리를 유인한다.
코스모스 *Cosmos bipinnatus* 국화과	• 여름에 꽃이 핀다. • 노란 중심부에 흰색, 분홍색 또는 빨간색 꽃 • 가늘고 실 같은 잎 • 키 120~180cm	• 재배가 쉽다. • 서리의 위험을 피해 노지에 파종한다. • 자연 파종이 된다. • 바람 부는 곳에선 쓰러질 수 있다.	• 텃밭에 씨앗을 뿌리거나 저절로 나게 한다.	• 기생성 말벌과 파리, 뒤영벌, 꿀벌을 유인한다.

식물명	특성	재배법	활용법	혜택
삼색나팔꽃 *Convolvulus tricolor* 메꽃과	• 한여름부터 가을까지 꽃이 핀다. • 파랗고 하얀 깔때기를 닮은 꽃 • 덩굴성 또는 덤불성 • 장밋빛, 분홍색 꽃도 있다. • 키 30cm	• 촉촉하지만 물이 잘 빠지는 흙이 필요하다. • 늦서리 1~2주 전에 노지에 파종한다. • 씨앗을 심기 전 사포질 하고 밤새 물에 담근다.	• 두둑 가장자리에 적합한 식물이다. • 독성이 있으니 조심해야 한다. • 아이나 다른 식구들이 먹지 못하게 해야 한다.	• 뒤영벌, 무당벌레를 유인한다.
태양국* *Gazania linearis* 국화과	• 늦봄부터 여름까지 꽃이 핀다. • 검은 중심부에 노랑, 주황 또는 빨간 데이지 닮은 꽃 • 잎이 아래쪽에 생긴다. • 키 15~40cm	• 가뭄에 잘 견딘다. • 물빠짐이 좋고 척박한 흙이 필요하다. • 비옥한 흙에선 꽃이 잘 안 핀다. • 늦서리 6~8주 전에 실내에서 모종을 키운다.	• 꽃 모양과 오래 피는 특성 때문에 텃밭에 적합하다.	• 무당벌레와 주둥이노린재에게 인기가 많다.
천수국 *Tagetes erecta* 국화과	• 여름에 꽃이 핀다. • 노랑부터 주황, 빨강, 갈색의 홑꽃 또는 겹꽃 • 키 12~76cm	• 늦서리 4~6주 전에 실내에서 모종을 키운다. • 무성해지도록 성장점을 따낸다. • 시든 꽃은 자주 잘라낸다.	• 텃밭 전역에 심는다. • 홑꽃 종류를 선택한다.	• 뒤영벌, 기생성 말벌을 유인한다.
티토니아* *Tithonia rotundifolia* 국화과	• 여름부터 가을까지 꽃이 핀다. • 키가 크고 관목 같은 몸체에 선홍색 꽃 • 크고 거칠고 끝이 뾰족한 둥근 잎 • 키 120~150cm	• 덥고 건조한 날씨를 좋아한다. 늦서리 6~8주 전에 실내에서 모종을 키운다. • 늦서리 이후 옮겨 심는다. • 물이나 거름을 많이 주지 말 것.	• 여러해살이 식물 무리에 화사함을 더한다. • 토마토, 고추, 가지와 섞어짓기한다.	• 이로운 말벌과 파리, 주둥이노린재를 유인한다. • 거미의 피난처다.
해바라기 *Helianthus annuus* 국화과	• 여름부터 가을까지 꽃이 핀다. • 15-30cm의 꽃송이 • 여러 가지 색의 꽃 • 심장을 닮은 잎 • 품종에 따라 키가 60~300cm 사이다.	• 늦서리 이후 노지에 파종한다. • 30cm 간격으로 드물게 심는다.	• 옥수수 같이 키 큰 작물 사이나 텃밭 두둑의 모퉁이에 심는다.	• 뒤영벌, 풀잠자리, 기생성 말벌과 파리, 꿀벌을 유인한다.

식물명	특성	재배법	활용법	혜택
애기코스모스 *Brachycome iberidifolia* 국화과	• 한여름부터 가을까지 꽃이 핀다. • 황금색 중심부에 파랑, 분홍, 장밋빛 또는 흰색의 데이지를 닮은 꽃 • 깊게 잘린 잎 • 키 22~44cm	• 늦서리 6~8주 전 실내에서 모종을 키운다. • 서리 위험이 사라진 후에 옮겨 심는다. • 꽃이 피는 시기를 연장하려면 연달아서 계속 심어야 한다.	• 가을 상추와 시금치 또는 양파를 위한 우아한 조력자다.	• 기생성 파리를 유인한다.
스위트알리숨 *Lobularia maritima* 십자화과	• 여름부터 가을까지 꽃이 핀다. • 흰색, 연분홍 또는 연자주색의 작은 꽃 • 낮게 무더기를 형성한다. • 키 7~20cm	• 늦서리가 내리기 4~6주 전에 실내에서 모종을 키운다. 아니면 늦서리 2~3주 전에 노지에 파종한다. • 자연 파종한다.	• 텃밭 곳곳에서 채소 주변의 지피식물로 활용한다. • 흰 품종은 채소와 함께 심으면 매력적이다.	• 딱정벌레와 거미를 유인하고 그들의 피난처가 되어준다.
백일홍 *Zinnia elegans* 국화과	• 여름부터 가을가지 꽃이 핀다. • 다양한 색과 모양으로 3~10cm 크기의 꽃이 핀다. • 거칠고 뾰족한 잎 • 품종에 따라 키가 10~90cm 사이다.	• 물빠짐이 좋은 흙에서 재배한다. • 늦서리 이후 노지에 파종한다. • 여름부터 첫서리가 내릴 때까지 꽃이 핀다.	• 강낭콩 근처에 심거나 브로콜리나 다른 여름·겨울 작물과 섞어짓기 한다.	• 무당벌레, 기생성 말벌과 파리, 꿀벌을 유인한다.

○ 풀/ 야생화

식물명	특성	재배법	활용법	혜택
공작초* *Aster* spp. 국화과	• 늦여름부터 가을까지 꽃이 피는 여러해살이 • 털이 난 잎 • 잎이 무성한 가지 끝에 가운데가 노란 자주색 꽃이 무리 짓는다. • 키 60~120cm	• 촉촉한 흙을 좋아한다. • 들판과 초지에서 자란다. • 초여름에 가지를 쳐서 덤불이 지게 한다.	• 저절로 나는 싹을 지켜보고 텃밭 곳곳에서 자라게 한다. • 농사철이 끝나면 뽑아낸다.	• 매복노린재의 피난처다. • 꽃은 여러 익충을 유인한다.
미나리아재비 *Ranunculus* spp. 미나리아재비과	• 봄에 꽃이 피는 여러해살이 • 노란 컵 모양의 꽃이 막대기 같은 줄기 끝에 핀다. • 양치식물 모양의 잎 • 키 45cm	• 척박한 흙과 들판, 길가에서 발견된다. • 척박한 알칼리성 흙의 지표다.	• 텃밭에서 절로 꽃이 피도록 놔둔다. • 흙의 문제를 파악하는 데 유용한 단서가 된다.	• 기생성 말벌을 유인한다.
들개미자리 *Spergula* *arvensis* 석죽과	• 여름에 꽃이 피는 한해살이 • 흰 꽃이 가느다란 줄기 끝에 핀다. • 다육질의 좁은 잎 • 키 15~45cm	• 척박한 모래흙에서 잘 자란다.	• 풋거름작물로 활용할 수 있다.	• 뒤영벌을 유인하는 데 최고다.
민들레 *Taraxacum* *officinale* 국화과	• 봄에 꽃이 피는 여러해살이 • 깊게 이가 난 밑동의 잎 • 불그스름하고 속이 빈 대가 올라와 그 끝에 노란 꽃이 피었다가 뭉게뭉게 하얀 씨로 변한다. • 키 15~25cm	• 목초지와 잔디밭, 길가에서 자란다. • 양지바른 곳이 필요하다. • 작은 뿌리 조각에서 새싹이 돋을 수 있다.	• 텃밭에서는 민들레를 뽑아 퇴비를 만든다. • 일부는 잔디밭 근처에서 꽃이 피도록 놔둔다.	• 초반에 무당벌레에게 꿀샘을 제공한다. • 곧은 뿌리가 속흙에서 양분을 끌어올린다.
명아주 *Chenopodium* *album* 명아주과	• 초여름부터 가을까지 꽃이 피는 한해살이 • 빨간 세로 줄무늬가 있는 줄기에 알 모양의 이가 난 잎 • 녹색의 작은 꽃 • 키 30~90cm	• 척박한 흙에서 번성한다. • 자연 파종된다. • 원치 않는 건 뽑아서 퇴비 더미에 넣는다.	• 텃밭에서 몇 포기만 자라게 하고 씨를 맺기 전에 꽃이 핀 줄기를 잘라버린다.	• 기생성 말벌을 유인한다.

식물명	특성	재배법	활용법	혜택

야생 갓
Brassica
spp.
십자화과
	• 여름에 꽃이 피는 한해살이
	• 털이 나고 거칠다.
	• 곧게 선 꽃대에 노란 꽃이
	  핀다.
	• 꺼칠꺼칠한 잎
	• 키 약 60cm
		• 버려진 지역과 길가에
		  서 발견된다.
			• 여러해살이 식물
			  무리에서 몇 포기
			  만 자라게 한다.
				• 기생성 말벌, 뒤
				  영벌, 똥보기생파
				  리를 유인한다.

프랑스 국화
Chrysanthe-
mum
leucanthemum
국화과
	• 초여름에 꽃이 피는 여러해
	  살이
	• 가운데가 노란, 2~5cm의
	  하얀 꽃
	• 숟가락 모양의 잎
	• 키 30~45cm
		• 어떤 흙에서도 자란다.
		• 비옥한 흙에서는 지주
		  가 필요하다.
			• 적합한 장소에서
			  저절로 자라게
			  둔다.
				• 무당벌레, 기생성
				  말벌과 파리를 유
				  인한다.

야생당근
Daucus
carota var.
carota
미나리과
	• 봄부터 가을에 꽃이 핀다.
	  가늘게 나뉜 회록색 잎
	• 희고 레이스 같은 꽃이 무
	  리를 이룬다.
	• 키 90cm
		• 빈 땅 어디에서나
		  싹이 난다.
		• 옮겨심기 어렵다.
			• 텃밭 곳곳에서
			  저절로 싹이 나게
			  한다.
				• 다양한 익충을
				  유인하고 그들의
				  피난처가 된다.

애기수영
Rumex
acetosella
마디풀과
	• 봄부터 늦여름까지 꽃이 핀다.
	• 가지가 나온 곧은 줄기에 옥
	  빛의 화살 모양 잎
	• 작고 불그스름한 녹색의 꽃
	• 키 60~75cm
		• 북미의 길가와 초지에
		  흔하다.
		• 산성토양 또는 물빠짐
		  이 나쁜 흙의 지표가
		  된다.
			• 저절로 자라게 하
			  면 씨가 많이 생기
			  기 때문에 씨를 맺
			  기 전에 시든 꽃을
			  잘라내야 한다.
				• 기생성 말벌을
				  유인한다.

○ 덮개작물

식물명	특성	재배법	활용법	혜택
자주개자리 *Medicago sativa* 콩과	• 여러해살이 • 작은 녹색 잎을 지닌 덤불성 식물 • 노란 꽃 • 깊이 뻗는 곧은뿌리 • 키는 약 45cm	• 가뭄에 잘 견디지만 습한 흙에는 약하다. • 여름용 덮개로 봄에 파종한다. • 콩과라서 땅심에 도움이 된다.	• 경계의 가장자리나 텃밭 근처에 활용한다.	• 여러 포식성 곤충과 기생성 말벌을 유인한다.
메밀 *Fagopyrum esculentum* 마디풀과	• 한해살이 • 노란빛이 도는 녹색에 심장 모양의 잎이 달린 속이 빈 줄기 • 심고 6~7주 뒤에 흰 꽃이 피기 시작한다. • 얕은 뿌리	• 늦서리 내리기 1~2주 전에 파종한다. • 꽃이 피면 갈아엎는다. • 덮개로 계속 이용하기 위해 다시 파종한다.	• 농사철이면 텃밭에 늘 메밀을 심는다. 주변 작물로 훌륭하다.	• 기생성 말벌, 이로운 파리, 꿀벌을 유인한다. • 거미와 딱정벌레의 피신처다.
토끼풀 *Trifolium pratense, T. repens, T. incarnatum, T. subterraneum* 콩과	• 여러해살이와 한해살이 • 둥근 모양에 분홍색, 흰색 또는 빨간색 꽃송이 • 세 장의 둥근 잎이 가지 뻗은 줄기에 달린다. • 품종에 따라 키는 10~90cm 사이다.	• 봄이나 여름에 파종한다. • 그늘과 가뭄에도 잘 자란다.	• 빈 두둑이나 통로의 덮개작물로 활용한다. 아니면 키 큰 채소의 살아 있는 덮개로 활용한다.	• 딱정벌레, 기생성 말벌, 거미, 꿀벌을 유인한다.
겨울 호밀 *Secale cereale* 볏과	• 한해살이 • 풀 같은 잎을 지닌 곡식 작물이다.	• 가을에 첫서리 내리기 2~3주 전에 파종한다. • 봄에 잎이 25~30cm에 이르면 갈아엎는다.	• 토양 침식을 예방한다. • 유기물을 제공하고 풀을 억제한다.	• 반날개를 유인한다.

해충을 쫓아내는 식물

아래 동반식물들은 해충을 쫓아주는 식물로 유명하다. 채소 가족의 친구로 몇 가지를 선택하라. 여기서 권장하는 사항들은 민간전승된 것들이니 너무 의존하지는 말라. 스스로 실험하라. 자신만의 텃밭에 적합한 식물을 찾을 수 있다.

동반식물	쫓아내는 해충	활용법
바질	진딧물, 아스파라거스 딱정벌레, 진드기, 모기, 토마토뿔벌레	자주 지나다니는 통로 옆에 심으면 흔들릴 때마다 향기가 나서 해충을 혼란스럽게 만든다. 아스파라거스 두둑의 가장자리, 토마토와 가지 사이에 심는다.
보리지	토마토뿔벌레	토마토와 함께 심고, 텃밭 곳곳에 자연 파종되게 하면 꿀벌과 여러 익충을 유인한다.
금잔화	아스파라거스 딱정벌레	익충을 잘 유인하기 때문에 아스파라거스 옆뿐만 아니라 텃밭 곳곳에 심도록 한다.
개박하	진딧물, 아스파라거스 딱정벌레, 콜로라도감자잎벌레, 호박노린재	개박하의 효과는 연구로 입증되었다. 통제할 수 없을 만큼 잘 퍼지기 때문에 화분에 심어 고추, 토마토, 감자, 덩굴성 작물 사이나 근처에 둔다.
골파	진딧물, 알풍뎅이 등	장미, 라즈베리, 포도나무 주변 등 알풍뎅이가 문제인 곳에 심으면 효과가 좋은 여러해살이 허브다.
마늘	알풍뎅이 등	알풍뎅이가 문제를 일으키는 장미나 기타 화훼작물 주변에 심는다. 아니면 마늘을 으깨서 물과 섞어 살포한다.
띠무늬 제라늄	알풍뎅이	흰 꽃이 피는 품종은 알풍뎅이를 쫓거나 죽이기까지 한다. 알풍뎅이가 좋아하는 장미나 기타 작물 사이에 심는다. 딱정벌레를 유인하는 덫 작물로도 사용 가능하다.
서양고추냉이	콜로라도감자잎벌레	마구 번지는 여러해살이 식물이라 감자에 실용적인 도움을 주진 않는다. 아스파라거스, 라즈베리, 딸기, 대황 같은 다른 붙박이 작물들 사이에 심는다.
히솝	배추좀나방	이들의 효과를 입증하는 연구가 있다. 브로콜리, 방울양배추, 양배추, 콜리플라워 사이에 심는다.
천수국	16점무당벌레, 뿌리혹선충, 근류선충	선충을 쫓아내는 효과가 입증되었다. 선충에 감염된 지역에 견고한 차단막이 된다. 꽃이 피면 잘라서 작물 아래 갈아엎는다.
박하	진딧물, 배추좀나방 등	매우 잘 번진다. 견고한 뿌리 차단막과 함께 심거나 화분에 재배한다.
한련	진딧물, 콜로라도감자잎벌레, 16점무당벌레, 호박노린재	서로 상반되는 내용의 연구가 있다. 딱정벌레와 거미를 보호하고, 덩굴성 작물과 함께 심으면 예쁜 덮개 작물로 활용할 수 있다.

동반식물	쫓아내는 해충	활용법
양파	당근뿌리파리	당근과 함께 심으면 뿌리파리를 쫓아낸다고 입증되었다. 작물과 섞어짓기하거나 당근 옆에 양파를 무리 짓거나 줄을 지어 심는다.
파슬리	아스파라거스 딱정벌레	아스파라거스 두둑 가장자리에 심는다. 겨울을 나기도 한다. 일부는 꽃이 피게 두어 익충을 유인하게 한다.
무	넓적다리잎벌레	무가 넓적다리잎벌레를 혼란스럽게 한다는 몇 가지 증거가 있다. 오이의 둔덕마다 또는 한 포기마다 3~5알을 심는다. 또한 호박 사이에도 심는다.
로즈마리	배추좀나방, 당근뿌리파리, 16점무당벌레	강낭콩과 양배추 가족의 작물 사이에 심거나 상추와 당근에 조합하여 옆에 심는다.
루	알풍뎅이	루가 특정 식물의 성장을 억제한다는 이야기가 있다. 여러해살이 식물 사이에 심는 방법 말고는 그다지 실용적이지 않다. 잎을 건드리면 알레르기 반응을 일으킬 수 있으니 조심한다.
샐비어	배추좀나방, 당근뿌리파리 등	여러해살이 허브나 꽃의 경계에 포함한다.
세이보리	16점무당벌레	토마토/강낭콩 두둑의 가장자리에 심거나 텃밭 주변의 여러해살 이 허브 구역에 심는다.
개사철쑥과 약쑥	벼룩잎벌레, 모기	여러해살이 식물의 무리나 허브의 경계 근처 또는 텃밭 옆쪽에 심고, 사람들이 모이는 곳 근처에 심는다(잎을 피부에 문지르면 모기가 접근하지 않는다).
쑥국화	콜로라도감자잎벌레, 호박노린재	쑥국화의 효과를 입증하는 몇 가지 실험이 있지만 이들을 심는 최상의 목적은 익충을 유인하는 데 있다.
백리향	배추좀나방	이들의 효과는 연구로 입증되었다. 양배추 가족의 작물 근처나 채소 텃밭 근처의 여러해살이 식물과 허브와 함께 심는다. 백리향은 땅으로 뻗어나가 훌륭한 지피식물이 된다.

해충 문제 예방하기

나는 유기농 텃밭 농부인 만큼 무언가를 살포하며 해충과 싸움을 벌이고 싶지 않다. 나의 생태텃밭 체계와 함께라면 그러지 않아도 된다. 텃밭을 찾아오는 이로운 곤충과 동물이 대부분의 해충을 억제할 것이다. 하지만 간혹 해충 문제가 일어날 수도 있다. 지금부터는 채소 텃밭에 흔한 해충 12가지와 함께 그들을 예방하고 통제하는 방법에 관해 이야기하려 한다. 해충이 작물에 접근하지 못하게 장벽이나 덫을 만드는 방법도 알려주겠다. 해충마다 쫓는 데 필요한 익충, 익충을 유인하는 동반식물에 관한 내용도 요약했다.

● 성충
실제 크기 0.25cm

○ 진딧물 Aphididae

　❦ **특성:** 진딧물은 부드러운 몸에 서양배 모양을 한 곤충으로 연녹색과 갈색, 노란색, 분홍색, 파란색, 검은색 등이 있다. 이들은 보통 날개가 없지만 가끔 날개가 달린 암컷도 있다. 성충의 몸길이는 0.3cm 미만이다.

　❦ **피해:** 진딧물은 식물의 즙을 빨아 먹어 잎을 말리거나 노랗게 만든다. 진딧물은 다양한 열매, 채소, 꽃을 먹이로 삼는다. 진딧물에 감염된 식물에서 개미를 발견할 수도 있다. 개미는 진딧물을

보호하며 그들이 분비하는 끈적한 '꿀물'을 얻는다.

○ 완두에 낀 진딧물

- **예방과 통제:** 식물의 잔류물을 제거하고 가을에 흙을 갈아엎은 뒤 돌려짓기를 하며 특히 양배추 가족 작물의 경우 한랭사를 활용한다. 진딧물이 꼬이는 과다한 질소거름은 삼간다. 어린 작물 특히 고추와 오이의 밑동 주변에 알루미늄 포일을 깐다. 진딧물의 개체수가 늘어나면 이들을 죽이기 위해 고무관으로 물을 세게 뿌리는데, 그 전에 먼저 무당벌레나 그들의 알, 유충이 있는지 확인한다.

- **천적:** 침노린재와 긴노린재, 풀잠자리, 수중다리좀벌, 무당벌레, 거미 등을 비롯하여 여러 익충이 진딧물을 잡아먹는다.

- **동반식물:** 진딧물을 잡아먹는 익충을 유인하기 위해 스위트알리숨이나 토끼풀 같은 지피식물만이 아니라 과꽃과 파슬리 가족의 동반식물을 심는다. 양파와 마늘은 진딧물을 쫓아낼 수 있다. 진딧물의 덫 작물에는 어린 양배추, 천수국, 한련이 있다.

○ 양배추은무늬밤나방 *Trichoplusia ni*

○ 유충
실제 크기 3.8cm

○ 성충
실제 크기 3.8~5cm

- **특성:** 양배추은무늬밤나방의 유충은 등에 흰색 줄이 두 개 있는 연녹색 벌레다. 자벌레처럼 몸을 구부리며 기어 다닌다. 성충은 야행성의 회색 나방이다. 유충의 몸길이는 4cm까지 자란다.

- **피해:** 브로콜리, 방울양배추, 양배추, 콜리플라워 및 기타 양배추 가족 작물의 잎을 먹어 구멍을 낸다. 때로는 비트, 셀러리, 상추, 완두, 시금치를 먹기도 한다.

- **예방과 통제:** 이들을 막기 위한 최선의 방책은 작물을 심을 때 한랭사로 덮어 수확할 때까지 그대로 두는 것이다. 또한 양배추 가족은 수확 이후 밭에 잔류물을 모두 제거해야 한다. 식물에서 유충을 찾기는 어렵다. 씽크대에서 작물을 씻을 때 혹은 샐러드에

서 그들을 처음으로 발견한다. 브로콜리에 이들이 잠입했다고 의심되면 요리하기 전에 소금물에 몇 분 동안 담근다. 유충이 물 위로 떠오를 것이다.

- **천적:** 말벌이 유충을 엄청 많이 잡아먹는다. 유충은 여러 기생성 말벌들의 목표물이다.

- **동반식물:** 꿀을 생산하는 과꽃 가족의 식물을 선택한다. 꽃을 일찍 피우는 것(데이지와 금잔화)과 늦게 피우는 것(과꽃과 코스모스)이 있다. 야생 데이지와 야생당근이 양배추 가족의 이웃으로 자라게 놔둔다. 근처에 붙박이로 쑥국화나 서양톱풀을 심는다.

○ 성충
실제 크기 0.8cm

○ 유충

○ 콜로라도감자잎벌레 *Leptinotarsa decemlineata*

- **특성:** 콜로라도감자잎벌레는 단단한 껍질로 된 몸에 세로로 검고 노란 줄무늬가 난 둥근 모양의 딱정벌레다. 이들의 주황색 머리에는 검은 점이 있다. 알은 주황색으로 잎 밑면에 줄지어 낳는다. 유충은 몸의 양옆에 두 줄로 검은 점이 있는 통통한 주황색 벌레다. 성충의 몸길이는 1cm 정도다.

- **피해:** 성충과 유충이 식물의 모든 잎을 빠르게 갉아먹는다. 그들은 특히 감자에 피해를 주며 양배추와 가지, 고추, 토마토는 물론 심지어 피튜니아까지 먹는다. 알과 유충, 성충은 눈으로도 찾을 수 있다. 감염된 식물의 잎에서 검은색 배설물을 발견할 수도 있다.

- **예방과 통제:** 흙에서 나와 식물에 접근하는 성충을 막기 위해 짚 덮개를 활용한다. 심을 때 한랭사를 덮는다. 30cm 두께의 짚 덮개와 함께 흙 표면에 감자를 심는다. 가을에 흙을 갈아엎는다. 잎 아래쪽에 주황색 알들이 보이면 짓이긴다. 유충과 성충을 손으로 잡아 죽인다.

- **천적:** 콜로라도감자잎벌레의 천적으로는 딱정벌레, 침노린재, 두점박이노린재와 함께 새와 두꺼비까지 있다. 몇몇 기생성 말벌(*Edovum puttleri*)을 전문 판매업체에서 구매할 수도 있다. 뚱보 기생파리는 콜로라도감자잎벌레에 알을 낳아서 그들을 잡아먹고 죽인다. 그러나 파리들은 보통 대부분의 작물에 피해가 발생한 뒤에 너무 늦게 나타난다.
- **동반식물:** 강낭콩과 감자를 한 줄씩 교대로 심으면 감자에 발생하는 콜로라도감자잎벌레의 개체수가 줄어든다는 사실이 입증되었다. 벌레를 쫓기 위하여 감자 사이에 마늘을 심고, 붙박이 두둑 근처에 서양고추냉이를 심는다. 익충을 끌어오려면 쑥국화, 서양톱풀, 기타 과꽃 가족의 식물을 심는다. 두꺼비에게 물그릇과 피난처를 제공한다.

○ **큰담배나방** *Helicoverpa zea*

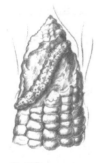

◑ 유충
실제 크기 약 4cm까지

- **특성:** 큰담배나방 유충은 옆에 검은 줄이 있는 녹색이나 갈색의 애벌레다. 토마토열매벌레라고도 불린다. 성충은 황갈색의 나방이다. 유충은 4cm까지 자란다.
- **피해:** 이들은 옥수수의 수꽃을 갉아먹고, 옥수수자루의 끝에 구멍을 뚫는다. 또 토마토 열매도 먹는다.
- **예방과 통제:** 피해를 막기 위해 옥수수를 일찍 심는다. 옥수수의 수염이 갈색으로 변하기 시작하면 자루 겉잎의 끝을 당겨서 이들을 잡는다. 아니면 자루 끝에 미네랄 오일을 몇 방울 떨어뜨린다.
- **천적:** 기생파리와 알벌 들이 큰담배나방에 기생한다.
- **동반식물:** 옥수수 사이에 토끼풀이나 메밀을 심는다. 토마토와 함께 딜과 고수 같은 당근 가족의 허브를 심는다. 옥수수와 토마

토밭에 야생당근이 싹터서 자라게 한다.

○ **거세미** Noctuidae

○ **유충**
실제 크기 5cm까지

- 🌿 **특성:** 거세미는 반짝거리는 머리를 지닌 갈색 또는 회색의 유충이다. 채소 모종 근처의 지표 바로 아래 돌돌 말려 있는 모습을 볼 수 있다. 성충은 갈색 또는 회색의 나방이다. 유충은 5cm까지 자란다.

- 🌿 **피해:** 거세미는 밤에 식물의 줄기를 갉아먹어 똑 끊어놓는다. 여러 가지 채소와 꽃을 먹는다.

- 🌿 **예방과 통제:** 새로 옮겨 심은 모종의 줄기에 마분지통, 두꺼운 종이, 캔 등으로 만든 관을 씌운다. 3cm 정도 흙속에 들어가게 누른다. 피해를 입은 식물 주변의 흙을 파헤쳐 거세미를 찾아 죽인다.

- 🌿 **천적:** 딱정벌레, 선충, 새 등이 이들을 먹이로 삼는다.

- 🌿 **동반식물:** 스위트알리숨같이 낮게 자라는 지피식물을 심어 좁다란 경계를 만들거나 메밀을 텃밭의 가장자리에 심는다.

○ **벼룩잎벌레** Chrysomelidae

○ **성충**
실제 크기 0.25cm

- 🌿 **특성:** 대부분의 벼룩잎벌레는 반짝거리며 검은색이다. 등에 노란색이나 하얀색 줄무늬가 있는 것도 있다. 이들을 건드리면 톡톡 뛴다. 유충은 흙에서 산다. 성충의 크기는 0.2cm 정도다.

- 🌿 **피해:** 작은 구멍이 숭숭 난 잎은 이들이 먹이활동을 한다는 신호다. 봄에 가장 피해가 크다. 이들은 가지와 무, 감자, 양배추 가족의 작물을 좋아하고, 다른 많은 작물을 먹는다.

- 🌿 **예방과 통제:** 심을 때 한랭사를 덮는다. 흙을 자주 뒤집어 이들의 알을 파괴한다. 가을에 식물의 잔류물을 깨끗이 치운다. 무와 배

○ 피해를 입힌 모습

추를 덫 작물로 심는다. 벼룩잎벌레는 촉촉하거나 그늘진 곳을 싫어하기 때문에 키 큰 작물 사이에 내음성 채소를 숨기고, 물을 자주 준다.

🌿 **천적:** 딱정벌레와 기생성 말벌이 이 해충을 먹이로 삼는데, 최선의 결과를 얻으려면 위의 예방 조치를 취해 문제를 피해야 한다.

🌿 **동반식물:** 섞어짓기가 벼룩잎벌레의 개체수를 줄인다는 사실이 입증됐다. 양배추 가족과 토마토 가족의 식물을 교대로 심는다. 작물을 배게 심고 딱정벌레를 유인하기 위한 덮개를 제공한다.

○ 유충
실제 크기 3.2cm까지

○ 성충
실제 크기 3.8cm

○ **배추흰나비** *Artogeia rapae*

🌿 **특성:** 배추흰나비 유충은 등에 노란 줄이 한 줄 있는 연녹색 애벌레다. 낮에 텃밭 주변을 날아다니는 작은 하얀 나비가 성충이다. 유충은 3cm까지 자란다.

🌿 **피해:** 이들은 잎에 커다란 구멍을 만들고 식물에 진녹색 배설물을 남긴다. 양배추 가족의 모든 작물을 먹는다.

🌿 **예방과 통제:** 심을 때 한랭사로 덮고 수확할 때까지 놔둔다. 양배추 가족의 작물은 수확 이후 모든 잔류물을 치운다. 브로콜리에 유충이 있다고 의심되면 요리하기 전 소금물에 담근다. 벌레가 물 위로 떠오를 것이다.

🌿 **천적:** 말벌과 기생성 말벌이 이들을 먹이로 삼는다.

🌿 **동반식물:** 꽃이 일찍 피는 데이지, 금잔화 및 꽃이 늦게 피는 과꽃과 코스모스 같은 과꽃 가족 식물을 심는다. 야생 데이지와 야생당근이 양배추 가족의 작물 사이에 싹을 틔워 자라게 한다. 근처에 붙박이로 쑥국화나 서양톱풀을 심어 기생성 말벌을 유인한다.

○ 성충
실제 크기 1.3cm

○ 유충

○ 알풍뎅이 *Popillia japonica*

☘ **특성:** 알풍뎅이는 갈색 등껍질을 지닌 매우 반짝이는 청록색의 딱정벌레다. 다리는 가시가 난 것처럼 보인다. 유충은 흙에서 사는데, 갈색 머리에 하얗고 통통한 몸을 가졌다. 성충의 몸길이는 1.2cm 정도다.

☘ **피해:** 이들은 잎을 갉아먹고 잎맥만 남긴다. 꽃을 먹기도 한다. 다양한 채소와 열매, 화훼작물을 공격한다. 유충은 텃밭의 식물과 잔디의 뿌리를 먹는다.

☘ **예방과 통제:** 텃밭의 식물에서 떼어놓기 위해 덫 작물을 활용한다. 식물에 붙은 벌레들을 비눗물이 담긴 통에 흔들어서 떨어뜨린다.

☘ **천적:** 이 해충에게 가장 효과적인 천적은 유화병과 기생선충이다. 농자재 판매점에서 이들을 구매할 수 있다. 사용법을 읽고 그대로 활용한다.

☘ **동반식물:** 분꽃은 최고의 덫 작물이다. 날마다 덫 작물을 확인하고 흔들어서 이들을 비눗물에 떨어뜨린다. 아니면 덫 작물을 통째로 뽑아서 비눗물에 담근다.

○ 성충
실제 크기 0.6cm

○ 유충

○ 16점무당벌레 *Epilachna varivestis*

☘ **특성:** 16점무당벌레는 등에 16개의 검은 점이 세 줄로 난 타원형의 황갈색 딱정벌레다. 꼭 무당벌레를 닮았다. 유충은 가시가 있고, 통통하며 노란색이다. 연노란 타원형 알을 잎 아래쪽에 낳는다. 성충의 크기는 0.6cm다.

☘ **피해:** 성충과 유충은 강낭콩 잎을 갉아먹고 잎맥만 남긴다. 특히 초여름에 극성이며 때로는 수확량이 줄어들 정도로 심각한 피해를 주기도 한다.

- ▨ **예방과 통제:** 16점무당벌레는 풀 없이 강낭콩만 재배하는 텃밭에 피해를 가장 많이 주는 해충이다. 대안은 생태텃밭이다. 익충을 유인하는 식물을 섞는 것만으로도 강낭콩이 번성한다. 아니면 무당벌레에 저항성이 있는 품종을 심으라. 수확한 뒤에는 즉시 강낭콩의 잔류물을 제거한다. 덫 작물로 메주콩을 심어라. 알을 찾아서 짓이기고, 잎에 유충이 보이면 손으로 잡는다.
- ▨ **천적:** 침노린재와 긴노린재가 이들을 공격한다. 여러 기생성 말벌이 이 해충을 숙주로 활용한다.
- ▨ **동반식물:** 감자와 캐모마일, 샐비어, 세이보리 또는 딜을 강낭콩과 섞어짓기한다. 강낭콩 사이에 야생당근과 미역취, 야생 데이지 같은 풀들이 꽃을 피우게 놔둔다. 메주콩은 좋은 덫 작물이다.

○ **민달팽이** Mollusca

◑ 다 자란 민달팽이의 크기는 종에 따라 다름

- ▨ **특성:** 민달팽이는 곤충이 아니다. 부드러운 몸을 가진 회색 혹은 황갈색의 이 생물은 연체동물이다. 그들이 기어간 자리에는 점액이 남는다. 다 큰 민달팽이의 길이는 보통 0.3~4cm 사이이다. 어떤 종은 20cm에 이른다.
- ▨ **피해:** 민달팽이는 잎을 갉아먹어 커다란 구멍을 만들고 끈적한 자국을 남긴다. 텃밭에 있는 여러 식물을 먹는데 특히 축축하거나 그늘진 환경에서 활발히 먹이활동을 한다. 상추와 낮게 자라는 잎채소를 매우 좋아한다.
- ▨ **예방과 통제:** 이들을 텃밭 식물로부터 떼어놓기 위하여 구리선을 사다가 식물 주변이나 두둑 전체에 경계를 만들어준다. 아니면 나무 재를 흩뿌리거나 식물 주변에 달걀껍질 가루를 뿌린다. 민달팽이를 잡을 덫으로 텃밭에 널빤지와 커다란 양배추 잎, 포

도껍질 등을 놓는다. 이들을 잡은 다음 비눗물에 넣어서 죽인다. 흙에 맥주나 효모를 넣은 그릇을 묻어 민달팽이를 유인해 빠지게 한다. 농사철 초기에 민달팽이를 손으로 잡으면 개체수를 많이 줄일 수 있다.

- **천적:** 딱정벌레, 반날개, 새, 뱀, 두꺼비, 도마뱀 등이 민달팽이를 잡아먹는다. 지네와 반딧불이의 유충이 민달팽이의 알을 먹는다.

- **동반식물:** 토끼풀, 스위트알리슘, 메밀 및 낮게 자라는 식물을 포식성 딱정벌레의 피난처로 심는다. 두꺼비와 도마뱀이 근처에 머물며 민달팽이를 사냥하도록 바위 '집'을 둔다.

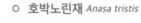

○ 호박노린재 *Anasa tristis*

- **특성:** 호박노린재는 타원형의 검거나 회색빛이 나는 벌레다. 약충은 성충과 비슷하게 생겼지만 연녹색이나 빨간색을 띤다. 노랗거나 빨간 알을 잎 아래쪽에 여러 개 낳는다. 성충의 길이는 약 1.6cm다.

○ 성충
실제 크기 1.6cm

- **피해:** 호박노린재는 덩굴성 작물의 잎과 줄기의 즙을 빨아 먹는다. 호박과 박, 멜론, 오이 등에 나타난다. 잎이 쪼글쪼글해지고 줄기 끝이 검게 변하면서 죽는다. 식물이 병든 것처럼 보일 수 있다.

- **예방과 통제:** 저항성 품종을 심는다. 덮개가 이들에게 피난처가 될지 모르니 두텁게 덮지 않는다. 심을 때 한랭사를 덮어 꽃이 필 때까지 놔둔다. 벌레를 손으로 잡고, 알들은 짓이긴다. 가을에 잔류물을 치우면서 일부는 호박노린재가 모이도록 남긴다. 호박노린재가 모이면 쓰레기봉투에 담아 밀봉하여 폐기한다.

- **천적:** 기생파리가 이들에게서 기생한다.

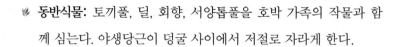

- 🌿 **동반식물:** 토끼풀, 딜, 회향, 서양톱풀을 호박 가족의 작물과 함께 심는다. 야생당근이 덩굴 사이에서 저절로 자라게 한다.

○ 장님노린재 *Lygus lineolaris*

O 성충
실제 크기 0.6cm

- 🌿 **특성:** 장님노린재는 갈색, 노란색, 검은색으로 얼룩덜룩한 타원형 몸을 지녔다. 이들은 몸놀림이 날래다. 날개는 삼각형으로 보인다. 성충과 비슷해 보이는 약충은 황녹색으로 날개가 없다. 성충의 길이는 0.6cm 정도다.

- 🌿 **피해:** 성충과 약충이 식물의 즙을 빨아 먹고 잎과 꽃봉오리를 손상시키는 독성 타액을 배출한다. 꽃봉오리는 떨어지고, 가지의 끝은 말라 죽는다. 식물의 성장이 저해될 수 있다. 딸기의 경우 열매가 기형이 된다. 장님노린재는 텃밭의 거의 모든 식물을 공격한다. 다른 곤충들보다 더 다양한 식물을 먹이로 삼는다.

- 🌿 **예방과 통제:** 심을 때 한랭사를 덮는다. 이전에 피해를 입었던 곳은 주변 식물의 잔류물까지 깨끗이 치운다.

- 🌿 **천적:** 난방애꽃노린재, 긴노린재, 쐐기노린재가 이들을 잡아먹는다.

- 🌿 **동반식물:** 포식자들을 유인하도록 토끼풀, 자주개자리, 털갈퀴덩굴 및 기타 지피식물을 심는다. 데이지와 서양톱풀은 난방애꽃노린재를 유인한다.

텃밭 농사와 독서는 밀접하게 연관돼 있다. 독서는 우리가 텃밭에 새로운 식물을 심거나 기술을 시도하도록 이끌며, 이로 인해 발생하는 새로운 의문점은 더 많은 걸 읽게 한다. 독서만으로는 좋은 텃밭농부가 될 수 없지만, 독서 없이 텃밭 농부가 된다는 건 상상하기 힘들다.

다음 도서 목록은 나에게 소중한 친구들과의 모임 같다. 내 인생에 많은 걸 가져다준 저자들과 편집자들에게 사랑과 감사의 마음을 전하며, 독자들에게 이 책들을 권한다. 텃밭 농사에 관해 내가 알고 믿는 많은 것들이 여기서 나왔다.

유기농법

- Benjamin, Joan, ed. *Great Garden Shortcuts*. Emmaus, PA: Rodale Press, 1996.

- Bradley, Fern Marshall, ed. *Rodale's Garden Answers: Vegetables, Fruits and Herbs*. Emmaus, PA: Rodale Press, 1995.

- Bradley, Fern Marshall, and Barbara W. Ellis, eds. *Rodale's All-New Encyclopedia of Organic Gardening*. Emmaus, PA: Rodale Press, 1992.

- Bubel, Nancy. *The New Seed-Starter's Handbook*. Emmaus, PA: Rodale Press, 1988.

- Campbell, Stu. *Let It Rot*. Charlotte, VT: Garden Way Publishing, 1975.

- Coleman, Eliot. *The New Organic Grower*. Chelsea, VT: Chelsea Green Publishing Co., 1995.

- Creasy, Rosalind. *The Complete Book of Edible Landscaping*. San Francisco: Sierra Club Books, 1982.

- Ellis, Barbara W., ed. *Rodale's Illustrated Encyclopedia of Gardening And Landscaping Techniques*. Emmaus, PA: Rodale Press, 1990.

- Garrett, J. Howard. *J. Howard Garrett's Organic Manual*. Dallas, TX: Lantana Publishing Co., 1989.

- Jeavons, John. *How To Grow More Vegetables Than You Ever Thought Possible on Less Land Than You Can Imagine*. 5th ed. Berkeley, CA: Ten Speed Press, 1995.

- Michalak, Patricia S., And Cass Peterson. *Rodale's Successful Organic Gardening: Vegetables*. Emmaus, PA: Rodale Press, 1993.

- Raymond, Dick. *Down-to-Earth Gardening Know-How for the '90s: Vegetable and Herbs*. Pownal, VT: Storey Communications, 1991.

- Smith, Miranda, and members of the Northeast Organic Farming Association and Cooperative Extension, eds. *The Real Dirt: Farmers Tell About Organic and Low Input Practices in the Northeast.* Burlington, VT: Northeast Organic Farming Association, 1994.

- Wallace, Daniel, ed. *Getting the Most from Your Garden*. Emmaus, PA: Rodale Press, 1986.

곤충
(익충과 해충)

- Carr, Anna. *Rodale's Color Handbook of Garden Insects*. Emmaus, PA: Rodale Press, 1983.

- Ellis, Barbara W., and Fern Marshall Bradley, eds. *The Organic Gardener's Handbook of Natural Insect and Disease Control*. Emmaus, PA: Rodale Press, 1992.

- Flint, Mary Louise. *Pests of the garden and Small Farm*. Oakland, CA: ANR Publications of the University of California, 1990. (Available from Publications, Division of Agriculture and Natural Resources, University of California, 6701 San Pablo Ave., Oakland, CA 94608.)

- Gilkeson, Linda A., Pam Peirce, and Miranda Smith. *Rodale's Pest & Disease Problem Solver*. Emmaus, PA: Rodale Press, 1996.

- Hoffmann, Michael P., and Anne C. Frodsham. *Natural Enemies of Vegetable Insect Pests*. Ithaca, NY: Cornell Cooperative Extension, 1993.

- Michalak, Patricia S., and Linda A. Gilkeson. *Rodale's Successful organic Gardening: Controlling Pests and Diseases*. Emmaus, PA: Rodale Press, 1994.

- Milne, Lorus, and Margery Milne. *The Audubon Society Field Guide to North American Insects and Spiders*. New York: Alfred A. Knopf, 1980.

- Nancarrow, Loren, and Janet Hogan Taylor. *Dead Snails Leave No Trails*.

berkeley, CA: ten Speed Press, 1996.

- National Audubon Society. *The Audubon Society Field Guide to North American Butterflies*. New York: Alfred A. Knopf, 1981.

- Olkowski, William Sheila Darr and Helga Olkowski. *Common Sense Pest Control*. Newtown, CT: The Taunton Press, 1991.

- Starcher, Allison Mia. *Good Bugs for Your Garden*. Chapel Hill, NC: Algonquin Books of Chapel Hill, 1995.

동반식물

- Carr, Anna. *Good Neighbors: Companion Planting for Gardeners*. Emmaus, PA: Rodale Press, 1985.

- Jones, Louisa. *The Art of French Vegetable Gardening*. New York: Artisan, 1995.

- Kourik, Robert. *Designing and Maintainig Your Edible Landscape Naturally*. Santa Rosa, CA: Metamorphic Press, 1986.

- McClure, Susan, and Sally Roth. *Rodale's Successful Organic Gardening: Companion Planting*. Emmaus, PA: Rodale Press, 1994.

- Philbrick, Helen, and Richard B. Gregg. *Companion Plants and How to Use Them*. Old Greenwich, CT: The Devin-Adair Company, 1966.

- Riotte, Louise. *Carrots Love Tomatoes*. Pownal, VT: Storey Communications, 1975.

- ——. *Roses love Garlic*. Pownal, VT: Storey Communications, 1983.

자연 경관

- Kress, Stephen W. *The Audubon Society Guide to Attracting Birds*. New York:

Charles Scribner's Sons, 1985.

- Lovejoy, Sharon. *Hollybock Day*s. Loveland, CO: Interweave Press, 1994.

- Mahnken, Jan. *The Backyard Bird-Lover's Guide*. Pownal, VT: Storey Communications, 1996.

- Roth, Sally. *Natural Landscaping*. Emmaus, PA: Rodale Press, 1997.

- Tufts, Craig, and Peter Loewer. *The National Wildlife. Federation's Guide to Gardening for Wildlife*. Emmaus, PA: Rodale Press, 1995.

여러해살이와 여러 관상용 식물

- Appleton, Bonnie Lee, and Alfred F. Scheider. *Rodale's Successful Organic Gardening: Trees, Shrubs, and Vines*. Emmaus, PA: Rodale Press, 1993.

- Art, Henry W. A *Garden of Wildflowers*. Pownal, vt: Storey Communications, 1986.

- Bradley, Fern Marshall, ed. *Gardening with Perennials*. Emmaus, PA: Rodale Press, 1996.

- Burrell, C. Colston. *A Gardener's Encyclopedia of Wildflowers*. Emmaus, PA: Rodale Press, 1997.

- Holden Arboretum Staff. *American Garden Guides: Shrubs and Vines*. New York; Pantheon Books, 1994.

- Kowalchik, Claire, and William H. Hylton, eds. *Rodale's Illustrated Encyclopedia of Herbs*. Emmaus, PA: Rodale Press, 1987.

- Mckeon, Judith C. *The Encyclopedia of Roses*. Emmaus, PA: Rodale Press, 1995.

- Phillips, Ellen, and C. Colston burrell. *Rodale's Illustrated Encyclopedia of*

Perennials. Emmaus, PA: Rodale Press, 1993.

- Proctor, Rob, and Nancy J. Ondra. *Rodale's Successful Organic Gardening: Annuals and Bulbs*. Emmaus, PA: Rodale Press, 1995.

- Roth, Susan A. *The Four-Season Landscape*. Emmaus, PA: Rodale Press, 1994.

- Taylor, Norman. *Taylor's Guide to Annuals*. Rev. ed. Boston: Houghton Mifflin Co., 1986.

정기 간행물

- *Common Sense Pest Control Quarterly*
Bio-Integral Resource Center (BIRC)
P.O. Box 7414
Berkeley, CA 94707-0414
Phone: (510) 524-2567

- *National Gardening*
National Gardening Association
180 Flynn Ave.
Burlington, VT 05401

- *Organic Gardening*
Rodale Press, Inc.
33 E. Minor St.
Emmaus, PA 18098

사진 제공

- Fern Bradley/Rodale Press
  p263(가운데)

- Rob Cardillo/Rodale Press
  p100(맨 위), 104(중간)

- David Cavagnaro
  p99, 100(중간, 아래), 106(아래), 107

- Deanne D. Cunningham/Wings and Things
  p101, 102(세 번째), 103, 104(아래), 105(위, 아래), 261(가운데, 세 번째), 263(아래), 264, 265(맨 위), 267, 268, 269(첫 번째), 270~273

- Sally Cunningham
  p261(맨 위), 262(가운데), 263(맨 위)

- T. L. Gettings/Rodale Images
  p104(아래), 106(맨 위), 265(아래), 266(맨 위, 아래)

- Dency Kane
  p102(가운데), 105(가운데)

- Ed Landrock/Rodale Images
  p269(두 번째)

- Rodale Images
  p269(세 번째, 네 번째)

일러스트 제공

- Nancy Smola Biltcliff
  p88~89, 120~121, 226, 278, 281, 284, 287, 290, 293, 296, 300, 303. 305, 307, 310, 314, 315, 318, 321, 323, 326, 329, 332, 336, 339, 344, 347, 350, 352, 356, 359, 363, 366, 368, 374, and electronic art on p278~377.

- Kathy Bray
  p32, 34, 65, 67, 69, 73, 75~76, 79, 132, 196, 213~214, 217~218, 221, 226~227, 238~239, 242, 253, 310(맨 위), 311(아래), 326(맨 위), 339(맨 위).

- Louise Smith
  p23, 26, 39, 45, 47, 50, 55~57, 63, 86, 87, 93~94, 97, 109~111, 114~118, 130~131, 173, 177~178, 180~181, 185, 188, 190, 199~202, 205, 228, 243, 248~249, 257, 279, 282, 291, 298, 304, 306, 328, 334, 343, 355, 361, 373.

- Amy Wright
  p30, 43, 125~127, 135~166.